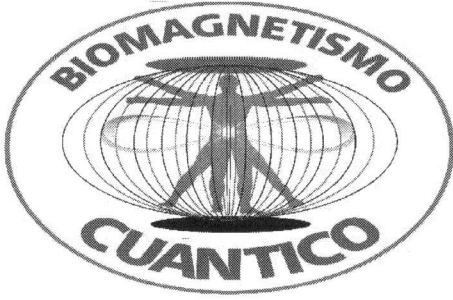

Universidad Cuántica Digital

Instituto de Investigación del Biomagnetismo Cuántico

Creadores del Biomagnetismo Cuántico Neurobiomagnetismo Psicobiomagnetismo MicroBiomagnetismo y el Biomagnetismo Holocuántico Multidimensional

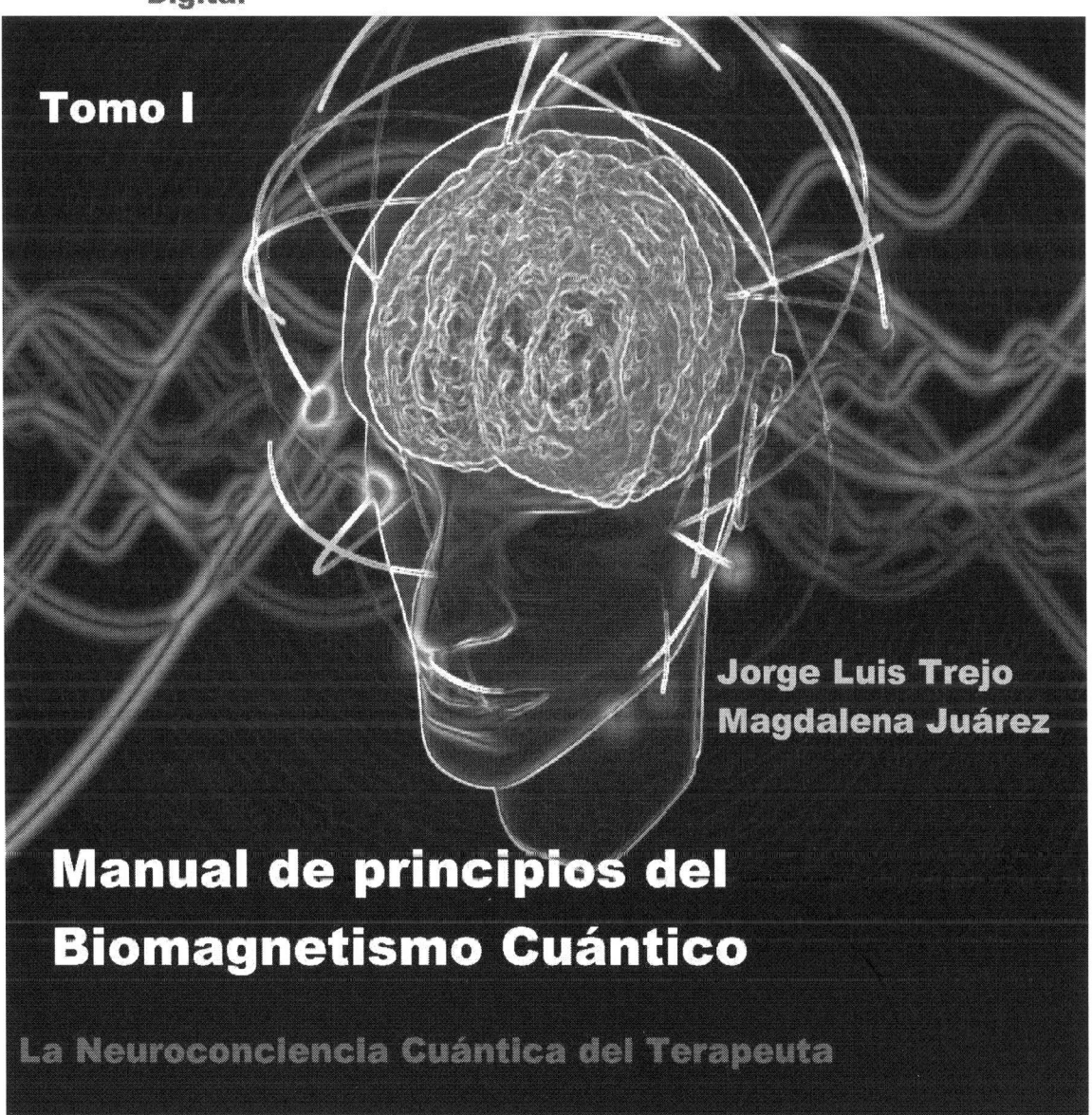

Tomo I

Jorge Luis Trejo
Magdalena Juárez

Manual de principios del Biomagnetismo Cuántico

La Neuroconciencia Cuántica del Terapeuta

Primera Edición

Instituto de Investigación del Biomagnetismo Cuántico

Creadores del Biomagnetismo Cuántico Neurobiomagnetismo Psicobiomagnetismo MicroBiomagnetismo y el Biomagnetismo Holocuántico Multidimensional

Universidad Cuántica Digital

MANUAL DE PRINCIPIOS DE BIOMAGNETISMO CUÁNTICO I

Autores:

Lic. Jorge Luis Trejo

Lic. María Magdalena Juárez

A mis hijos

Prohibida la reproducción total o parcial del contenido de la presente obra por cualquier medio, sin la autorización escrita del editor o de los autores.

1ª Edición

Derechos reservados 2018

Quantum Ediciones.

ISBN: 234532452345

Impreso en México.

Índice

Introducción……………………………………………...……………..6

Capitulo I. Principios de generales del Biomagnetismo Cuántico……………………………………………………………...8

Capitulo II. Los principios Neuro-Cuánticos del terapeuta de Biomagnetismo cuántico……………………………………………………...…..123

Introducción.

El biomagnetismo cuántico es una técnica terapéutica que se basa en la utilización de campos magnéticos de mediana intensidad para equilibrar el pH orgánico y para tratar diversas enfermedades y problemas de salud. Esta técnica se basa en el principio de que todos los seres vivos emitimos campos electromagnéticos y que estos campos pueden ser afectados por otros campos electromagnéticos externos. El biomagnetismo cuántico utiliza esta información para aplicar campos magnéticos de mediana intensidad para equilibrar el pH orgánico en ciertas áreas del cuerpo con el fin de promover la curación y el equilibrio en el sistema nervioso y el sistema endocrino.

El biomagnetista cuántico es el profesional encargado de aplicar esta técnica terapéutica. Para ello, debe conocer y comprender los principios básicos del biomagnetismo cuántico y cómo aplicarlos de manera efectiva en la práctica clínica.

Uno de los principios clave del biomagnetismo cuántico es el de la resonancia. Según este principio, cada célula del cuerpo emite una frecuencia específica y única, y cuando esta frecuencia es estimulada por un campo magnético externo, puede promover la curación y el equilibrio en el cuerpo. Por tanto, el biomagnetista cuántico debe emitir las frecuencias específicas de cada célula y saber cómo aplicar los campos magnéticos de manera precisa para lograr la resonancia adecuada.

Otro principio importante del biomagnetismo cuántico es el de la polaridad. Según este principio, el cuerpo está formado por áreas con cargas positivas y negativas, y el biomagnetista cuántico debe saber cómo equilibrar estas cargas para promover la curación y el equilibrio en el cuerpo. Para ello, es necesario conocer la ubicación de estas áreas y cómo aplicar los campos magnéticos de manera adecuada para lograr el equilibrio adecuado.

Además, el biomagnetista cuántico debe tener en cuenta el principio de la sinergia, es decir, la interacción entre diferentes sistemas del cuerpo y cómo esta interacción puede afectar la curación y el equilibrio en el cuerpo. Por tanto, es importante que el biomagnetista cuántico tenga una visión global y comprenda cómo todos los sistemas del cuerpo interactúan entre sí y cómo afectan a la curación y el equilibrio homeostático orgánico.

Por otro lado, la neuroconciencia cuántica del terapeuta es una teoría que sugiere que el cerebro humano puede tener la capacidad de procesar información de manera cuántica, lo que podría explicar cómo el cerebro es capaz de realizar tareas complejas y adaptarse al cambio de manera rápida y efectiva. Esta teoría se basa en la idea de que el cerebro es capaz de procesar información de manera más eficiente y rápida a través de la utilización de estados cuánticos superpuestos.

Los estados cuánticos superpuestos son un fenómeno cuántico en el que un objeto físico, como una partícula, puede tener varios estados al mismo tiempo. Por ejemplo, una partícula puede estar en dos lugares al mismo tiempo, o tener dos velocidades al mismo tiempo. Esta capacidad del cerebro para procesar información de manera cuántica podría explicar cómo el cerebro es capaz de procesar grandes cantidades de información de manera rápida y efectiva.

Algunos estudios han sugerido que el cerebro humano puede tener la capacidad de procesar información de manera cuántica, y que esto podría ser utilizado para mejorar la eficiencia y la velocidad de procesamiento de información. Por ejemplo, algunos estudios han demostrado que el cerebro es capaz de procesar información de manera más eficiente cuando se le presenta de manera cuántica en lugar de manera clásica.

La teoría de la neuro-conciencia cuántica del terapeuta hay evidencia de que el cerebro puede procesar información de manera cuántica, todavía no está claro si esto tiene algún impacto significativo en la manera en que el cerebro procesa la información en general. Además, aunque la teoría de la neuro-conciencia cuántica del terapeuta es interesante, más aun se aplica a los testeos y curaciones a distancia con nuestra técnica terapéutica, con todo todas estas facultades nuerologicas estas basadas en una serie de principios que es importante conocer con el fin de potenciar estas capacidades de telepatía, telequinesis, tele curación, teletranportacion bioenergética, etc. A analizaremos todos y cada uno de estos principios con el fin de conocer e interiorizarlos para mejorar nuestros procesos terapéuticos como Biomangnetistas Cuánticos.

Capítulo I

Los Principios de generales del Biomagnetismo Cuántico:

1. Contrario a lo que se piensa en la física clásica, que todo en el universo, viaja del orden al desorden, conocido como entropía, en el mundo cuántico todo va del desorden a mayor orden, según la intención del observador.

En la física clásica, se cree que todo en el universo tiende al desorden, lo que se conoce como entropía. Esto significa que, con el tiempo, todo sistema se desorganiza y se aproxima a un estado de equilibrio termodinámico, en el que la energía se distribuye de manera uniforme y no hay diferencias de temperatura o de presión.

Sin embargo, en el mundo cuántico, la realidad es muy diferente. Aquí, todo puede ir del desorden a mayor orden, según la intención del observador. Esto se debe a que en el mundo cuántico, la observación de un fenómeno tiene el poder de influir en su comportamiento y de darle una posición y una velocidad definidas.

Un buen ejemplo de cómo la intención del observador puede influir en el orden del mundo cuántico es el experimento del "gato de Schrödinger". En este experimento, se muestra cómo un gato puede estar simultáneamente vivo y muerto hasta que es observado. Esto se debe a que en el mundo cuántico, el gato se encuentra en una superposición de estados, y es la observación del fenómeno la que "collapse" o "colapsa" la superposición y da lugar a un estado definido.

Otro ejemplo de cómo la intención del observador puede influir en el orden del mundo cuántico es el fenómeno de la "observación cuántica" o "efecto observador". En este fenómeno, se demuestra que la observación de un fenómeno cuántico tiene el poder de cambiar su comportamiento y de hacer que las partículas subatómicas adopten una posición y una velocidad definidas. Esto se debe a que en el mundo cuántico, las partículas no tienen una posición o una velocidad definidas hasta que son observadas, y se encuentran en una especie de "limbo" o "estado de indeterminación" hasta que son medidas.

Al fin, aunque en la física clásica se cree que todo en el universo tiende al desorden, en el mundo cuántico todo puede ir del desorden a mayor orden, según la intención del observador. Esto se debe a que en el mundo cuántico, la observación de un fenómeno tiene el poder de influir en su comportamiento y de darle una posición y una velocidad definidas.

2.   Con la aplicación de campos magnéticos de imanes o mentales, estos alteraran la alineación magnética de los átomos de una sustancia, es decir, tendrán susceptibilidad magnética dichos átomos, hasta alcanzar un punto de saturación magnética, entonces podrán girar en la misma dirección del campo magnético y comenzaran a reducir su velocidad, creando patrones cuánticos armónicos.

Los campos magnéticos son una forma de energía que se pueden generar mediante la aplicación de imanes o mentales. Estos campos magnéticos tienen la capacidad de alterar la alineación magnética de los átomos de una sustancia, es decir, de hacer que estos átomos adquieran susceptibilidad magnética.

Cuando se aplica un campo magnético a una sustancia, los átomos comienzan a girar en la misma dirección del campo y a reducir su velocidad. Esto se debe a que los átomos tienen un momento magnético, que es una medida de su susceptibilidad magnética, y que los hace interactuar con el campo magnético aplicado.

Con la aplicación de campos magnéticos, es posible llegar a un punto de saturación magnética, en el que los átomos alcanzan un estado de equilibrio y dejan de girar. En este punto, se pueden observar patrones cuánticos armónicos, que son estructuras formadas por las interacciones entre los átomos y el campo magnético.

Estos patrones cuánticos armónicos son muy importantes en diversas áreas de la ciencia y la tecnología, ya que pueden ser utilizados para medir la susceptibilidad magnética de las sustancias y para estudiar sus propiedades físicas y químicas. Además, los patrones cuánticos armónicos también pueden ser utilizados para la generación de energía, ya que pueden ser convertidos en formas de energía más útiles y manejables.

Y finalmente, la aplicación de campos magnéticos puede alterar la alineación magnética de los átomos de una sustancia y hacer que estos átomos adquieran susceptibilidad magnética. Con la aplicación de campos magnéticos, es posible llegar a un punto de saturación magnética y observar patrones cuánticos armónicos, que son muy importantes en diversas áreas de la ciencia y la tecnología.

3. En la aplicación de campos magnéticos para medir la susceptibilidad magnética de una sustancia, cuando se amplía este campo y al ampliar las frecuencias magnéticas, más rápido giran los átomos, pero también, el caos atómico comienza a ordenarse, hacia una misma dirección, funcionando como una unidad organizada actuando en conjunto, es decir, a mayor frecuencia de vibración mayor orden, y a menor frecuencia vibratoria mayor caos, de ahí que el magnetismo aumenta la frecuencia de vibración de un organismo enfermo sanándolo.

La susceptibilidad magnética es una medida de la capacidad de una sustancia para interactuar con un campo magnético. Esta susceptibilidad puede ser medida aplicando campos magnéticos a la sustancia y observando cómo los átomos de la sustancia reaccionan.

Cuando se amplía el campo magnético y se aumentan las frecuencias magnéticas, los átomos comienzan a girar más rápido. Sin embargo, también se observa que el caos atómico comienza a ordenarse, es decir, que los átomos comienzan a actuar como una unidad organizada y a orientarse en la misma dirección.

Este fenómeno se debe a que a mayor frecuencia de vibración, los átomos tienen más energía y están más activos, lo que les permite actuar de manera más coordinada y organizada. Por otro lado, a menor frecuencia vibratoria, los átomos tienen menos energía y están menos activos, lo que provoca un mayor caos y desorganización.

De esta manera, se puede decir que el magnetismo aumenta la frecuencia de vibración de un organismo, lo que puede tener efectos beneficiosos en la salud. Por ejemplo, se ha demostrado que el magnetismo puede ayudar a sanar enfermedades y a mejorar el funcionamiento del cuerpo, ya que aumenta la frecuencia de vibración de los átomos y les da más energía y actividad.

Como conclusión, la aplicación de campos magnéticos permite medir la susceptibilidad magnética de una sustancia y observar cómo los átomos reaccionan. Cuando se amplía el campo magnético y se aumentan las frecuencias magnéticas, los átomos giran más rápido y el caos atómico comienza a ordenarse, actuando como una unidad organizada. Esto se debe a que a mayor frecuencia de vibración, hay mayor orden y a menor frecuencia vibratoria, hay mayor caos. El magnetismo puede aumentar la frecuencia de vibración de un organismo y tener efectos beneficiosos en la salud.

4. El entrelazamiento cuántico se da, cuando las partículas subatómicas como los electrones o fotones, están en contacto, y se influencian uno a otros de manera instantánea, por lo que, una vez que están en contacto, y continúa esta influencia, se da esta, sin importar la distancia y el tiempo, es decir, actúan dichas partículas como si fueran unos gemelos, que estando distantes conservan intereses idénticos y mantienen una conexión híper comunicacional cuántica inter psíquica, así en el biomagnetismo cuántico, lo mismo sucede entre un paciente y terapeuta, que una vez que recíprocamente, se interconectan psíquicamente, es decir, saben de su existencia, se entrelazan cuánticamente influenciándose entre sí, en ese instante, cuando sus campos cuánticos entran en fase, la sanación mediante el biomagnetismo cuántico es más efectiva.

El entrelazamiento cuántico es un fenómeno muy peculiar que ocurre en el mundo cuántico y que se caracteriza por la influencia mutua e instantánea de dos o más partículas subatómicas, como los electrones o fotones, sin importar la distancia y el tiempo.

Cuando dos partículas subatómicas entran en contacto y se influyen mutuamente, se da el entrelazamiento cuántico. Esto significa que las partículas actúan como si fueran gemelos, que aun estando distantes conservan intereses idénticos y mantienen una conexión híper comunicacional cuántica interpsíquica.

El entrelazamiento cuántico es un fenómeno muy interesante y sorprendente que ha sido objeto de mucho estudio en la ciencia y la tecnología. Se cree que el entrelazamiento cuántico puede tener importantes aplicaciones en diversas áreas, como la informática cuántica, la comunicación cuántica y la medicina cuántica.

Además, el entrelazamiento cuántico también puede ser utilizado para explorar y comprender mejor el mundo cuántico y sus leyes fundamentales. A través del estudio del entrelazamiento cuántico, se pueden obtener nuevos conocimientos sobre la naturaleza de la realidad y cómo funciona el universo a nivel subatómico.

Al final, el entrelazamiento cuántico es un fenómeno que se da cuando dos o más partículas subatómicas entran en contacto y se influyen mutuamente de manera instantánea y sin importar la distancia y el tiempo. Este fenómeno es muy interesante y tiene importantes aplicaciones en diversas áreas de la ciencia y la tecnología, y puede ayudar a comprender mejor el mundo cuántico y sus leyes fundamentales.

5.   Para Einstein entrelazamiento cuántico era una conexión que implicaba, que la información vejase más rápido de la luz, por lo que llamo a este fenómeno como un acción "fantasmagórica a distancia", con todo, la física cuántica es aceptada como el método más preciso, para describir los átomos y su interrelación o enlace cuántico, pero también, para describir cómo se forman las moléculas, pero además, como estas son la base de la bioquímica, y la bioquímica de la biología, por lo que, podemos deducir que el entrelazamiento cuántico, también es la base de la conexión biológica inter-especies del planeta tierra.

Para Einstein, el entrelazamiento cuántico era un fenómeno muy extraño y sorprendente que implicaba la transmisión de información a velocidades más rápidas que la de la luz. Por esta razón, Einstein lo llamó "acción fantasmagórica a distancia".

A pesar de que Einstein no estaba completamente convencido de la veracidad del entrelazamiento cuántico, la física cuántica es aceptada como el método más preciso para describir los átomos y su interrelación o enlace cuántico. La física cuántica también es útil para describir cómo se forman las moléculas y cómo estas son la base de la bioquímica y la biología.

Por lo tanto, podemos deducir que el entrelazamiento cuántico es también la base de la conexión biológica interespecies en la Tierra. Esto significa que todos los seres vivos están conectados de alguna manera a través de las leyes del mundo cuántico y que esta conexión puede tener un impacto en la forma en que se relacionan y se comunican entre sí.

Es importante destacar que el entrelazamiento cuántico es un fenómeno aún muy poco comprendido y que sigue siendo objeto de mucho estudio y debate en la ciencia. Sin embargo, su importancia y sus posibles aplicaciones son indudables y se espera que en el futuro se puedan desentrañar muchos de los misterios que aún envuelven a este fenómeno tan fascinante.

6. En el interior de nuestro cuerpo los átomos y moléculas están intercambiando información constante y de manera instantánea, pues todas las interacciones cuánticas producen entrelazamiento, sin importar cuales sean las condiciones internas o del entorno, de ahí que, la aparente separación de nuestras células, órganos, sistemas orgánicos, no es tal, tampoco lo es la separación de nuestro organismo con la tierra, el sistema solar, nuestra galaxia, el universo, los universos y la fuente, digo, también están intercambiando información constante y de manera instantánea, de ahí que el terapeuta de Biomagnetismo cuántico, solo debe enfocar su intención para comunicarse con cualquier organismo vivo.

En el interior de nuestro cuerpo, los átomos y moléculas están en constante intercambio de información de manera instantánea. Esto se debe a que todas las interacciones cuánticas producen entrelazamiento, es decir, una influencia mutua y sin importar las condiciones internas o del entorno.

Esto significa que la aparente separación de nuestras células, órganos, sistemas orgánicos y del organismo en sí no es real. También hay una falta de separación entre nuestro organismo y la Tierra, el sistema solar, nuestra galaxia, el universo y más allá. Todos estos elementos están en constante intercambio de información de manera instantánea.

Por esta razón, el terapeuta de Biomagnetismo cuántico solo debe enfocar su intención para comunicarse con cualquier organismo vivo. Esto se debe a que todos estamos conectados y en constante intercambio de información a nivel cuántico, independientemente de la distancia y el tiempo.

Es importante destacar que el entrelazamiento cuántico es un fenómeno aún poco comprendido y que sigue siendo objeto de mucho estudio y debate en la ciencia.

7. Por otra parte, en el universo, los fotones que viajan por el espacio, están entrelazados con cada átomo que encuentran, en su camino hacia a la

tierra, de ahí que, cuando un fotón toca un átomo, irremediablemente quedan entrelazado cuánticamente entre sí, intercambiando información, así cuando tenemos contacto con cualquier otra persona o sabemos de su existencia, se da este mismo fenómeno, del entrelazamiento cuántico entre personas.

En el universo, los fotones que viajan por el espacio están entrelazados con cada átomo que encuentran en su camino hacia la Tierra. Esto significa que cuando un fotón toca un átomo, ambos quedan irremediablemente entrelazados cuánticamente entre sí, intercambiando información.

Este mismo fenómeno se da cuando tenemos contacto con cualquier otra persona o simplemente sabemos de su existencia. Al entrar en contacto con otra persona, o al saber de su existencia, se produce un entrelazamiento cuántico entre ambos.

Es importante destacar que el entrelazamiento cuántico es un fenómeno muy peculiar y sorprendente que ocurre en el mundo cuántico y que se caracteriza por la influencia mutua e instantánea de dos o más partículas subatómicas, como los electrones o fotones, sin importar la distancia y el tiempo.

Aunque el entrelazamiento cuántico es un fenómeno aún poco comprendido y que sigue siendo objeto de mucho estudio y debate en la ciencia, su importancia y sus posibles aplicaciones son indudables y se espera que en el futuro se puedan desentrañar muchos de los misterios que aún envuelven a este fenómeno tan fascinante.

8. Es conocido que, entre los electrones del interior del cuerpo producen entrelazamiento cuántico entre sí, pero además a nivel molecular también sucede lo mismo, incluso a nivel celular, orgánico, y sistemas, pero además también con el resto de los organismo de planeta, de ahí que podemos decir, que efectivamente, todo lo existente forma un todo unido.

Es conocido que el entrelazamiento cuántico ocurre entre los electrones del interior del cuerpo humano. Esto significa que los electrones están en constante intercambio de información de manera instantánea y sin importar la distancia y el tiempo.

Pero el entrelazamiento cuántico no se limita solo a los electrones. También ocurre a nivel molecular, incluso a nivel celular, orgánico y sistémico. Esto significa que todas las moléculas, células, órganos y sistemas del cuerpo humano están en constante intercambio de información y conectados entre sí a nivel cuántico.

Pero el entrelazamiento cuántico no se limita solo al cuerpo humano. También ocurre con el resto de los organismos del planeta Tierra. Esto significa que todos los seres vivos del planeta están conectados y en constante intercambio de información a nivel cuántico.

Por último, podemos decir que todo lo existente en el universo forma un todo unido y conectados.

9. El espacio vacío no existe, pues aunque extrajésemos toda la materia, subsiste la energía subatómica.

El concepto de espacio vacío es una ilusión. Aunque podamos imaginar un espacio sin materia, en realidad no existe. Esto se debe a que, aunque extrajésemos toda la materia de un lugar, todavía habría energía subatómica presente.

La energía subatómica es la energía que existe en el espacio vacío y que se manifiesta en la forma de partículas subatómicas como los fotones o los electrones. Estas partículas pueden aparecer y desaparecer de manera constante y no necesitan de un medio material para manifestarse.

Por lo tanto, podemos decir que el espacio vacío no es realmente vacío sino que está lleno de energía subatómica. Esta energía es fundamental para el funcionamiento del universo y juega un papel importante en la física cuántica y en el entrelazamiento cuántico.

Es importante destacar que el concepto de espacio vacío sigue siendo objeto de mucho estudio y debate en la ciencia y que aún hay mucho que se desconoce sobre la energía subatómica y su relación con el universo.

10. En el mundo de las partículas cuánticas, los campos son resultado de intercambio de energía e información, de ahí que si podemos establecer un código de comunicación, para intercambiar información con el paciente, podremos tener acceso a la información bilógica y electromagnética del campo cuántico de un persona.

En el mundo de las partículas cuánticas, los campos son resultado del intercambio de energía e información. Esto significa que los campos cuánticos están formados por la energía y la información que se intercambian entre las partículas subatómicas.

Esto nos lleva a la posibilidad de establecer un código de comunicación para intercambiar información con un paciente. Si podemos acceder a la información bilógica y electromagnética del campo cuántico de una persona, podremos obtener información valiosa sobre su estado de salud y su funcionamiento a nivel molecular y celular.

El acceso a la información del campo cuántico de una persona puede ser de gran utilidad en el campo de la salud y el bienestar. Por ejemplo, en el campo del Biomagnetismo cuántico se utiliza la información del campo cuántico para diagnosticar y tratar enfermedades y disfunciones en el cuerpo.

Es importante destacar que el estudio de los campos cuánticos y su relación con la salud y el bienestar es un área de investigación en constante evolución y que aún hay mucho por descubrir sobre esta fascinante y compleja área de la ciencia.

11. El principio de incertidumbre establece que las partículas cuánticas son incognoscibles, porque su energía esta siempre siendo redistribuida en una pauta dinámica.

El principio de incertidumbre es uno de los principios fundamentales de la física cuántica y establece que las partículas cuánticas son incognoscibles debido a que su energía está siempre siendo redistribuida en una pauta dinámica.

Este principio fue propuesto por Werner Heisenberg en 1927 y establece que es imposible conocer con precisión al mismo tiempo la posición y el momentum de una partícula cuántica. Esto se debe a que cualquier intento de medir estos dos aspectos de la partícula perturba su energía y cambia su pauta dinámica.

El principio de incertidumbre es una de las características más sorprendentes y fascinantes de la física cuántica y ha llevado a importantes descubrimientos y aplicaciones en campos como la informática y la tecnología.

Es importante destacar que el principio de incertidumbre es solo uno de los principios fundamentales de la física cuántica y que hay muchos otros aspectos de este campo de la ciencia que aún se desconocen y que siguen siendo objeto de mucho estudio y debate.

12. Las partículas subatómicas son paquetes de ondas vibratorias que, están intercambiando contantemente energía-información, así el terapeuta cuánticamente también pude intercambiar la información con su paciente de su estado de salud física, emocional, mental y espiritual.

Las partículas subatómicas son paquetes de ondas vibratorias que están en constante intercambio de energía e información. Estas ondas vibratorias son las que conforman los campos cuánticos y permiten la comunicación y el entrelazamiento cuántico entre las partículas.

Esto significa que, al igual que las partículas subatómicas, un terapeuta puede también intercambiar información con su paciente a través del campo cuántico. Esta información puede incluir el estado de salud física, emocional, mental y espiritual del paciente.

El acceso a la información del campo cuántico del paciente puede ser de gran utilidad en el campo de la salud y el bienestar. Por ejemplo, en el campo del Biomagnetismo cuántico se utiliza la información del campo cuántico para diagnosticar y tratar enfermedades y disfunciones en el cuerpo.

Es importante destacar que el estudio de los campos cuánticos y su relación con la salud y el bienestar es un área de investigación en constante evolución y que aún hay mucho por descubrir sobre esta fascinante y compleja área de la ciencia.

13. Las partículas elementales interactúan entre si, intercambiando energía información, por medio de las partículas cuánticas virtuales, pues son fluctuantes, apareciendo y desapareciendo como pequeños nudos de energía, con todo, se puede tener acceso a dicha información.

Las partículas elementales son las más pequeñas y básicas que conforman la materia e interactúan entre sí intercambiando energía e información a través de partículas cuánticas virtuales.

Estas partículas cuánticas virtuales son fluctuantes, es decir, aparecen y desaparecen constantemente como pequeños nudos de energía. Aunque son virtuales, es decir, no tienen una existencia tangible, tienen un papel fundamental en la interacción entre las partículas elementales.

A pesar de que las partículas cuánticas virtuales son muy pequeñas y difíciles de detectar, es posible tener acceso a la información que transmiten. Esto se puede hacer a través de la medida de las propiedades de las partículas elementales que interactúan a través de ellas.

El estudio de las partículas cuánticas virtuales y su papel en la interacción entre las partículas elementales es un área de investigación muy importante en la física cuántica y ha llevado a importantes descubrimientos y aplicaciones en campos como la informática y la tecnología.

Las partículas elementales interactúan entre sí intercambiando energía e información por medio de las partículas cuánticas virtuales. Estas partículas virtuales son fluctuantes y aparecen y desaparecen como pequeños nudos de energía. Aunque estas partículas son virtuales, es decir, no tienen una existencia real, su interacción con las partículas elementales es real y tiene importantes consecuencias en el mundo físico.

Un ejemplo de cómo las partículas virtuales pueden tener un impacto en el mundo físico es la fuerza electromagnética, que es causada por la interacción entre partículas elementales a través de partículas virtuales.

Aunque las partículas virtuales son difíciles de detectar y medir directamente, es posible tener acceso a la información que intercambian con las partículas elementales. Esto puede ser de gran utilidad en el estudio de la física cuántica y en el desarrollo de tecnologías basadas en la física cuántica.

Es importante destacar que el estudio de las partículas cuánticas y su interacción con el mundo físico es un área de investigación en constante evolución y que aún hay mucho por descubrir sobre esta fascinante y compleja área de la ciencia.

14. Incluso a temperatura de cero absolutos, cuando teóricamente la materia no se mueve, hay fluctuaciones de las partículas cuánticas, este movimiento de ida y vuelta, es conocida como campo de punto cero.

El campo de punto cero es un fenómeno que se da en la física cuántica y se refiere al movimiento de ida y vuelta de las partículas cuánticas incluso a temperatura de cero absolutos, cuando teóricamente la materia no se mueve.

Este fenómeno se debe a las fluctuaciones de las partículas cuánticas, que aunque son muy pequeñas, son constantes y no pueden ser eliminadas por completo. Estas fluctuaciones son el resultado de la indeterminación cuántica y se dan en todas las escalas, desde las partículas subatómicas hasta las estrellas y galaxias.

El campo de punto cero es uno de los fenómenos más sorprendentes y fascinantes de la física cuántica y ha llevado a importantes descubrimientos y aplicaciones en campos como la informática y la tecnología.

Es importante destacar que el campo de punto cero es solo uno de los aspectos de la física cuántica y que hay muchos otros aspectos de este campo de la ciencia que aún se desconocen y que siguen siendo objeto de mucho estudio y debate.

15. La energía del punto cero explica propiedades básicas de la masa: la inercia y la gravedad.

La energía del punto cero es un concepto de la física cuántica que se refiere a la energía presente en el espacio vacío. Según la teoría de la relatividad de Einstein, el espacio vacío no es realmente vacío, sino que está lleno de fluctuaciones de energía y partículas virtuales. Esta energía del punto cero es el resultado de estas fluctuaciones y es conocida también como energía de vacío o energía de punto cero.

La energía del punto cero tiene un papel importante en la explicación de algunas de las propiedades básicas de la masa, como la inercia y la gravedad. La inercia es la resistencia de un cuerpo a cambiar su velocidad o dirección de movimiento y está directamente relacionada con la masa del cuerpo. La gravedad, por su parte, es la fuerza que atrae a dos cuerpos masivos entre sí y también está relacionada con la masa de los cuerpos.

El concepto de energía del punto cero es uno de los aspectos más sorprendentes y fascinantes de la física cuántica y ha llevado a importantes descubrimientos y aplicaciones en campos como la cosmología y la física de partículas

La energía del punto cero es un concepto importante en la física cuántica que se refiere a la energía presente en el espacio vacío. Aunque puede parecer que el espacio vacío es un lugar completamente inerte y sin energía, la teoría cuántica sugiere que en realidad está lleno de fluctuaciones energéticas constantes.

Estas fluctuaciones energéticas del punto cero pueden explicar propiedades básicas de la masa como la inercia y la gravedad. La inercia es la resistencia de un objeto a cambiar su velocidad o dirección de movimiento, mientras que la gravedad es la atracción que ejerce un cuerpo masivo sobre otros cuerpos.

El concepto de energía del punto cero es uno de los aspectos más sorprendentes y fascinantes de la física cuántica y ha llevado a importantes descubrimientos y aplicaciones en campos como la informática y la tecnología. Aunque aún hay mucho por entender sobre este concepto y su relación con la masa y la gravedad, su estudio es fundamental para avanzar en el conocimiento de la naturaleza fundamental de la materia y el universo.

16. Dado que la materia del universo esta interactuando con el campo del punto cero, toda ella, esta interconectada y entrelazada, en todo el cosmos por medio de ondas cuánticas, puesto que estamos conformados por materia, también podemos interconectarnos y entrelazarnos con toda la existencia por medio de campos cuánticos, a través de nuestro campo cuántico subjetivo personal.

El concepto de interconexión y entrelazamiento cuántico es uno de los aspectos más fascinantes de la física cuántica y tiene importantes implicaciones para entender la naturaleza fundamental de la materia y el universo. Según esta teoría, toda la materia del universo está interactuando constantemente con el campo del punto cero, un mar de fluctuaciones energéticas que llena el espacio vacío.

Esta interacción con el campo del punto cero permite que la materia del universo esté interconectada y entrelazada a través de ondas cuánticas, lo que significa que todo está conectado y tiene una influencia en todo lo demás. Esta interconexión y entrelazamiento se da a todas las escalas, desde las partículas subatómicas hasta las galaxias y el universo completo.

Además, dado que somos seres humanos formados por materia, también podemos interconectarnos y entrelazarnos con toda la existencia a través de nuestro campo cuántico subjetivo personal. Esta interconexión nos permite tener una conexión profunda con el universo y con todo lo que nos rodea.

Digo, el concepto de interconexión y entrelazamiento cuántico nos ayuda a entender cómo todo en el universo está conectado y cómo podemos tener una conexión profunda con el universo y con todo lo que nos rodea.

17. **El ser humano y el espacio vacío es una masa de entrelazamientos, de conexiones invisibles o energéticas, esta es la base de la híper comunicación cuántica inter psíquica, la telequinesis de iones o intercambio iónico entre una zona acida y alcalina, la curación a distancia, la inducción magnética mental a distancia, etc. solo hay que entrenar dichas posibilidades cuánticas del ser humano.**

El ser humano y el espacio vacío están intrínsecamente conectados de muchas maneras, y esta conexión es la base de una serie de fenómenos que han sido estudiados por científicos y explorados por personas interesadas en la híper comunicación cuántica interpsíquica.

Uno de estos fenómenos es la telequinesis de iones, que implica el intercambio iónico entre una zona ácida y alcalina. Esto se cree que es posible gracias a la conexión energética entre el ser humano y el espacio vacío. También hay evidencia de que la curación a distancia y la inducción magnética mental a distancia son posibles gracias a esta conexión.

Aunque estos fenómenos son todavía poco comprendidos por la ciencia, muchos creen que son solo una parte de las posibilidades cuánticas del ser humano. Según esta teoría, el ser humano tiene la capacidad de entrenar y desarrollar sus habilidades cuánticas para aprovechar estos fenómenos y utilizarlos de manera efectiva. Esto requeriría una mayor comprensión de cómo funcionan estos fenómenos y cómo podemos interactuar con ellos, pero muchos creen que es una meta alcanzable a medida que seguimos explorando y aprendiendo más sobre nuestro mundo y nuestra conexión con él.

El ser humano y el espacio vacío tienen una relación más profunda de lo que muchos podrían imaginar. Según algunas teorías, el espacio vacío no es realmente vacío, sino que está lleno de energía y conexiones invisibles que nos conectan a todo lo demás en el universo. Estas conexiones energéticas se conocen como entrelazamientos cuánticos, y se cree que son la base de la hipercomunicación cuántica interpsíquica, o la capacidad de la mente humana de comunicarse a nivel subatómico.

Además de la hipercomunicación cuántica, hay otras habilidades cuánticas que se cree que el ser humano posee, como la telequinesis de iones, la capacidad de mover iones a distancia mediante la fuerza mental, y la curación a distancia, en la que se utilizan las energías cuánticas para curar a personas que están lejos. También hay evidencia de que el ser humano tiene la capacidad de realizar la inducción magnética mental a distancia, en la que se utilizan los campos magnéticos para influir en el comportamiento y las decisiones de otras personas.

Aunque estas habilidades cuánticas todavía se encuentran en una etapa temprana de investigación, hay quienes creen que el ser humano tiene el potencial de desarrollar y utilizar estas habilidades de manera más efectiva si se entrena adecuadamente. Sin embargo, todavía hay mucho por aprender sobre cómo funcionan estas habilidades y cómo podemos desarrollarlas de manera más efectiva. A medida que avanzamos en nuestra comprensión de la naturaleza cuántica del universo y de nuestro propio ser, es posible que descubramos nuevas y sorprendentes habilidades que no podíamos haber imaginado anteriormente.

18. Toda la materia, gira alrededor del campo cuántico objetivo universal o núcleo galáctico fuente, en forma de burbujas-universos, que se interconectan por medio de la híper comunicación cuántica inter psíquica, que generan a su vez, líneas cuánticas de interconexión, entre el centro fuente, los universos y éstos entre sí.

La teoría de la híper comunicación cuántica inter psíquica sugiere que toda la materia del universo gira alrededor de un campo cuántico objetivo universal o núcleo galáctico fuente. Según esta teoría, el universo está formado por burbujas-universos que se interconectan por medio de la híper comunicación cuántica inter psíquica, una forma de comunicación instantánea y sin límites de tiempo ni espacio.

Esta híper comunicación cuántica inter psíquica permite que los burbujas-universos estén conectados entre sí y con el centro del universo a través de líneas cuánticas de interconexión. Estas líneas cuánticas de interconexión permiten que la información y la energía fluyan de un burbuja-universo a otro y del centro del universo a las burbujas-universos.

Ultimadamente, la teoría de la híper comunicación cuántica inter psíquica sugiere que toda la materia del universo está conectada y que existen líneas cuánticas de interconexión que permiten que la información y la energía fluyan entre el centro del universo y las burbujas-universos. Esta teoría tiene importantes implicaciones para entender la naturaleza fundamental del universo y cómo está conectado todo en el multiverso.

La teoría cuántica sugiere que toda la materia del universo gira alrededor del campo cuántico objetivo universal o núcleo galáctico fuente, formando burbujas-universos que están interconectadas por medio de la híper comunicación cuántica inter psíquica. Esta híper comunicación cuántica es un fenómeno que permite la instantánea transmisión de información y energía entre diferentes partes del universo, sin importar la distancia o el tiempo.

Esta interconexión entre los universos se da a través de líneas cuánticas, que son canales de energía e información que se extienden desde el centro del universo hasta los universos y entre ellos. Estas líneas cuánticas son fundamentales para entender cómo todo en el universo está conectado y cómo interactúa.

Para concluir, la teoría cuántica nos permite entender cómo toda la materia del universo está conectada y cómo se influyen mutuamente a través del campo cuántico objetivo universal y la híper comunicación cuántica inter psíquica. Esto nos ayuda a comprender mejor la naturaleza fundamental de la materia y el universo y cómo todo está interrelacionado.

19. Las líneas cuánticas de híper-comunicación-información se entrelazan o interfieren entre sí.

Las líneas cuánticas son canales de energía e información que se extienden a través del universo y que permiten la transmisión instantánea de información y energía entre diferentes partes del universo. Estas líneas cuánticas están en constante interacción y entrelazamiento, lo que significa que cuando dos líneas cuánticas se encuentran, pueden influirse mutuamente y modificar su comportamiento.

Este fenómeno de interacción y entrelazamiento de líneas cuánticas es conocido como interferencia cuántica y es una de las características fundamentales de la teoría cuántica. La interferencia cuántica es un fenómeno que ocurre cuando dos ondas cuánticas se superponen y se influyen mutuamente, lo que puede llevar a una cancelación o amplificación de la energía y la información que contienen.

La interferencia cuántica es un fenómeno muy importante en la teoría cuántica y tiene una gran variedad de aplicaciones en campos como la informática cuántica, la comunicación cuántica y la medicina cuántica. Además, la interferencia cuántica es una de las principales características que distingue a la teoría cuántica de la física clásica y nos ayuda a comprender mejor cómo funciona el universo a nivel subatómico.

20. Las líneas cuánticas de híper-comunicación-información pueden conectarse mediante interferencia contractiva donde ambas se combinan conformando una señal más fuerte, tal como si dos rayos de luz se unen habrá más luz.

El concepto de interferencia cuántica se refiere a la interacción entre dos líneas cuánticas de energía e información. Cuando dos líneas cuánticas se intersectan o se superponen, pueden influirse mutuamente y modificar su comportamiento. Esta interacción puede dar lugar a dos tipos de interferencia: interferencia constructiva e interferencia destructiva.

Interferencia constructiva se da cuando dos líneas cuánticas se combinan de tal manera que su energía y su información se refuerzan mutuamente. Esto se parece a lo que ocurre cuando dos rayos de luz se unen y crean más luz. En este caso, la energía y la información de las dos líneas cuánticas se suman y se crea una señal más fuerte.

Por otro lado, la interferencia destructiva se produce cuando dos líneas cuánticas se combinan de tal manera que se cancelan mutuamente. Esto se parece a lo que ocurre cuando dos rayos de luz opuestos se superponen y se anulan mutuamente. En este caso, la energía y la información de las dos líneas cuánticas se restan y se crea una señal más débil o nula.

La interferencia constructiva y destructiva son fenómenos fundamentales en la teoría cuántica y tienen una gran variedad de aplicaciones prácticas. Por ejemplo, en la informática cuántica se utilizan las líneas cuánticas para transmitir y procesar información de manera más rápida y segura. En la comunicación cuántica, las líneas cuánticas se utilizan para transmitir información de manera segura y privada. En la medicina cuántica, las líneas cuánticas se utilizan para diagnosticar y tratar afecciones médicas de manera más precisa y efectiva.

En últimos términos, las líneas cuánticas son canales de energía e información que se extienden a través del universo y que permiten la transmisión instantánea.

21. Pero también, la líneas cuánticas de híper-comunicación-información pueden anularse mutuamente o darse la interferencia destructiva, donde ambas se anulan, tal como si dos rayos de luz se bloquean reciprocarte conformando oscuridad.

Las líneas cuánticas de hipercomunicación son una tecnología emergente que permite la transmisión de información a través de líneas cuánticas, que son canales de comunicación que utilizan partículas subatómicas para transmitir información. Estas líneas cuánticas ofrecen una gran ventaja en términos de velocidad y seguridad de la transmisión de información, ya que utilizan fenómenos cuánticos para proteger la integridad de la información durante el proceso de transmisión.

Sin embargo, a pesar de sus ventajas, las líneas cuánticas también presentan algunos desafíos en términos de la transmisión de información. Uno de estos desafíos es la interferencia destructiva, que ocurre cuando dos ondas cuánticas se superponen y anulan mutuamente, como si dos rayos de luz se bloquearan recíprocamente. Esto puede afectar la calidad de la transmisión de información y reducir la efectividad de las líneas cuánticas.

Además, la información también puede anularse bajo ciertas condiciones, como cuando la información es transmitida a través de un canal cuántico no confiable o cuando hay interferencia destructiva. Esto puede ocurrir cuando hay errores o interferencias en el proceso de transmisión, lo que puede afectar la integridad de la información y reducir la efectividad de las líneas cuánticas.

A pesar de estos desafíos, la tecnología de líneas cuánticas de hipercomunicación sigue siendo un área de investigación muy prometedora y tiene el potencial de revolucionar la forma en que transmitimos y protegemos la información. A medida que los investigadores avanzan en el desarrollo de esta tecnología, es importante seguir estudiando y entendiendo cómo funcionan las líneas cuánticas y cómo se pueden superar estos desafíos para maximizar su efectividad y utilidad.

El entrelazamiento cuántico es un fenómeno que ha fascinado a científicos y filósofos durante mucho tiempo. Se trata de una conexión que existe entre partículas subatómicas, como los electrones o fotones, que se influyen mutuamente de manera instantánea, sin importar la distancia y el tiempo. Esta conexión es tan fuerte que se compara a menudo con la de gemelos que, aunque estén distantes, conservan intereses idénticos y mantienen una conexión híper comunicacional cuántica interpsíquica.

El entrelazamiento cuántico es una de las principales bases de la física cuántica, que es el método más preciso para describir los átomos y su interrelación o enlace cuántico. Pero también se utiliza para describir cómo se forman las moléculas, lo que es fundamental para la bioquímica y, por tanto, para la biología. De hecho, se podría decir que el entrelazamiento cuántico es la base de la conexión biológica inter-especies del planeta Tierra.

Otro aspecto interesante del entrelazamiento cuántico es que, al estar todo lo existente interconectado y entrelazado en el universo, es posible tener acceso a la información y la energía de cualquier otro organismo vivo, siempre y cuando se establezca un código de comunicación. Esto es algo que se aprovecha en el campo del biomagnetismo cuántico, donde se utiliza la intención del terapeuta para comunicarse con el paciente y obtener información sobre su estado de salud física, emocional, mental y espiritual.

El entrelazamiento cuántico también se relaciona con el principio de incertidumbre, que establece que las partículas cuánticas son incognoscibles porque su energía está siempre siendo redistribuida de manera dinámica. Esto significa que, aunque podamos tener acceso a la información y la energía de otro organismo, no podemos predecir con certeza cómo se comportará o qué sucederá.

Al final, el entrelazamiento cuántico es un fenómeno fascinante que nos muestra cómo todo lo existente en el universo está interconectado y entrelazado, y cómo podemos tener acceso a la información y la energía de otro organismo siempre y cuando establezcamos un código de comunicación.

22. Las moléculas pueden estar en dos sitios al mismo tiempo y continúan en un estado de superposición, haciendo que la materia física e incluso los seres vivos existamos en un estado maleable, es decir, la materia no es algo sólido y estable, asistiendo en el estado de pura potencialidad, y no como realidad final, y además las leyes de la física funcionan para lo micro y lo macro de la materia.

Trata sobre la física cuántica, una rama de la física que se ocupa del estudio de los fenómenos a nivel subatómico. En la física cuántica se ha encontrado que el universo funciona de manera muy diferente a como se pensaba en la física clásica. En lugar de seguir las leyes del orden y el caos que conocemos, en el mundo cuántico todo puede ser ambas cosas al mismo tiempo.

Una de las ideas más interesantes de la física cuántica es la del entrelazamiento cuántico, que se refiere a la conexión entre partículas subatómicas como electrones o fotones. Una vez que estas partículas entran en contacto, se influyen mutuamente de manera instantánea, sin importar la distancia o el tiempo. Esto significa que actúan como si fueran gemelos, manteniendo intereses idénticos y una conexión híper comunicacional cuántica.

Otro concepto importante mencionado en el texto es el de la susceptibilidad magnética. Esto se refiere a la manera en que los átomos de una sustancia reaccionan a campos magnéticos externos. Cuando se aplican campos magnéticos, estos alteran la alineación magnética de los átomos, haciéndolos tener susceptibilidad magnética. Esto puede llevar a un punto de saturación magnética, en el que los átomos comienzan a girar en la misma dirección del campo magnético y a reducir su velocidad, creando patrones cuánticos armónicos.

También menciona el principio de incertidumbre, que establece que las partículas cuánticas son incognoscibles porque su energía está siempre siendo redistribuida de manera dinámica. Esto significa que es imposible predecir con certeza el comportamiento de las partículas cuánticas, lo que las hace difíciles de medir y estudiar.

En última instancia, trata sobre algunos de los conceptos clave de la física cuántica, una rama de la física que se ocupa del estudio de los fenómenos a nivel subatómico. Se menciona el entrelazamiento cuántico, la susceptibilidad magnética y el principio de incertidumbre, todos conceptos importantes en la comprensión de cómo funciona el universo a nivel subatómico.

23. El mundo físico es maleable y susceptible de ser influenciado desde afuera en el tiempo y en el espacio.

El mundo cuántico es un mundo complejo y fascinante que ha desafiado la comprensión tradicional de la física y ha llevado a importantes descubrimientos y teorías. Una de las ideas centrales del mundo cuántico es la de que la realidad no es necesariamente lo que parece a simple vista. La física clásica nos ha enseñado que el mundo es ordenado y predecible, pero en el mundo cuántico, las cosas pueden ser muy diferentes.

Una de las principales diferencias entre el mundo clásico y el cuántico es la forma en que se mueve la energía. En el mundo clásico, se cree que todo en el universo tiende hacia el desorden, conocido como entropía. Sin embargo, en el mundo cuántico, se cree que todo puede ir del desorden hacia el orden, dependiendo de la intención del observador. Esto significa que el mundo cuántico es muy sensible a la observación y puede ser influenciado por la conciencia.

Otro aspecto importante del mundo cuántico es la idea del entrelazamiento cuántico. Esto se refiere a la conexión entre partículas subatómicas, como electrones o fotones, que están en contacto y se influyen mutuamente de manera instantánea. Esto significa que una vez que dos partículas están en contacto, continúan influyéndose el uno al otro, independientemente de la distancia y el tiempo. Esto puede parecer muy extraño, pero ha sido confirmado por experimentos científicos.

El magnetismo también es un fenómeno importante en el mundo cuántico. La aplicación de campos magnéticos puede alterar la alineación magnética de los átomos de una sustancia, lo que significa que estos átomos tienen susceptibilidad magnética. Al aumentar el campo magnético y las frecuencias magnéticas, los átomos giran más rápido, pero también comienzan a ordenarse en una misma dirección, funcionando como una unidad organizada actuando en conjunto. Esto significa que a mayor frecuencia de vibración hay mayor orden y a menor frecuencia hay mayor caos. Esto es importante en el contexto del biomagnetismo cuántico, ya que el magnetismo puede aumentar la frecuencia de vibración de un organismo enfermo.

24. El cuerpo humano es receptor y emisor de información cuántica, siendo el ADN una antena de bio-telecomunciaciones inter-psíquicas.

El cuerpo humano es un ser increíblemente complejo y es capaz de mucho más de lo que la mayoría de nosotros somos conscientes. Una de las cosas más interesantes es que el cuerpo es tanto receptor como emisor de información cuántica. Esto significa que no solo podemos recibir información del mundo que nos rodea, sino que también podemos enviar información a través de nuestros cuerpos y mentes.

Una de las partes más importantes del cuerpo que participa en esta transmisión de información cuántica es el ADN, que se ha descubierto recientemente que es una especie de antena de bio-telecomunicación interpsíquica. Esto significa que el ADN no solo es responsable de la transmisión de información genética, sino que también puede recibir y enviar información a través de ondas electromagnéticas.

Esto es realmente fascinante, ya que nos da una nueva comprensión de cómo funciona el cuerpo humano y cómo estamos conectados a nuestro entorno y a los demás. Además, nos da una idea de lo poderosos que somos en términos de nuestra capacidad para recibir y enviar información. Esto nos da la oportunidad de utilizar este poder para nuestro beneficio y para el beneficio de los demás, si aprendemos a utilizarlo de manera responsable y consciente.

25. La inteligencia cuántica espiritual transmite información en forma de ondas electromagnéticas sutiles mediante el mecanismo de la intención, de nuestro cuántico subjetivo personal para intercambian información con su entorno.

El mundo cuántico es un campo de estudio que ha revolucionado la ciencia y ha puesto en cuestionamiento muchos de los conceptos tradicionales de la física clásica. Según esta teoría, las partículas subatómicas no siguen las leyes de la lógica clásica y pueden estar en varios estados al mismo tiempo, existiendo en un estado de superposición. Esto ha llevado a la postulación de que el mundo físico es maleable y susceptible de ser influenciado desde afuera, incluso en el tiempo y en el espacio.

Una de las ideas más interesantes del mundo cuántico es la del entrelazamiento cuántico, que se da cuando dos partículas están en contacto y se influyen mutuamente de manera instantánea, sin importar la distancia y el tiempo. Esto significa que dichas partículas actúan como si fueran gemelos y mantienen una conexión híper comunicacional cuántica inter psíquica, incluso a nivel molecular.

Otro concepto importante es el de la intención, que juega un papel importante en el mundo cuántico. Se ha demostrado que la intención del observador puede tener un impacto en el comportamiento de las partículas subatómicas, lo que significa que nuestras intenciones pueden influir en el mundo físico. Además, la inteligencia cuántica espiritual puede transmitir información en forma de ondas electromagnéticas sutiles mediante el mecanismo de la intención de nuestro cuántico subjetivo personal.

Con todo, el mundo cuántico es un campo de estudio fascinante que ha puesto en cuestión muchos de los conceptos tradicionales de la física clásica y ha revolucionado la ciencia. A través del entrelazamiento cuántico y la intención, podemos ver cómo estamos interconectados y cómo podemos influir en el mundo físico. La comprensión de estos conceptos puede tener un gran impacto en el presente y futuro humano.

26. La inteligencia cuántica mental o cerebro, transmite y recibe, información en forma de ondas electromagnéticas sutiles psíquicas o pensamientos, mediante el mecanismo de la intención, de nuestro campo cuántico subjetivo personal, con el universo, seres vivos y materia en general.

El texto menciona algunos aspectos fundamentales de la física cuántica y su relación con la inteligencia y la conciencia. Según la física cuántica, todo en el universo está interconectado a través de campos cuánticos, y la materia no es sólida y estable como se pensaba en la física clásica, sino que se encuentra en un estado de superposición y maleabilidad. Además, se señala que la intención puede tener un efecto en el mundo físico, y que la inteligencia cuántica espiritual y mental pueden transmitir y recibir información mediante ondas electromagnéticas sutiles.

Estos conceptos sugieren que el universo es mucho más complejo y misterioso de lo que podríamos haber imaginado, y que nuestra conciencia y nuestra capacidad de intención pueden tener un papel importante en cómo interactuamos con el mundo. Además, la idea de que todo está interconectado a través de campos cuánticos plantea la posibilidad de que exista una conexión profunda entre todos los seres vivos y el universo en general.

En términos resumidos, este texto presenta algunos de los conceptos clave de la física cuántica y su relación con la inteligencia y la conciencia. Se sugiere que el universo es mucho más complejo y misterioso de lo que podríamos haber imaginado, y que nuestra conciencia y nuestra capacidad de intención pueden tener un papel importante en cómo interactuamos con el mundo. Además, se plantea la posibilidad de que todo esté interconectado a través de campo cuántico subjetivo personal.

27. La inteligencia cuántica emocional o corazón, transmite y recibe, información en forma de ondas electromagnéticas emocionales, mediante el mecanismo de la intención, de nuestro cuántico subjetivo personal, con el universo, seres vivos y materia en general.

El entendimiento de la física cuántica ha permitido comprender que la realidad es mucho más compleja de lo que se pensaba anteriormente. La teoría cuántica nos muestra que las partículas subatómicas, como electrones y fotones, están en constante interacción y pueden estar en varios lugares al mismo tiempo. Esto implica que la materia, incluso los seres vivos, existe en un estado de superposición y no como realidad final sólida y estable. Además, la inteligencia cuántica espiritual, mental y emocional nos permite transmitir y recibir información de manera sutil, mediante el mecanismo de la intención de nuestro campo cuántico subjetivo personal. Esto nos muestra que somos capaces de influir en nuestro entorno y que todo está interconectado a través de ondas electromagnéticas y líneas cuánticas de híper comunicación. Digo, la física cuántica nos muestra que la realidad es maleable y que somos capaces de influir en ella de manera sutil y efectiva a través de nuestra intención y conexión con el universo y sus habitantes.

28. La inteligencia cuántica fisiológica o inteligencia visceral, transmite y recibe, información en forma de ondas electromagnéticas o el chi, en la cultura china, en forma de sentimientos, deseos, etc., mediante el mecanismo de la intención, de nuestro cuántico subjetivo personal, con el universo, seres vivos y materia en general.

El siguiente texto habla sobre la inteligencia cuántica y cómo ésta interactúa con el universo, los seres vivos y la materia a través de ondas electromagnéticas sutiles. Se menciona que esta inteligencia se manifiesta en tres formas diferentes: la inteligencia cuántica espiritual, que se refiere a la interconexión con el universo y la fuente; la inteligencia cuántica mental, que se refiere a la interconexión con nuestros pensamientos y el mundo de la mente; y la inteligencia cuántica emocional, que se refiere a la interconexión con nuestras emociones y el mundo emocional. Además, se menciona la inteligencia cuántica fisiológica, que se refiere a la interconexión con nuestro cuerpo y sus procesos fisiológicos. Todas estas formas de inteligencia cuántica se manifiestan a través del mecanismo de la intención de nuestro campo cuántico subjetivo personal. Al final, este texto sugiere que tenemos la capacidad de interconectarnos y entrelazarnos con el universo y todo lo que nos rodea a través de nuestra propia inteligencia cuántica y nuestra intención.

29. La intención es la energía electromagnética resultado de un estado de atención concentrada, de la cuales emana pulsaciones del abdomen, o motor central bioenergética o chí, y que son pensamientos dirigidos para producir energía, incluso a distancia, de fuerza vital, que sirven de conductos de la energía magnética de imanes en el bio-magnetismo cuántico, cuando se aplica la terapia magnética.

La intención es una forma de energía electromagnética que se manifiesta cuando prestamos atención concentrada a algo. Esta energía se manifiesta en forma de pulsaciones que se producen en el abdomen, conocidas como el motor central bioenergético o chi en la cultura china. Estas pulsaciones pueden ser dirigidas por nuestros pensamientos para producir energía, incluso a distancia. Esta energía vital actúa como un canal de transmisión de la energía magnética de los imanes en el bio-magnetismo cuántico, una técnica terapéutica que utiliza campos magnéticos para tratar a los pacientes.

La intención es una fuerza poderosa que puede tener un gran impacto en nuestro entorno y en nuestra propia salud. Por ejemplo, en el bio-magnetismo cuántico, la intención del terapeuta puede ser utilizada para enviar energía magnética a un paciente, con el fin de sanar su cuerpo y mejorar su estado de salud.

Así pues, la intención es una forma de energía electromagnética que se manifiesta a través de nuestra atención concentrada y que puede ser utilizada para producir energía y tener un impacto en nuestro entorno. En el bio-magnetismo cuántico, esta energía se utiliza para enviar campos magnéticos a los pacientes con el fin de mejorar su salud.

30. La energía del chi o fuerza vital, incide y altera la naturaleza molecular de la materia a la que se dirige esta energía, por lo que en lo que toca a la terapia de Bio-magnetismo cuántico, incide en el intercambio iónico orgánico entre zona de acides y alcalinidad del cuerpo de los pacientes.

El Bio-magnetismo cuántico es una terapia que se basa en el uso de la energía electromagnética y la intención concentrada para tratar a los pacientes. La intención es la energía electromagnética resultante de un estado de atención concentrada y que emana pulsaciones del abdomen, conocida como el motor central bioenergético o chi en la cultura china. Esta energía es capaz de producir cambios a distancia y puede ser utilizada como conductos de la energía magnética de imanes en el Bio-magnetismo cuántico.

La energía del chi o fuerza vital tiene un impacto en la naturaleza molecular de la materia a la que se dirige, lo que significa que en el Bio-magnetismo cuántico, puede incidir en el intercambio iónico orgánico entre las zonas de acidez y alcalinidad del cuerpo de los pacientes. Esto puede ser útil en el tratamiento de diversos problemas de salud, como el dolor, la inflamación y el desequilibrio químico en el cuerpo.

Es importante tener en cuenta que el Bio-magnetismo cuántico es una terapia complementaria y no debe ser utilizada como sustituto de tratamientos médicos tradicionales. Es recomendable hablar con un médico o un profesional de la salud antes de comenzar cualquier tipo de terapia complementaria. Sin embargo, para aquellos que están interesados en explorar opciones complementarias para mejorar su salud y bienestar, el Bio-magnetismo cuántico puede ser una opción a considerar.

31. Los campos magnéticos tiene/son energía de propulsión y atracción, fenómenos que inciden en las funciones celulares hipo e híper activas, digo, acido-base, mismos que producen un aumento de la bioelectricidad del cuerpo al que se aplicarse, revitalizando las zonas orgánicas, y finalmente sanando al paciente.

El campo magnético es una forma de energía que se manifiesta en la atracción o repulsión entre dos cargas eléctricas. En el contexto del bio-magnetismo cuántico, estos campos magnéticos se utilizan para promover la sanación y revitalización del cuerpo humano. Al aplicar estos campos magnéticos, se produce un aumento de la bioelectricidad en el cuerpo, lo que a su vez afecta la función celular. Esto puede tener un efecto tanto hiperactivo como hipo activo en las células, lo que puede ayudar a equilibrar el funcionamiento del cuerpo y finalmente promover la curación. Además, estos campos magnéticos también pueden afectar la zonas orgánicas, lo que puede contribuir a la sanación del paciente. Con todo, el bio-magnetismo cuántico utiliza la energía del campo magnético para promover la sanación y revitalización del cuerpo humano a través del aumento de la bioelectricidad y el equilibrio de la función celular.

El Bio-magnetismo cuántico es una técnica terapéutica que se basa en el uso de campos magnéticos y la intención del terapeuta para influir en el organismo del paciente. Según esta teoría, todo está interconectado y entrelazado por medio de ondas cuánticas, y por lo tanto es posible establecer una comunicación entre el terapeuta y el paciente a través de sus campos cuánticos subjetivos personales.

Los campos magnéticos tienen la capacidad de producir energía de propulsión y atracción, lo que puede incidir en las funciones celulares que se encuentran en un estado hipo o hiper activo. Esto puede provocar un aumento de la bioelectricidad del cuerpo, revitalizando las zonas orgánicas y promoviendo la sanación del paciente.

En el Bio-magnetismo cuántico, se utiliza también el concepto de chi o fuerza vital, que se entiende como una energía electromagnética que emana del abdomen o motor central bioenergético. Esta energía puede dirigirse a la materia para alterar su naturaleza molecular y afectar el intercambio iónico orgánico entre las zonas ácidas y alcalinas del cuerpo.

32. Los campos electromagnéticos neuro-psicotronicos son fuente de energía que potencian el magnetismo personal, potencian la psicoquinesia, la híper-comunicación inter-psíquica o telepatía, y la visión extraocular, y en general todos los fenómenos llamados parapsicológicos o paranormales.

El campo electromagnético es una forma de energía que se manifiesta en la forma de campos eléctricos y magnéticos. Estos campos están presentes en todo el universo y pueden ser detectados y medidos por aparatos especializados. La energía electromagnética es utilizada en muchos aspectos de la vida diaria, como en la generación de electricidad, la comunicación a través de ondas de radio y televisión, y en la tecnología médica para diagnosticar y tratar enfermedades.

En el campo de la salud, el campo electromagnético ha sido utilizado en la terapia de Bio-magnetismo cuántico para tratar a pacientes con diferentes problemas de salud. Esta terapia puede ayudar a aumentar la bioelectricidad del cuerpo y a revitalizar las zonas orgánicas, lo que finalmente puede ayudar a sanar al paciente. Además, se ha sugerido que el campo electromagnético puede potenciar el magnetismo personal y promover fenómenos como la psicoquinesia y la hipercomunicación interpsíquica.

Aunque el uso del campo electromagnético en la salud ha demostrado ser efectivo en algunos casos, es importante tener en cuenta que aún hay mucho que se desconoce sobre sus efectos a largo plazo. Por lo tanto, es necesario realizar más investigaciones para comprender mejor cómo funciona esta terapia y cómo puede ser utilizada de manera más efectiva en otras áreas de la salud.

33. La intensión dirigida se manifiesta como energía electroestática cuántica y energía magnética, que es la base de la inducción magnética mental para la sanación a distancia o la tele-curación y el tele-testeo.

La energía electrostática cuántica se refiere a la energía asociada con la configuración de cargas eléctricas en un sistema cuántico. Esta energía se puede calcular utilizando la teoría cuántica de campos eléctricos y magnéticos, que describe cómo las cargas eléctricas se comportan en un sistema cuántico. La energía electrostática cuántica juega un papel importante en la física de los sistemas cuánticos, como los átomos y las moléculas, y en la física de los materiales, como los superconductores y los materiales dieléctricos.

El entrelazamiento cuántico es un fenómeno fascinante de la física cuántica que se refiere a la conexión entre dos o más partículas subatómicas, como electrones o fotones, una vez que han estado en contacto. Esta conexión es instantánea y se mantiene independientemente de la distancia y el tiempo, es decir, las partículas actúan como si fueran gemelos con intereses idénticos y una conexión duradera.

Einstein llamó a este fenómeno "acción fantasmagórica a distancia" debido a que implicaba que la información podía viajar más rápido que la velocidad de la luz. Sin embargo, la física cuántica es aceptada como el método más preciso para describir los átomos y su interrelación o enlace cuántico, así como para describir cómo se forman las moléculas y cómo estas son la base de la bioquímica y, por tanto, de la biología. Por lo tanto, podemos decir que el entrelazamiento cuántico es la base de la conexión biológica interespecies en la Tierra.

En el interior de nuestro cuerpo, los átomos y las moléculas están constantemente intercambiando información de manera instantánea, y todas las interacciones cuánticas producen entrelazamiento. Esto significa que la aparente separación de nuestras células, órganos y sistemas orgánicos no es real, y tampoco lo es la separación de nuestro organismo con la Tierra, el sistema solar, nuestra galaxia, el universo y los universos. Todos estos están constantemente intercambiando información de manera instantánea.

El concepto de intención es fundamental en el campo del biomagnetismo cuántico. La intención es la energía electromagnética resultante de un estado de atención concentrada, y es capaz de producir energía incluso a distancia. Esta energía es conocida en la cultura china como chi o fuerza vital, y se cree que tiene la capacidad de alterar la naturaleza molecular de la materia a la que se dirige.

En el contexto de la terapia de biomagnetismo cuántico, esta energía del chi se utiliza para influir en el intercambio iónico orgánico entre las zonas de acidez y alcalinidad del cuerpo del paciente. Los campos magnéticos también tienen propiedades de propulsión y atracción, lo que puede afectar a las funciones celulares hipo e hiperactivas y producir un aumento de la bioelectricidad del cuerpo. Esto puede revitalizar las zonas orgánicas y finalmente sanar al paciente.

Además de su papel en la curación, los campos electromagnéticos también se cree que potencian el magnetismo personal y pueden ser utilizados para potenciar la psicoquinesia, la hipercomunicación interpsíquica, la visión extraocular y otros fenómenos considerados anormales. La intensión dirigida se manifiesta como energía electroestática y energía magnética, y es la base de la inducción magnética utilizada en la curación a través de las manos aplicadas como magnetos. Ósea, la intención y los campos electromagnéticos son elementos clave en el biomagnetismo cuántico y tienen un papel importante en la curación y el desarrollo personal.

34. Todas la células, órganos y sistemas del cuerpo generan campos electromagnéticos naturales y armónicos, por lo que su disfunción es resultado de la alteración de estos campos electromagnéticos, de ahí que la salud de nuestro organismo, es la recuperación de esos campos a su estado natural, a través de Biomagnetismo cuántico, y esto se debe a la combinación de procesos bilógicos magnéticamente auxiliados por magnetismo de los imanes de mediana intensidad y la intensión enfocada del Biomagnetista Cuántico.

El Biomagnetismo Cuántico es una técnica basada en la medicina energética que se centra en el equilibrio y la armonización de los campos magnéticos orgánicos del cuerpo. Se basa en la teoría de que todos los seres vivos emiten un campo magnético y que este campo puede ser utilizado para detectar y corregir desequilibrios en el cuerpo.

La técnica se basa en el uso de imanes de baja intensidad para equilibrar los campos magnéticos orgánicos del cuerpo. Se cree que al aplicar estos imanes en puntos específicos del cuerpo se pueden corregir desequilibrios y restablecer el equilibrio energético.

El Biomagnetismo Cuántico también se considera una forma de medicina preventiva, ya que se centra en la prevención de enfermedades y el mantenimiento de la salud en lugar de tratar síntomas específicos.

El Biomagnetismo cuántico es una técnica terapéutica que se basa en el uso de campos electromagnéticos y la intención del terapeuta para tratar diversos trastornos y enfermedades. Según esta técnica, todas las células, órganos y sistemas del cuerpo emiten campos electromagnéticos, y cuando estos campos están alterados, pueden aparecer disfunciones en el cuerpo. Por lo tanto, el objetivo del Biomagnetismo cuántico es equilibrar estos campos electromagnéticos para restablecer el funcionamiento normal del cuerpo.

Para lograr esto, el terapeuta utiliza tanto magnetos como sus propias manos para aplicar campos electromagnéticos en el cuerpo del paciente. Además, se enfoca en la intención, es decir, en la energía electromagnética que se genera a partir de un estado de atención concentrada. Esta intención se manifiesta como energía electroestática y energía magnética, que son las que permiten la inducción magnética y la curación a través de las manos aplicadas como magnetos.

El Biomagnetismo cuántico se basa en la teoría de que todo lo existente está interconectado y entrelazado, y que la información se transmite a través de ondas electromagnéticas. Por lo tanto, se cree que este tipo de terapia puede tener un impacto en la comunicación entre el cuerpo y el entorno, y en la capacidad del cuerpo para recibir y procesar información. Además, se considera que esta técnica puede tener un efecto positivo en la revitalización de las zonas orgánicas del cuerpo, lo que puede contribuir a la sanación del paciente.

Pues el Biomagnetismo cuántico es una técnica terapéutica que se basa en estos principios expuestos.

El Biomagnetismo cuántico es una técnica terapéutica que se basa en la idea de que todo ser vivo, incluyendo el ser humano, está compuesto por campos electromagnéticos y que estos campos pueden ser influenciados y modificados para promover la salud y la curación. Según esta técnica, la disfunción o enfermedad en el cuerpo es resultado de una alteración de estos campos electromagnéticos y, por lo tanto, el tratamiento debe enfocarse en restaurar el equilibrio y la armonía en estos campos.

Para lograr esto, se utilizan imanes o las manos del terapeuta como magnetos, aplicando la intención concentrada y dirigida para producir energía electromagnética que puede influir en los campos electromagnéticos del paciente. Esta energía electromagnética se manifiesta como energía electroestática y energía magnética y es la base de la inductancia magnética, que es un proceso mediante el cual los campos electromagnéticos se amplifican y potencian.

El Biomagnetismo cuántico también se basa en la idea de que toda la materia, incluyendo el cuerpo humano, está en un estado de superposición y maleabilidad, lo que significa que puede ser influenciada y modificada por las energías electromagnéticas y el magnetismo. Esto permite que el tratamiento tenga un efecto profundo y duradero en el cuerpo, ya que permite la reparación y restauración de los campos electromagnéticos a nivel molecular y celular.

Porque, el Biomagnetismo cuántico es una técnica terapéutica que utiliza la intención concentrada y el magnetismo para influir en los campos electromagnéticos del cuerpo y promover la salud y la curación.

35. La intensión curativa auxiliada por magnetismo de imanes o de las manos, genera quantums de luz curativa, en forma de ondas lumínicas altamente armonizadoras, de ahí la efectividad de la sanación del organismo, en su campo orgánico, emocional, mental y espiritual del paciente.

El biomagnetismo cuántico es una terapia que se basa en el uso de campos electromagnéticos y la intención para tratar enfermedades y disfunciones en el cuerpo humano. Se cree que todas las células, órganos y sistemas del cuerpo emiten campos electromagnéticos, y cuando estos campos están alterados, pueden producirse disfunciones en el cuerpo. El biomagnetismo cuántico utiliza la intención y el magnetismo, ya sea a través de imanes o de las manos del terapeuta, para ayudar a restaurar la armonía en estos campos electromagnéticos y promover la curación.

Se dice que la intención curativa, cuando está auxiliada por el magnetismo, genera quantums de luz curativa en forma de ondas lumínicas altamente armonizadoras. Esto puede tener un efecto positivo tanto en el organismo físico del paciente como en su campo emocional, mental y espiritual. Además, el magnetismo también puede tener un efecto en el intercambio iónico orgánico entre las zonas de acides y alcalinidad del cuerpo, lo que puede contribuir a la curación del paciente.

En general, se cree que la combinación de procesos bilógicos y magnetismo es lo que hace que el biomagnetismo cuántico.

El campo cuántico es un concepto clave en la física cuántica, que se refiere a la información y energía que se encuentran en todo el universo. Según esta teoría, las partículas subatómicas no tienen una posición o velocidad definidas hasta que no son observadas, y pueden existir en varias posiciones al mismo tiempo en un estado de superposición. Esto implica que la materia no es sólida y estable como se pensaba anteriormente, sino que es maleable y susceptible de ser influenciada desde afuera en el tiempo y el espacio.

El entrelazamiento cuántico es un fenómeno que se produce cuando dos o más partículas quedan conectadas de manera inextricable, incluso a grandes distancias. Esto significa que si cambias el estado de una partícula, automáticamente cambiarás el estado de la otra. Einstein llamó a este fenómeno "acción fantasmagórica a distancia", ya que implica que la información puede viajar más rápido que la luz. Aunque puede parecer contradictorio con nuestra comprensión clásica de la realidad, la física cuántica es aceptada como el método más preciso para describir los átomos y su interrelación o enlace cuántico, y es la base de la bioquímica y, por tanto, de la biología.

36. la inducción magnética mental y de imanes, incide en los átomos que normalmente operan a varias velocidades, hasta armonizar su velocidad a niveles idénticos de energía, perdiendo su individualidad desarmonizaste, para comportarse como un único átomo gigante, es decir, para vibrar a un frecuencia armónica idéntica al aplicarse a través de la intensión de terapeuta, y paciente el Bio-magnetismo cuántico.

El concepto de biomagnetismo cuántico, una técnica de sanación que utiliza el magnetismo y la intención del terapeuta para curar a los pacientes. Según se explica, todas las células, órganos y sistemas del cuerpo emiten campos electromagnéticos y su disfunción es el resultado de la alteración de estos campos. La técnica de biomagnetismo cuántico combina procesos bilógicos con el magnetismo de imanes o de las manos del terapeuta para generar "quantums de luz curativa" que armonizan el organismo, el campo emocional, mental y espiritual del paciente.

Además, se menciona que la intensión del terapeuta y del paciente es clave en esta técnica, ya que es la energía electromagnética resultado de un estado de atención concentrada. Esta energía se manifiesta como energía electroestática y energía magnética y es la base de la inducción magnética utilizada en la terapia. También se menciona que la intensión curativa puede incidir en los átomos para armonizar su velocidad y comportarse como un único átomo gigante vibrando a una frecuencia armónica idéntica.

Más aun, el biomagnetismo cuántico es una técnica que utiliza el magnetismo y la intención del terapeuta y del paciente para curar el cuerpo y la mente a través de la generación de quantums de luz curativa y la armonización de los campos electromagnéticos del organismo.

37. Los proceso mentales pueden condensar señales de ondas electromagnéticas, y convertirlas en bio-fotones coherentes, que pueden ser enviadas en tiempo y espacio a cualquier parte del universo, en frecuencias muy poderosas, que abren portales energéticos desde el terapeuta hasta donde se encuentre el paciente, y esa es la base de la curación a distancia mediante el Tele-testeo y la Tele-curación.

Los procesos mentales son una de las fuerzas más poderosas que existen en el universo. A través de ellos, podemos condensar señales de ondas electromagnéticas y convertirlas en biofotones coherentes, que pueden ser enviadas a cualquier parte del universo en frecuencias muy poderosas. Esto permite que los terapeutas puedan abrir portales energéticos desde ellos mismos hasta el paciente, lo que es la base de la curación a distancia.

La curación a distancia es una práctica que ha existido durante siglos, y que ha sido utilizada por personas de todo el mundo para tratar a pacientes que se encuentran en lugares distantes. Aunque algunas personas pueden tener dificultades para comprender cómo es posible que la curación a distancia funcione, lo cierto es que está basada en principios científicos sólidos.

Uno de los principios fundamentales de la curación a distancia es la teoría de la conectividad universal, que sostiene que todo en el universo está conectado a todo lo demás a través de una red de energía y vibración. Esto significa que, aunque estemos físicamente separados de alguien, podemos enviar y recibir energía y vibración a través del universo. Esta conectividad universal es lo que permite que la curación a distancia funcione.

Otro principio importante en la curación a distancia es el hecho de que nuestros procesos mentales son capaces de enviar y recibir señales electromagnéticas a través del universo. Estas señales pueden ser convertidas en biofotones coherentes, que son capaces de viajar a través del universo en frecuencias muy poderosas. Estos biofotones coherentes son lo que permiten que el terapeuta abra un portal energético desde él mismo hasta el paciente, lo que es esencial para la curación a distancia.

A pesar de que la curación a distancia es una práctica que ha existido durante siglos, todavía hay mucho que se desconoce sobre ella. Sin embargo, lo que sabemos es suficiente para demostrar que es una práctica efectiva y que está basada en principios científicos sólidos. A medida que se siga investigando y se comprenda mejor cómo funciona la curación a distancia, es probable que se convierta en una práctica aún más común y aceptada en el mundo de la salud y el bienestar.

38. Los proceso mentales armónicos presentan elevada coherencia de orden cuántico junto con la líneas magnéticas de los imanes, al aplicar la terapia a distancia, pues son partículas subatómicas ordenadas, interconectadas por campos electromagnéticos comunes y que resuenan como diapasones a la misma frecuencia armónica, creando una densidad energética mayor al trasmitirse al paciente en conjunto por entrelazamiento cuántico.

Los procesos mentales armónicos, que se caracterizan por tener una elevada coherencia de orden cuántico y estar interconectados por campos electromagnéticos. Estos procesos mentales armónicos se relacionan con las líneas magnéticas de los imanes, y cuando se aplica la terapia a distancia, se produce una resonancia entre ellos, como si fueran diapasones vibrando a la misma frecuencia armónica. Esta resonancia crea una mayor densidad energética que se transmite al paciente por entrelazamiento cuántico.

Es importante destacar que los procesos mentales armónicos se basan en partículas subatómicas ordenadas, lo que sugiere una estructura muy organizada y sistemática. Además, estas partículas están interconectadas por campos electromagnéticos comunes, lo que indica una fuerte interconexión y colaboración entre ellas. Esta interconexión y colaboración es lo que permite la resonancia entre los procesos mentales armónicos y la creación de una mayor densidad energética.

Además, la frase menciona un proceso de terapia a distancia que utiliza los procesos mentales armónicos y sus propiedades cuánticas para transmitir energía al paciente y mejorar su salud. Estos procesos mentales armónicos se basan en partículas subatómicas ordenadas y están interconectadas por campos electromagnéticos, lo que permite su resonancia y creación de una mayor densidad energética.

39. El proceso mental generan condensados Bose-Einstein, es decir, conductos de luz por los cuales las señales desordenadas de onda son convertidas en bio-fotones altamente coherentes y son enviados al paciente en la curación a distancia.

Los procesos mentales pueden generar condensados Bose-Einstein, los cuales son conductos de luz que permiten la transmisión de señales desordenadas de onda a través de biofotones altamente coherentes. Estos biofotones son enviados al paciente durante la curación a distancia, lo que indica que este proceso de curación utiliza la luz como medio de transmisión de energía y señales.

Los condensados Bose-Einstein son un fenómeno físico descubierto en la década de 1920 por los científicos Albert Einstein y Satyendra Nath Bose. Se trata de un estado en el que las partículas subatómicas, como los fotones, se comportan de manera coherente y se agrupan en un mismo lugar. Esto permite la formación de conductos de luz altamente coherentes, que pueden transmitir señales y energía de manera más efectiva y precisa.

En el contexto de la curación a distancia, estos condensados Bose-Einstein pueden utilizarse para transmitir señales y energía desde el terapeuta al paciente de manera no invasiva y a través de grandes distancias. Esto permite tratar a pacientes que se encuentran lejos del lugar de atención médica y puede ser especialmente útil en situaciones de emergencia o en lugares de difícil acceso.

Así pues, la frase menciona que los procesos mentales pueden generar condensados Bose-Einstein, que son conductos de luz altamente coherentes capaces de transmitir señales y energía a través de biofotones. Estos condensados se pueden utilizar en la curación a distancia para tratar a pacientes lejanos de manera no invasiva y eficiente.

40. Los pensamientos son generados como frecuencias ordenadas por la intensión del terapeuta.

La frase menciona que los pensamientos son generados como frecuencias ordenadas, y que estas frecuencias están determinadas por la intensión del terapeuta. Esto sugiere que el terapeuta tiene el poder de controlar y dirigir los pensamientos de su paciente a través de la utilización de frecuencias específicas.

En el campo de la terapia a distancia, es común utilizar técnicas que involucran la transmisión de frecuencias a través de la mente y el cuerpo. Algunas de estas técnicas incluyen la terapia por resonancia magnética, la terapia por ondas cerebrales y la terapia por ondas electromagnéticas. Todas estas técnicas utilizan frecuencias específicas para tratar a pacientes con diferentes afecciones y enfermedades.

La idea de que los pensamientos son generados como frecuencias ordenadas también se relaciona con la teoría del campo morfogenético, que sostiene que todo en el universo está conectado a través de un campo de información que puede ser afectado por la intención y el pensamiento. Según esta teoría, nuestros pensamientos y emociones tienen un impacto directo en nuestro entorno y en nuestro propio cuerpo, y pueden ser utilizados para influir en nuestra realidad y para promover la curación y el bienestar.

Es decir, la frase menciona que los pensamientos son generados como frecuencias ordenadas que están determinadas por la intensión del terapeuta. Esta idea se relaciona con técnicas de terapia a distancia que utilizan frecuencias específicas para tratar a pacientes y con la teoría del campo morfogenético, que sostiene que nuestros pensamientos y emociones tienen un impacto en nuestro entorno y en nuestro cuerpo.

41. Los seres humanos son receptores y emisores de señales cuánticas, pues la intención dirigida del terapeuta se manifiesta como energía electromagnética que produce un flujo ordenado de electrones, visibles y medibles.

Los seres humanos son receptores y emisores de señales cuánticas, lo que significa que podemos recibir y enviar señales a nivel cuántico. Estas señales se manifiestan como energía electromagnética, es decir, una forma de energía que se transmite a través de campos electromagnéticos.

La intención dirigida del terapeuta es especialmente relevante en este contexto, ya que se menciona que puede producir un flujo ordenado de electrones, es decir, un conjunto de partículas cargadas que se mueven de manera coordinada. Estos electrones son visibles y medibles, lo que significa que pueden ser observados y medidos por herramientas científicas.

En el campo de la terapia a distancia, es común utilizar técnicas que involucran la transmisión de energía electromagnética y la intención dirigida. Algunas de estas técnicas incluyen la terapia por resonancia magnética, la terapia por ondas cerebrales y la terapia por ondas electromagnéticas. Todas estas técnicas utilizan frecuencias específicas para tratar a pacientes con diferentes afecciones y enfermedades.

La idea de que los seres humanos somos receptores y emisores de señales cuánticas también se relaciona con la teoría del campo morfogenético, que sostiene que todo en el universo está conectado a través de un campo de información que puede ser afectado por la intención y el pensamiento. Según esta teoría, nuestros pensamientos y emociones tienen un impacto directo en nuestro entorno y en nuestro propio cuerpo, y pueden ser utilizados para influir en nuestra realidad y para promover la curación y el bienestar.

En otros términos, la frase menciona que los seres humanos somos receptores y emisores de señales cuánticas, que se manifiestan como energía electromagnética y pueden ser producidas por la intención dirigida del terapeuta. Esta idea se relaciona con técnicas de terapia a distancia que utilizan frecuencias específicas para tratar a pacientes y con la teoría del campo morfogenético, que sostiene que nuestros pensamientos y emociones tienen un impacto en nuestro entorno y en nuestro cuerpo.

42. Las intenciones funcionan como frecuencias altamente coherentes, y estas cambian la estructura molecular y los enlaces de la materia, y esta se manifiesta con el intercambio iónico entre una zona de acidez y una de alcalinidad.

La frase menciona que las intenciones funcionan como frecuencias altamente coherentes, es decir, frecuencias que vibran de manera ordenada y sistemática. Estas frecuencias tienen la capacidad de cambiar la estructura molecular y los enlaces de la materia, es decir, la forma en que las partículas subatómicas están organizadas y unidas entre sí.

Este cambio en la estructura molecular se manifiesta a través del intercambio iónico entre una zona de acidez y una de alcalinidad. Los átomos y moléculas pueden adquirir o perder electrones, lo que los convierte en iones positivos o negativos. Una solución con un exceso de iones positivos es considerada ácida, mientras que una solución con un exceso de iones negativos es considerada alcalina. El intercambio iónico es el proceso mediante el cual los iones se mueven de una solución a otra, lo que puede alterar el pH y el equilibrio químico.

En el contexto de la terapia a distancia, es posible que las intenciones del terapeuta funcionen como frecuencias altamente coherentes que cambien la estructura molecular y los enlaces de la materia del paciente. Esto podría tener un impacto en el intercambio iónico y en el pH de las células y tejidos del paciente, lo que podría tener efectos beneficiosos en la curación y el bienestar.

Con todo, la frase menciona que las intenciones funcionan como frecuencias altamente coherentes que tienen la capacidad de cambiar la estructura molecular y los enlaces de la materia. Este cambio se manifiesta a través del intercambio iónico entre zonas de acidez y alcalinidad. En el contexto de la terapia a distancia, estas intenciones podrían tener un impacto en el pH y el equilibrio químico del paciente y podrían contribuir a la curación y el bienestar.

43. El pensamiento es una frecuencia electromagnética altamente coherente dirigido a un ser humano como un rayo láser de biofotones que no pierden poder sin importar el tiempo y el espacio que recorra, por ejemplo en la terapia a distancia.

La frase menciona que el pensamiento es una frecuencia electromagnética altamente coherente, lo que significa que vibra de manera ordenada y sistemática. Esta frecuencia es comparada con un rayo láser, lo que sugiere que es una señal potente y precisa. Además, se menciona que esta señal es compuesta por biofotones, es decir, partículas de luz que se producen en el cuerpo humano.

Lo interesante de esta frase es que se menciona que el pensamiento es una señal que no pierde poder sin importar el tiempo y el espacio que recorra. Esto sugiere que el pensamiento es una forma de energía y de información que puede ser transmitida a través de grandes distancias y a través del tiempo. Esta idea se relaciona con el concepto de entrelazamiento cuántico, según el cual dos partículas pueden estar interconectadas a través del espacio y el tiempo y pueden influir mutuamente incluso cuando están separadas por grandes distancias.

En el contexto de la terapia a distancia, esta idea de que el pensamiento es una frecuencia electromagnética altamente coherente que no pierde poder sin importar el tiempo y el espacio que recorra es especialmente relevante. Esto sugiere que el terapeuta puede enviar señales de curación y bienestar al paciente a través de la mente y el cuerpo, incluso cuando se encuentran lejos el uno del otro. Esto puede ser especialmente útil en situaciones de emergencia o en lugares de difícil acceso.

Lo anterior es así pues, la frase menciona que el pensamiento es una frecuencia electromagnética altamente coherente compuesta por biofotones que no pierden la información con todo y que se recorran grandes distancias.

El pensamiento es una frecuencia electromagnética altamente coherente, es decir, una frecuencia que vibra de manera ordenada y sistemática. Esta frecuencia es comparada con un rayo láser de biofotones, lo que sugiere que es capaz de transmitir señales y energía de manera precisa y concentrada. Además, se menciona que esta frecuencia no pierde poder sin importar el tiempo y el espacio que recorra, lo que indica que es muy persistente y resiliente.

En el contexto de la terapia a distancia, es posible que el pensamiento del terapeuta funcione como una frecuencia electromagnética altamente coherente que sea capaz de transmitirse a través del tiempo y el espacio sin perder poder. Esto podría permitir que el terapeuta trate a pacientes que se encuentran lejos del lugar de atención médica y puede ser especialmente útil en situaciones de emergencia o en lugares de difícil acceso.

La idea de que el pensamiento es una frecuencia electromagnética altamente coherente también se relaciona con la teoría del campo morfogenético, que sostiene que todo en el universo está conectado a través de un campo de información que puede ser afectado por la intención y el pensamiento. Según esta teoría, nuestros pensamientos y emociones tienen un impacto directo en nuestro entorno y en nuestro propio cuerpo, y pueden ser utilizados para influir en nuestra realidad y para promover la curación y el bienestar.

Es decir, la frase menciona que el pensamiento es una frecuencia electromagnética altamente coherente que se compara con un rayo láser de biofotones. Esta frecuencia es capaz de transmitir cualquier tipo de información armonizante o desarmonizante.

44. Todo organismo vivo registra el pensamiento y emociones de una persona y responden a ellos, habiendo un flujo contante bidireccional de información entre todos los seres vivos.

Todo organismo vivo registra los pensamientos y emociones de una persona y responde a ellos, lo que sugiere que existe una conexión y un intercambio de información entre los seres vivos. Esta conexión es descrita como un flujo constante bidireccional, lo que significa que la información fluye en ambas direcciones y es intercambiada de manera constante.

Esta idea de que los seres vivos están conectados y comunican entre sí a través de pensamientos y emociones se relaciona con la teoría del campo morfogenético, que sostiene que todo en el universo está conectado a través de un campo de información que puede ser afectado por la intención y el pensamiento. Según esta teoría, nuestros pensamientos y emociones tienen un impacto directo en nuestro entorno y en nuestro propio cuerpo, y pueden ser utilizados para influir en nuestra realidad y para promover la curación y el bienestar.

En el contexto de la terapia a distancia, es posible que el pensamiento y las emociones del terapeuta sean registrados y respondidos por el organismo del paciente a través de este flujo constante del intercambio de fotones informacionales.

La frase menciona que todo organismo vivo registra los pensamientos y emociones de una persona y responde a ellos. Esto sugiere que existe un flujo constante de información bidireccional entre todos los seres vivos, es decir, que todos estamos conectados y podemos influir el uno en el otro.

Esta idea se relaciona con la teoría del campo morfogenético, que sostiene que todo en el universo está conectado a través de un campo de información que puede ser afectado por la intención y el pensamiento. Según esta teoría, nuestros pensamientos y emociones tienen un impacto directo en nuestro entorno y en nuestro propio cuerpo, y pueden ser utilizados para influir en nuestra realidad y para promover la curación y el bienestar.

En el contexto de la terapia a distancia, esta conexión entre todos los seres vivos podría ser especialmente relevante. El terapeuta podría utilizar su intención y pensamientos para influir en el estado de salud y bienestar del paciente, y el paciente podría responder a estas señales a través de su propio cuerpo y mente. Esta interconexión podría permite que todo organismo vivo registra los pensamientos y emociones de una persona y responde a ellos. Esto sugiere que todos los seres vivos tienen la capacidad de percibir y reaccionar a los pensamientos y emociones de otras personas y organismos.

Esto puede deberse a que existe un flujo constante bidireccional de información entre todos los seres vivos. Esto significa que todos los seres vivos están en constante interacción y comunicación entre sí, y que esta interacción es bidireccional, es decir, que puede ocurrir tanto en una dirección como en la otra. Esto implica que todos los seres vivos están interconectados y que pueden influirse mutuamente a través de la información que comparten.

En el contexto de la terapia a distancia, esta idea puede ser especialmente relevante, ya que sugiere que el terapeuta puede afectar al paciente a través de sus pensamientos y emociones, y que el paciente puede afectar al terapeuta de la misma manera. Esto podría contribuir a la curación y el bienestar de ambas partes.

45. Todas la formas de vida están en sintonía, captan información en cada momento, sobretodo en situaciones de amenaza.

La frase menciona que todas las formas de vida están en sintonía, es decir, que están en armonía y en un estado de equilibrio. Esto sugiere que todos los seres vivos están en constante comunicación y que pueden influirse mutuamente.

Además, se menciona que todas las formas de vida captan información en cada momento. Esto significa que todos los seres vivos están siempre atentos y recopilando información de su entorno. Esta información puede ser de distintos tipos, como sensorial, cognitiva o emocional, y puede ser utilizada para adaptarse y sobrevivir en su ambiente.

En situaciones de amenaza, la capacidad de captar información es especialmente importante. Los seres vivos tienen diferentes mecanismos para detectar y responder a situaciones de peligro, y estos mecanismos suelen estar más activados y sensibles cuando hay una amenaza cercana. Esto puede incluir la liberación de hormonas de estrés, la activación de mecanismos de defensa o la huida.

Sobre todo, la frase menciona que todas las formas de vida están en sintonía y captan información en cada momento. Esta capacidad de captar información es especialmente importante en situaciones de amenaza, cuando los seres vivos necesitan estar alerta y preparados para protegerse.

46. Todos los seres vivos entran en sintonía con su entorno, pues tienen capacidad de receptividad y sintonización, a través de la híper comunicación cuántica interpsíquica, enviando, recibiendo y contestando un flujo constante de mensajes.

Todos los seres vivos entran en sintonía con su entorno, es decir, que están en armonía y en un estado de equilibrio con lo que les rodea. Esto implica que todos los seres vivos tienen la capacidad de adaptarse y responder a su ambiente de manera adecuada.

Esta capacidad de sintonización se debe a que todos los seres vivos tienen capacidad de receptividad, es decir, que pueden percibir y recibir información de su entorno. Esta información puede ser de distintos tipos, como sensorial, cognitiva o emocional, y puede ser utilizada para adaptarse y sobrevivir en su ambiente.

Además, la frase menciona que la sintonización con el entorno se da a través de la hipercomunicación cuántica interpsíquica, es decir, a través de una comunicación intensa y basada en principios cuánticos entre las mentes y los cuerpos de los seres vivos. Esta comunicación incluye el envío, recepción y respuesta a un flujo constante de mensajes, es decir, a una cantidad constante de información que se intercambia entre los seres vivos.

La teoría cuántica es una teoría física que describe el comportamiento de las partículas subatómicas y sus interacciones. Algunas de las ideas centrales de la teoría cuántica incluyen el principio de incertidumbre, el principio de dualidad onda-partícula y el entrelazamiento cuántico. Estos principios sugieren que la realidad es fundamentalmente probabilística y que las partículas subatómicas pueden estar conectadas a través de la distancia y el tiempo.

En el contexto de la terapia a distancia, la hipercomunicación cuántica interpsíquica podría ser una forma de explicar cómo el terapeuta y el paciente pueden entrar en sintonía y comunicarse a través de un flujo bioenergética fotónico.

47. Hay una interconexión entre los campos bilógicos y la conciencia humana, pues los seres vivos mantiene un contante flujo bidireccional de información con su entorno, que permite detectar los estados de ánimo, aumentando la vitalidad o disminución de esta en las personas.

Hay una interconexión entre los campos biológicos y la conciencia humana. Esto sugiere que existe una relación íntima y vital entre el cuerpo y la mente, y que ambos influyen y afectan al otro.

La frase también menciona que los seres vivos mantienen un flujo constante bidireccional de información con su entorno. Esto significa que todos los seres vivos están en constante interacción y comunicación con su ambiente, y que esta interacción es bidireccional, es decir, que puede ocurrir tanto en una dirección como en la otra. Esto implica que todos los seres vivos están interconectados y que pueden influirse mutuamente a través de la información que comparten.

La frase también menciona que este flujo constante de información permite detectar los estados de ánimo, es decir, las emociones y los estados mentales de las personas. Esto sugiere que el estado de ánimo de una persona es influenciado por su entorno y por las interacciones que tiene con otros seres vivos. Además, se menciona que este flujo de información puede afectar la vitalidad de las personas, es decir, su energía y su capacidad para mantenerse activas y saludables.

En el contexto de la terapia a distancia, esta idea puede ser especialmente relevante, ya que sugiere que el terapeuta puede influir en el estado de ánimo y la vitalidad del paciente a través de la información que comparten. Esto podría contribuir a la curación y el bienestar del paciente.

La frase menciona que hay una interconexión entre los campos bilógicos y la conciencia humana. Esto significa que existe una relación estrecha y estructurada entre la biología del cuerpo humano y la conciencia, es decir, la percepción y el procesamiento de la información que nos rodea.

Esta interconexión se da a través de un contante flujo bidireccional de información entre los seres vivos y su entorno. Esto implica que todos los seres vivos están en constante interacción y comunicación con su ambiente, y que esta interacción es bidireccional, es decir, que puede ocurrir tanto en una dirección como en la otra. Esto significa que todos los seres vivos están interconectados y que pueden influirse mutuamente a través de la información que comparten.

Además, la frase menciona que esta interconexión permite detectar los estados de ánimo, es decir, las emociones y el estado emocional de las personas. Esto sugiere que nuestras emociones y estados de ánimo tienen un impacto directo en nuestro cuerpo y en nuestro entorno, y que pueden ser detectados y percibidos por otros seres vivos.

En el contexto de la terapia a distancia, esta idea puede ser especialmente relevante, ya que sugiere que el terapeuta puede detectar los estados de ánimo del paciente a través de la interconexión entre los campos bilógicos y la conciencia humana. Esto podría permitir al terapeuta adaptar su tratamiento y brindar apoyo emocional.

48. Entre personas que se conocen de manera natural, se da una conexión que se conoce como sincronía.

La sincronía se refiere a la conexión que se da entre personas que se conocen de manera natural. Esta conexión puede manifestarse de muchas maneras, desde la capacidad de entenderse sin necesidad de palabras, hasta la sensación de estar en sintonía con el otro.

La sincronía es un fenómeno muy interesante, ya que suele darse de manera espontánea y puede ser muy profunda. Por ejemplo, dos personas que se conocen de manera natural pueden tener una conexión tan fuerte que pueden terminar terminando sus frases el uno para el otro, o incluso llegar a sentir lo que el otro está sintiendo.

Esta conexión puede ser muy beneficiosa para las relaciones personales, ya que permite una mayor comprensión y empatía hacia el otro. Además, también puede ser beneficiosa en el ámbito laboral, ya que puede mejorar la comunicación y la eficiencia en equipo.

Sin embargo, es importante tener en cuenta que la sincronía no es algo que se dé en todas las relaciones. A veces, puede ser más difícil establecer esta conexión con personas que no conocemos tan bien o con las que no tenemos una relación tan estrecha. Por lo tanto, es importante trabajar en la construcción de relaciones sólidas y profundas, ya que esto puede ayudar a establecer una sincronía más fuerte y duradera.

49. Cuando dos sistemas energéticos están fuera de fase, al unirse debido a pequeños intercambio de energía con el tiempo entran en fase o sincronización.

Cuando dos sistemas energéticos están fuera de fase, es decir, cuando sus ciclos o patrones no están alineados, pueden tener dificultades para interactuar de manera efectiva. Sin embargo, cuando estos sistemas entran en contacto, pueden comenzar a intercambiar pequeñas cantidades de energía entre sí. Con el tiempo, estos intercambios de energía pueden ayudar a que los sistemas entren en sincronización o fase.

La sincronización es un fenómeno que se da en muchos ámbitos de la naturaleza y la tecnología. Por ejemplo, en el ámbito de la física, la sincronización puede ocurrir en sistemas de oscilación, como los péndulos, o en sistemas eléctricos, como las redes de energía. En el ámbito biológico, la sincronización también puede darse en sistemas de relojes biológicos, como el ciclo circadiano de los animales.

La sincronización es un fenómeno importante ya que puede tener un gran impacto en la forma en que los sistemas funcionan. Por ejemplo, en el caso de las redes de energía, la sincronización es esencial para garantizar la estabilidad y el buen funcionamiento de la red. En el ámbito biológico, la sincronización puede ser importante para la adaptación de los organismos a su entorno y para mantener un buen equilibrio fisiológico.

Empero que, la sincronización es un fenómeno que ocurre cuando dos sistemas energéticos están fuera de fase y comienzan a intercambiar pequeñas cantidades de energía entre sí. Con el tiempo, estos intercambios pueden ayudar a que los sistemas entren en sincronización o fase, lo que puede tener un gran impacto en su funcionamiento y en su adaptación al entorno.

50. La resonancia es la capacidad de cualquier sistema para absorber inercia de una determinada frecuencia.

La resonancia es un fenómeno que se produce cuando un sistema es capaz de absorber inercia de una determinada frecuencia. Esto suele ocurrir cuando la frecuencia de una fuerza externa se aproxima a la frecuencia natural del sistema, lo que puede causar una amplificación de la respuesta del sistema.

La resonancia es un fenómeno que puede darse en muchos ámbitos de la naturaleza y la tecnología. Por ejemplo, en el ámbito de la física, la resonancia puede ocurrir en sistemas de oscilación, como los péndulos o los resortes. En el ámbito acústico, la resonancia puede darse en sistemas de ondas sonoras, como las cavidades resonantes o los instrumentos musicales.

La resonancia es un fenómeno importante ya que puede tener un gran impacto en la forma en que los sistemas funcionan. Por ejemplo, en el ámbito de la ingeniería, la resonancia puede ser utilizada para mejorar la eficiencia de los motores o para reducir las vibraciones en estructuras. En el ámbito acústico, la resonancia puede ser importante para la calidad del sonido de los instrumentos musicales o para la transmisión de la voz en teléfonos o altavoces.

En último término, la resonancia es la capacidad de cualquier sistema para absorber inercia de una determinada frecuencia. Esto puede tener un gran impacto en el funcionamiento del sistema y puede ser utilizado en muchos ámbitos de la naturaleza y la tecnología.

51. Cualquier objeto vibratorio, tiene sus propias frecuencias preferenciales o frecuencias resonantes, en la que les resulta más fácil vibrar.

Cualquier objeto vibratorio tiene sus propias frecuencias preferenciales o frecuencias resonantes, que son aquellas en las que le resulta más fácil vibrar. Esto se debe a que cada objeto tiene una serie de características físicas, como su masa, su rigidez o su forma, que influyen en su comportamiento vibratorio.

Las frecuencias resonantes son muy importantes ya que pueden tener un gran impacto en la forma en que un objeto vibratorio responde a una fuerza externa. Por ejemplo, si se aplica una fuerza a un objeto con una frecuencia que se aproxime a su frecuencia resonante, el objeto puede vibrar con mayor intensidad y puede llegar a amplificar la respuesta. Esto se conoce como resonancia.

Las frecuencias resonantes también pueden ser utilizadas en la ingeniería para mejorar la eficiencia de los sistemas o para reducir las vibraciones en estructuras. Por ejemplo, en el ámbito de la ingeniería civil, se pueden utilizar dispositivos que absorben las vibraciones en estructuras para evitar daños o para mejorar la comodidad de los edificios.

Ultimadamente, cualquier objeto vibratorio tiene sus propias frecuencias preferenciales o frecuencias resonantes, que son aquellas en las que le resulta más fácil vibrar. Estas frecuencias son muy importantes ya que pueden tener un gran impacto en la forma en que el objeto responde a una fuerza externa y pueden ser utilizadas en la ingeniería para mejorar la eficiencia de los sistemas o para reducir las vibraciones en estructuras.

52. Las ondas electromagnéticas tienen su propia frecuencia preferencial.

Las ondas electromagnéticas son un tipo de ondas que se propagan a través del espacio y que están formadas por campos eléctricos y magnéticos oscilantes. Estas ondas tienen una serie de propiedades, como su longitud de onda, su amplitud o su frecuencia, que determinan su comportamiento y su aplicación.

Una de las propiedades más importantes de las ondas electromagnéticas es su frecuencia, que se mide en Hertz (Hz) y que indica el número de ciclos por segundo que realiza la onda. Cada tipo de onda electromagnética tiene su propia frecuencia preferencial, que es aquella en la que se comporta de manera óptima.

La frecuencia preferencial de las ondas electromagnéticas es muy importante ya que puede tener un gran impacto en su aplicación. Por ejemplo, las ondas de radio se utilizan para la transmisión de información a larga distancia y tienen una frecuencia preferencial que varía entre los kilohertz y los megahertz. Las ondas de luz visible, por otro lado, tienen una frecuencia preferencial que varía entre los terahertz y los petahertz y se utilizan para la percepción visual.

Por lo demás, las ondas electromagnéticas tienen su propia frecuencia preferencial, que es aquella en la que se comportan de manera óptima. Esta frecuencia es muy importante ya que puede tener un gran impacto en su aplicación y en su comportamiento.

53. Todo objeto que recibe una vibración proveniente de alguna parte, se desconecta de todos los pretendientes y solo se sintoniza son su propia frecuencia resonante.

Cuando un objeto recibe una vibración proveniente de cualquier parte, puede experimentar un fenómeno conocido como resonancia. La resonancia se produce cuando la frecuencia de la vibración externa se aproxima a la frecuencia resonante del objeto, lo que puede causar una amplificación de la respuesta del objeto.

Cuando un objeto entra en resonancia, suele desconectarse de todos los pretendientes y solo se sintoniza con su propia frecuencia resonante. Esto se debe a que el objeto se encuentra en un estado de vibración muy específico y es más sensible a las vibraciones que tienen una frecuencia similar a la suya.

La resonancia es un fenómeno muy importante ya que puede tener un gran impacto en la forma en que los objetos funcionan. Por ejemplo, en el ámbito de la ingeniería, la resonancia puede ser utilizada para mejorar la eficiencia de los motores o para reducir las vibraciones en estructuras. En el ámbito acústico, la resonancia puede ser importante para la calidad del sonido de los instrumentos musicales o para la transmisión de la voz en teléfonos o altavoces.

Así pues, cuando un objeto recibe una vibración proveniente de cualquier parte, puede entrar en resonancia y desconectarse de todos los pretendientes para solo sintonizarse con su propia frecuencia resonante. Esto es muy importante ya que puede tener un gran impacto en su funcionamiento y en su adaptación al entorno.

54. Cuando dos objetos marchan al mismo ritmo, estos objetos sincronizados envían una señal más fuerte de lo que harían individualmente.

La sincronización es un fenómeno que se produce cuando dos objetos están en sintonía y marchan al mismo ritmo. Este fenómeno puede manifestarse de muchas maneras, desde la capacidad de entenderse sin necesidad de palabras, hasta la sensación de estar en sintonía con el otro.

Cuando dos objetos están sincronizados, suelen enviar una señal más fuerte de lo que harían individualmente. Esto se debe a que la sincronización permite que los objetos trabajen de manera más eficiente y en conjunto, lo que puede aumentar la intensidad de la señal.

La sincronización es un fenómeno muy importante ya que puede tener un gran impacto en la forma en que los objetos funcionan. Por ejemplo, en el ámbito de la ingeniería, la sincronización puede ser utilizada para mejorar la eficiencia de los sistemas o para reducir las vibraciones en estructuras. En el ámbito biológico, la sincronización puede ser importante para la adaptación de los organismos a su entorno y para mantener un buen equilibrio fisiológico.

Incluso, cuando dos objetos están sincronizados y marchan al mismo ritmo, suelen enviar una señal más fuerte de lo que harían individualmente. Esto es muy importante ya que puede tener un gran impacto en el funcionamiento y en la adaptación de los objetos al entorno.

55. En el ser humano en el lóbulo frontal derecho de su cerebro, es el lugar donde se recibe el mensaje de la intensión que se envía de una persona a otra.

El lóbulo frontal derecho del cerebro es una parte importante del sistema nervioso central y es responsable de muchas funciones vitales para el funcionamiento adecuado del cuerpo y la mente. En particular, el lóbulo frontal derecho es el lugar donde se procesan y se interpretan los mensajes que se envían de una persona a otra a través de la comunicación verbal y no verbal.

La comunicación es una parte esencial de la vida humana y es fundamental para nuestra supervivencia y nuestro bienestar. A través de ella, podemos interactuar con los demás, expresar nuestras necesidades y deseos, y comprender los de los demás. La comunicación también nos permite establecer relaciones sociales y trabajar en conjunto con los demás para alcanzar metas comunes.

El lóbulo frontal derecho juega un papel clave en la comunicación ya que es el lugar donde se procesan los mensajes que se envían de una persona a otra. Cuando recibimos un mensaje, el lóbulo frontal derecho lo interpreta y determina la intención detrás de él. Esto nos permite comprender el significado detrás de lo que se dice y responder de manera apropiada.

Además, el lóbulo frontal derecho también es importante para la expresión de nuestras propias intenciones y pensamientos. Al enviar mensajes a los demás, es importante que sean claros y concisos para que puedan ser comprendidos adecuadamente. El lóbulo frontal derecho nos ayuda a formular nuestros mensajes de manera efectiva y a elegir las palabras adecuadas para expresar nuestras intenciones.

Además, el lóbulo frontal derecho es una parte vital del cerebro humano y es esencial para la comunicación efectiva. Nos permite comprender y expresar nuestras intenciones a través de la comunicación verbal y no verbal y es esencial para establecer relaciones sociales y trabajar en conjunto con los demás.

56. El ser humano puede anticipar inconscientemente estados emocionales futuros en forma de presentimientos que es información intuitiva.

El ser humano es un ser emocional y las emociones juegan un papel importante en nuestra vida diaria. A veces, podemos anticipar inconscientemente estados emocionales futuros en forma de presentimientos o intuiciones. Estos presentimientos pueden ser difíciles de explicar o entender, pero a menudo nos brindan información valiosa y nos ayudan a tomar decisiones importantes.

Los presentimientos pueden ser difíciles de definir ya que no son un conocimiento consciente o lógico. En cambio, son una sensación subconsciente o una corazonada que tenemos sobre algo. A veces, podemos tener presentimientos sobre eventos futuros o sobre la forma en que alguien se sentirá en una situación determinada.

Aunque los presentimientos no siempre son precisos, a menudo nos brindan información valiosa y nos ayudan a tomar decisiones importantes. Por ejemplo, si tenemos un presentimiento de que algo no va bien en una situación determinada, podemos tomar medidas para evitar cualquier problema o riesgo. De la misma manera, si tenemos un presentimiento de que algo bueno va a suceder, podemos estar preparados y aprovechar al máximo la oportunidad.

Además, los presentimientos también pueden ser una forma de intuición, es decir, un conocimiento o comprensión que no se basa en el conocimiento consciente o lógico. La intuición es a menudo una forma de conocimiento intuitivo que nos llega de manera espontánea y no necesita de un proceso de razonamiento consciente. A veces, podemos tener una intuición sobre algo sin saber exactamente por qué o cómo lo sabemos.

Para resumir, los presentimientos son una forma en que el ser humano puede anticipar inconscientemente estados emocionales futuros y pueden ser una forma de intuición. Aunque no siempre son precisos, nos brindan información valiosa y nos ayudan a tomar decisiones importantes. La intuición es una forma de conocimiento intuitivo que nos llega de manera espontánea y puede ser muy valiosa en determinadas situaciones.

57. El ser humano tiene tres receptores intuitivos que les permite intuir el futuro: el cerebro instintivo o visceral, el cerebro emocional y el racional.

El ser humano es un ser intuitivo y tiene tres receptores intuitivos que le permiten intuir el futuro de manera más precisa: el cerebro instintivo o visceral, el cerebro emocional y el racional. Cada uno de estos receptores tiene una función específica y juega un papel importante en la intuición.

El cerebro instintivo o visceral es el lugar donde se procesan y se interpretan las señales físicas del cuerpo. Estas señales pueden incluir cosas como el latido del corazón, la respiración, la tensión muscular y otros cambios físicos. El cerebro instintivo nos brinda información valiosa sobre nuestras necesidades y deseos y nos ayuda a tomar decisiones basadas en ellos.

El cerebro emocional es el lugar donde se procesan y se interpretan las emociones. Las emociones son una parte esencial de la vida humana y nos ayudan a comprender y a expresar nuestras necesidades y deseos. El cerebro emocional nos brinda información valiosa sobre cómo nos sentimos y cómo reaccionamos ante las situaciones de la vida.

El cerebro racional es el lugar donde se procesan y se interpretan los datos lógicos y racionales. El cerebro racional nos ayuda a analizar y a procesar la información de manera lógica y a tomar decisiones basadas en ella.

Así pues, el ser humano tiene tres receptores intuitivos que le permiten intuir el futuro: el cerebro instintivo o visceral, el cerebro emocional y el racional. Cada uno de estos receptores tiene una función específica y juega un papel importante en la intuición y en la toma de decisiones.

58. La velocidad de reacción de los cerebros se da en el siguiente orden: el visceral es el más veloz, luego se activa el emocional y finalmente el racional.

La velocidad de reacción de los cerebros se da en el siguiente orden: el visceral es el más veloz, luego se activa el emocional y finalmente el racional. Este orden de reacción se debe a la forma en que están conectados los diferentes sistemas de nuestro cerebro y a la forma en que procesan la información.

El cerebro instintivo o visceral es el más veloz de los tres receptores intuitivos y es el primero en reaccionar ante una situación. Esto se debe a que está conectado directamente con el sistema nervioso y recibe información de manera inmediata. El cerebro instintivo nos brinda información valiosa sobre nuestras necesidades y deseos y nos ayuda a tomar decisiones basadas en ellos.

Luego de que el cerebro instintivo reacciona, el cerebro emocional se activa y procesa las emociones que se sienten en la situación. Las emociones son una parte esencial de la vida humana y nos ayudan a comprender y a expresar nuestras necesidades y deseos. El cerebro emocional nos brinda información valiosa sobre cómo nos sentimos y cómo reaccionamos ante las situaciones de la vida.

Finalmente, el cerebro racional se activa y procesa los datos lógicos y racionales de la situación. El cerebro racional nos ayuda a analizar y a procesar la información de manera lógica y a tomar decisiones basadas en ella.

Incluso, la velocidad de reacción de los cerebros se da en el siguiente orden: el visceral es el más veloz, luego se activa el emocional y finalmente el racional. Este orden de reacción se debe a la forma en que están conectados los diferentes sistemas de nuestro cerebro y a la forma en que procesan la información.

59. La reacción visceral es la intuición más primitiva y veloz que va acompañada de una reacción física, por lo que se considera que el hogar de la intuición es en las vísceras.

La reacción visceral es una forma de intuición que se da de manera muy rápida y que está acompañada de una reacción física. Se considera que es la intuición más primitiva y veloz y que tiene su hogar en las vísceras, es decir, en los órganos internos del cuerpo.

La reacción visceral es una forma de intuición que se procesa en el cerebro instintivo o visceral y que se basa en las señales físicas del cuerpo. Estas señales pueden incluir cosas como el latido del corazón, la respiración, la tensión muscular y otros cambios físicos. La reacción visceral nos brinda información valiosa sobre nuestras necesidades y deseos y nos ayuda a tomar decisiones basadas en ellos.

La reacción visceral es muy rápida y a menudo se da de manera inconsciente. Esto se debe a que está conectada directamente con el sistema nervioso y recibe información de manera inmediata. Por lo tanto, a menudo reaccionamos a las situaciones de manera instintiva y sin pensar en ello.

Aunque la reacción visceral es muy útil en determinadas situaciones, a veces puede ser un poco confusa y no siempre es precisa. Por eso, es importante tener en cuenta que hay otros receptores intuitivos, como el cerebro emocional y el cerebro racional, que también nos brindan información valiosa y nos ayudan a tomar decisiones.

Incluso, la reacción visceral es una forma de intuición que se da de manera muy rápida y que está acompañada de una reacción física. Se considera que es la intuición más primitiva y veloz y que tiene su hogar en las vísceras. Aunque es muy útil en determinadas situaciones, a veces puede ser un poco confusa y no siempre es precisa. Por eso, es importante tener en cuenta que hay otros receptores intuitivos que también nos brindan información valiosa y nos ayudan a tomar decisiones.

60. Al corazón se le considera el mayor cerebro del cuerpo, pues sus neurotransmisor tiene una influencia enorme en los pensamientos, por ende en el corazón, se recibe la información instantes antes que el cerebro.

Al corazón se le considera el mayor cerebro del cuerpo debido a que tiene una gran influencia en nuestros pensamientos y en nuestra forma de ser. Esto se debe a que el corazón tiene su propio sistema nervioso y produce neurotransmisores, sustancias químicas que se utilizan para transmitir información entre las células nerviosas.

Los neurotransmisores del corazón tienen una influencia enorme en los pensamientos y en las emociones. Por ejemplo, cuando el corazón se siente feliz o contento, produce más serotonina, un neurotransmisor que nos hace sentir bien y que nos ayuda a relajarnos. Por otro lado, cuando el corazón se siente estresado o ansioso, produce más noradrenalina, un neurotransmisor que nos hace sentir alerta y que nos ayuda a enfrentar situaciones difíciles.

Además, el corazón recibe la información instantes antes que lo hace el cerebro. Esto se debe a que el corazón tiene sus propios receptores sensoriales y puede detectar cambios en el ambiente de manera muy rápida. Por lo tanto, a menudo podemos tener una reacción instintiva o un presentimiento sobre algo antes de que el cerebro procese conscientemente la información.

Es decir, al corazón se le considera el mayor cerebro del cuerpo debido a que tiene una gran influencia en nuestros pensamientos y en nuestra forma de ser. Los neurotransmisores del corazón tienen una influencia enorme en los pensamientos y en las emociones y el corazón recibe la información instantes antes que lo hace el cerebro. Esto nos permite tener una reacción instintiva o un presentimiento sobre algo antes de que el cerebro procese conscientemente la información.

61. En el cerebro los cuatro lóbulos de la corteza cerebral participan de la conciencia intuitiva juntos.

En el cerebro, la conciencia intuitiva es un proceso complejo que involucra a varias áreas del cerebro. Los cuatro lóbulos de la corteza cerebral juegan un papel importante en la conciencia intuitiva y participan de manera activa en este proceso.

El lóbulo frontal es el lóbulo que se encuentra en la parte frontal del cerebro y es el encargado de la toma de decisiones y del pensamiento abstracto. El lóbulo frontal también es el encargado de procesar la información intuitiva y de utilizarla para tomar decisiones.

El lóbulo temporal se encuentra en la parte lateral del cerebro y es el encargado de la memoria y de la comprensión del habla. El lóbulo temporal también es el encargado de procesar la información emocional y de utilizarla para tomar decisiones.

El lóbulo parietal se encuentra en la parte superior y posterior del cerebro y es el encargado de la percepción y de la orientación espacial. El lóbulo parietal también es el encargado de procesar la información sensorial y de utilizarla para tomar decisiones.

El lóbulo occipital se encuentra en la parte posterior del cerebro y es el encargado de la visión. El lóbulo occipital también es el encargado de procesar la información visual y de utilizarla para tomar decisiones.

En otros términos, en el cerebro, la conciencia intuitiva es un proceso complejo que involucra a varias áreas del cerebro. Los cuatro lóbulos de la corteza cerebral juegan un papel importante en la conciencia intuitiva y participan de manera activa en este proceso. Cada lóbulo es encargado de procesar un tipo de información y de utilizarla para tomar decisiones.

62. La motivación, la conexión interpersonal y las creencias compartidas son indispensables para la sincronización en la hípercomunicación cuántica interpsíquica, a la hora de dar una terapia de biomagnetismo cuántico.

La motivación, la conexión interpersonal y las creencias compartidas son elementos indispensables para la sincronización en la hípercomunicación cuántica interpsíquica a la hora de dar una terapia de biomagnetismo cuántico.

La motivación es el impulso que nos lleva a tomar acción y a buscar metas y objetivos. En el contexto de una terapia de biomagnetismo cuántico, la motivación del paciente es esencial para lograr una sincronización adecuada y para que el tratamiento tenga éxito.

La conexión interpersonal es el vínculo que se establece entre dos o más personas y que se basa en la confianza, el respeto y la empatía. En el contexto de una terapia de biomagnetismo cuántico, la conexión interpersonal entre el paciente y el terapeuta es esencial para lograr una sincronización adecuada y para que el tratamiento tenga éxito.

Las creencias compartidas son los principios o valores que dos o más personas tienen en común y que les guían en sus decisiones y acciones. En el contexto de una terapia de biomagnetismo cuántico, las creencias compartidas entre el paciente y el terapeuta son esenciales para lograr una sincronización adecuada y para que el tratamiento tenga éxito.

Pues, la motivación, la conexión interpersonal y las creencias compartidas son elementos indispensables para la sincronización en la hípercomunicación cuántica interpsíquica a la hora de dar una terapia de biomagnetismo cuántico. Estos elementos son esenciales para lograr una sincronización adecuada y para que el tratamiento tenga éxito.

63. Para la terapia magnética del Biomagnetismo cuántico sea eficaz, la atención, la confianza, la motivación y la compasión son elementos importantes para que la intensión funcione.

Para que la terapia magnética del Biomagnetismo cuántico sea eficaz, es importante que se consideren ciertos elementos, como la atención, la confianza, la motivación y la compasión. Estos elementos son esenciales para que la intensión funcione y para que el tratamiento tenga éxito.

La atención es la capacidad de prestar atención a algo de manera consciente y sostenida. En el contexto de una terapia de Biomagnetismo cuántico, es importante que el paciente preste atención a sus sensaciones y emociones durante el tratamiento, ya que esto puede ayudar a mejorar la eficacia del mismo.

La confianza es la creencia en la integridad, la honestidad y la capacidad de otra persona o de uno mismo. En el contexto de una terapia de Biomagnetismo cuántico, es importante que el paciente confíe en el terapeuta y en el tratamiento, ya que esto puede ayudar a mejorar la eficacia del mismo.

La motivación es el impulso que nos lleva a tomar acción y a buscar metas y objetivos. En el contexto de una terapia de Biomagnetismo cuántico, es importante que el paciente tenga una buena motivación para participar en el tratamiento, ya que esto puede ayudar a mejorar la eficacia del mismo.

La compasión es la empatía y la comprensión hacia el sufrimiento de otra persona. En el contexto de una terapia de Biomagnetismo cuántico, es importante que el terapeuta tenga una actitud de compasión hacia el paciente, ya que esto puede ayudar a mejorar la eficacia del tratamiento.

Resumidamente, para que la terapia magnética del Biomagnetismo cuántico sea eficaz, es importante que se consideren ciertos elementos, como la atención.

Para que la terapia magnética del Biomagnetismo cuántico sea eficaz, es importante que se consideren ciertos elementos clave. La atención, la confianza, la motivación y la compasión son algunos de estos elementos y son esenciales para que la intensión funcione.

La atención es la capacidad de prestar atención y de concentrarse en una tarea o en un objetivo. En el contexto de una terapia magnética del Biomagnetismo cuántico, la atención del paciente es esencial para que el tratamiento tenga éxito.

La confianza es la creencia o la certeza en la veracidad o en la efectividad de algo o alguien. En el contexto de una terapia magnética del Biomagnetismo cuántico, la confianza del paciente en el terapeuta y en el tratamiento es esencial para que el tratamiento tenga éxito.

La motivación es el impulso que nos lleva a tomar acción y a buscar metas y objetivos. En el contexto de una terapia magnética del Biomagnetismo cuántico, la motivación del paciente es esencial para que el tratamiento tenga éxito.

La compasión es la empatía o el sentimiento de conexión con el sufrimiento de otra persona. En el contexto de una terapia magnética del Biomagnetismo cuántico, la compasión del terapeuta por el paciente es esencial para que el tratamiento tenga éxito.

Así pues, para que la terapia magnética del Biomagnetismo cuántico sea eficaz, es importante que se consideren ciertos elementos clave como la atención, la confianza, la motivación y la compasión. Estos elementos son esenciales para que la intensión funcione y para que el tratamiento tenga éxito.

64. La curación a distancia del biomagnetismo cuántico requiere de un estado alterado de conciencia y de gran concentración o máxima atención, para que sea efectiva.

La curación a distancia del biomagnetismo cuántico es una forma de tratamiento en la que el terapeuta trabaja con el paciente a través de la conexión cuántica sin estar físicamente presente. Para que esta forma de tratamiento sea efectiva, se requiere de un estado alterado de conciencia y de gran concentración o máxima atención.

El estado alterado de conciencia es un estado mental en el que el individuo experimenta cambios en la percepción, en la atención y en la conciencia. En el contexto del biomagnetismo cuántico, el estado alterado de conciencia es esencial para que el terapeuta pueda conectarse con el paciente de manera más profunda y para que pueda enviar la energía necesaria para la curación.

La concentración o máxima atención es la capacidad de prestar atención y de concentrarse en una tarea o en un objetivo. En el contexto del biomagnetismo cuántico, la concentración o máxima atención del terapeuta es esencial para que pueda enviar la energía necesaria para la curación y para que pueda mantener la conexión con el paciente.

Es decir, la curación a distancia del biomagnetismo cuántico es una forma de tratamiento en la que el terapeuta trabaja con el paciente a través de la conexión cuántica sin estar físicamente presente. Para que esta forma de tratamiento sea efectiva, se requiere de un estado alterado de conciencia y de gran concentración o máxima atención. El estado alterado de con

La curación a distancia del biomagnetismo cuántico es una técnica que se utiliza para tratar a personas que se encuentran lejos del terapeuta. Para que esta técnica sea efectiva, es necesario que se alcance un estado alterado de conciencia y que se tenga una gran concentración o máxima atención.

Un estado alterado de conciencia es un estado en el que el cerebro se encuentra en un patrón de actividad diferente al normal. Este estado puede ser más profundo o más ligero y puede ser provocado por diferentes factores, como la meditación, la hipnosis o la relajación. En el contexto de la curación a distancia del biomagnetismo cuántico, el estado alterado de conciencia es esencial para que el tratamiento tenga éxito.

La gran concentración o máxima atención es la capacidad de prestar atención y de concentrarse en una tarea o en un objetivo de manera intensa y duradera. En el contexto de la curación a distancia del biomagnetismo cuántico, la gran concentración o máxima atención del terapeuta es esencial para que el tratamiento tenga éxito.

En otros términos, la curación a distancia del biomagnetismo cuántico requiere de un estado alterado de conciencia y de gran concentración o máxima atención para que sea efectiva. Estos elementos son esenciales para que el tratamiento tenga éxito y para que se alcancen los resultados deseados.

65. Cuando el cerebro opera en ondas gama, comienza a operar en sincronía total, y un elevado estado de conciencia, haciendo que la personas entren en éxtasis o intensa concentración.

Cuando el cerebro opera en ondas gama, comienza a trabajar de manera sincronizada y a alcanzar un elevado estado de conciencia. Las ondas gama son un tipo de ondas cerebrales que se caracterizan por tener una frecuencia muy alta y por estar presentes durante estados de conciencia muy profundos.

Cuando el cerebro opera en ondas gama, se produce una sincronización total de las diferentes áreas del cerebro y se alcanza un elevado estado de conciencia. Este estado se caracteriza por una gran atención y concentración, una mayor claridad mental y una mayor creatividad.

En algunos casos, cuando el cerebro opera en ondas gama, la persona puede entrar en un estado de éxtasis o intensa concentración. El éxtasis es un estado de conciencia muy profundo en el que la persona se siente completamente en paz y en armonía con el mundo. La intensa concentración es un estado en el que la persona se siente completamente enfocada y concentrada en una tarea o en un objetivo.

Como conclusión, cuando el cerebro opera en ondas gama, comienza a operar en sincronía total y a alcanzar un elevado estado de conciencia. En algunos casos, esto puede llevar a la persona a entrar en un estado de éxtasis o intensa concentración. Estos estados se caracterizan por una gran atención y concentración, una mayor claridad mental y una mayor creatividad.

66. La conciencia moldea al cerebro, así, este se sintoniza con la felicidad la mayor parte del tiempo.

La conciencia es una de las características más importantes de la mente humana, ya que nos permite ser conscientes de nuestros propios pensamientos, emociones y acciones. A su vez, la conciencia tiene un gran poder sobre nuestro cerebro y cómo este funciona. De hecho, se ha demostrado que la conciencia puede moldear al cerebro y cambiar su estructura y funcionamiento.

Por ejemplo, si pasamos mucho tiempo pensando en cosas positivas y agradecidos, nuestro cerebro se sintonizará con estas emociones y nos hará sentir más felices la mayor parte del tiempo. Del mismo modo, si pasamos mucho tiempo pensando en cosas negativas, nuestro cerebro se sintonizará con estas emociones y nos hará sentir más tristes la mayor parte del tiempo. Esto demuestra cómo la conciencia puede moldear al cerebro y cómo nuestros pensamientos y emociones tienen un gran impacto en nuestro bienestar y nuestra felicidad.

Además, la conciencia también nos permite ser conscientes de nuestras propias acciones y decisiones, lo que nos da la posibilidad de elegir cómo queremos vivir nuestras vidas y cómo queremos moldear nuestro cerebro. Podemos elegir vivir de una manera más positiva y agradecida, lo que nos llevará a tener un cerebro sintonizado con la felicidad la mayor parte del tiempo. Por otro lado, si elegimos vivir de una manera más negativa y enfocarnos en lo que nos falta, nuestro cerebro se sintonizará con la tristeza y la negatividad.

Puesto que, la conciencia es una de las características más importantes de la mente humana y tiene un gran poder sobre nuestro cerebro y cómo este funciona. Podemos utilizar nuestra conciencia para moldear al cerebro y sintonizarlo con la felicidad la mayor parte del tiempo, simplemente eligiendo vivir de una manera más positiva y agradecida.

67. La meditación amplia los rangos de recepción de información y hacen más clara su recepción de información para el testeo y la tele curación sea efectiva.

La meditación es una práctica milenaria que ha sido utilizada por personas de todo el mundo para mejorar su salud mental y física. Además de tener muchos beneficios para la salud, la meditación también puede ampliar los rangos de recepción de información y hacer más clara la recepción de esta.

Cuando meditamos, nos centramos en nuestra respiración o en un objeto o frase, lo que nos ayuda a calmarnos y a reducir la cantidad de pensamientos que tenemos en nuestra mente. Esto nos permite estar más presentes y atentos a lo que está sucediendo a nuestro alrededor. Como resultado, nuestra mente se vuelve más clara y estamos más abiertos a recibir nueva información.

Además, la meditación también puede mejorar nuestra capacidad de concentración y atención, lo que nos permite prestar más atención a lo que estamos recibiendo. Esto es especialmente útil en situaciones de estrés o cuando tenemos muchas cosas en mente y necesitamos ser más claros y precisos en nuestra recepción de información.

Por último, la meditación también puede ser beneficiosa para el testeo y la tele curación. Al mejorar nuestra capacidad de concentración y atención, podemos hacer mejores pruebas y ser más eficientes en nuestro trabajo de tele curación. Además, al estar más presentes y abiertos a recibir nueva información, podemos tener una mejor comprensión de lo que está sucediendo y tomar decisiones más informadas.

Gracias a, la meditación puede ampliar los rangos de recepción de información y hacer más clara la recepción de esta. Además, también puede mejorar nuestra capacidad de concentración y atención, lo que nos permite ser más eficientes en el testeo y la tele curación. Por estas razones, la meditación es una práctica valiosa para considerar añadir a nuestra vida diaria.

68. La zona del cerebro donde se fija a la atención crece, además la meditación auto alusiva integra y armoniza los procesos emocional y cognitivos.

La meditación es una práctica milenaria que ha sido utilizada por personas de todo el mundo para mejorar su salud mental y física. Además de tener muchos beneficios para la salud, la meditación también puede tener un impacto positivo en nuestro cerebro.

Una de las maneras en que la meditación afecta al cerebro es a través del crecimiento de la zona donde se fija la atención. Esta zona, conocida como el córtex pre frontal, es responsable de nuestra capacidad de atención y concentración. Cuando meditamos, nos centramos en un objeto o en nuestra respiración, lo que nos ayuda a desarrollar nuestra capacidad de atención y concentración. Como resultado, esta zona del cerebro crece y se vuelve más fuerte.

Además, la meditación también puede integrar los procesos emocionales y cognitivos. Muchas veces, nuestras emociones pueden interferir con nuestra capacidad de pensar de manera clara y tomar decisiones informadas. La meditación nos ayuda a reconocer nuestras emociones y a gestionarlas de manera más efectiva, lo que nos permite integrar mejor nuestras emociones y nuestra capacidad de pensamiento.

Como, la meditación tiene un gran impacto en el cerebro y puede mejorar nuestra capacidad de atención y concentración. Además, también puede integrar nuestros procesos emocionales y cognitivos, lo que nos permite tomar decisiones más informadas y gestionar nuestras emociones de manera más efectiva. Por estas razones, la meditación es una práctica valiosa para considerar añadir a nuestra vida diaria.

La meditación es una práctica milenaria que ha sido utilizada por personas de todo el mundo para mejorar su salud mental y física. Una de las formas de meditación que ha ganado popularidad en los últimos años es la meditación auto alusivo, también conocido como meditación de atención plena o mindfulness. Esta forma de meditación se centra en prestar atención plena y consciente al momento presente, sin juzgar ni analizar lo que está sucediendo.

Una de las maneras en que la meditación auto alusiva afecta al cerebro es a través del crecimiento de la zona donde se fija la atención. Esta zona, conocida como el córtex pre frontal, es responsable de nuestra capacidad de atención y concentración. Cuando practicamos la meditación auto alusiva, nos centramos en el momento presente y en nuestra experiencia sensorial, lo que nos ayuda a desarrollar nuestra capacidad de atención y concentración. Como resultado, esta zona del cerebro crece y se vuelve más fuerte.

Además, la meditación auto alusiva también puede integrar los procesos emocionales y cognitivos. Muchas veces, nuestras emociones pueden interferir con nuestra capacidad de pensar de manera clara y tomar decisiones informadas. La meditación auto alusivo nos ayuda a reconocer nuestras emociones y a gestionarlas de manera más efectiva, lo que nos permite integrar mejor nuestras emociones y nuestra capacidad de pensamiento.

Recapitulando, la meditación auto alusiva es una forma efectiva de mejorar nuestra capacidad de atención y concentración y de integrar nuestros procesos emocionales y cognitivos. Estos beneficios nos pueden ayudar a tomar mejores decisiones y a vivir de una manera más plena y satisfactoria. Por estas razones, la meditación auto alusiva es una práctica valiosa para considerar añadir a nuestra vida diaria.

69. La meditación aumenta la capacidad de recibir información intuitiva y aumenta la conciencia esta.

La meditación es una práctica milenaria que ha sido utilizada por personas de todo el mundo para mejorar su salud mental y física. Además de tener muchos beneficios para la salud, la meditación también puede aumentar nuestra capacidad de recibir información intuitiva y aumentar nuestra conciencia.

Cuando meditamos, nos centramos en nuestra respiración o en un objeto o frase, lo que nos ayuda a calmarnos y a reducir la cantidad de pensamientos que tenemos en nuestra mente. Esto nos permite estar más presentes y atentos a lo que está sucediendo a nuestro alrededor. Como resultado, nuestra mente se vuelve más clara y estamos más abiertos a recibir nueva información, incluyendo información intuitiva.

La información intuitiva es aquella que no proviene de nuestros sentidos o del conocimiento consciente, sino que es una sensación o una impresión que tenemos sin saber por qué. La meditación puede ayudarnos a acceder a esta información y a utilizarla de manera más efectiva en nuestra vida diaria.

Además, la meditación también puede aumentar nuestra conciencia, es decir, nuestra capacidad de ser conscientes de nuestros propios pensamientos, emociones y acciones. Al ser más conscientes de nuestra mente y de lo que está sucediendo en nuestro interior, podemos tomar mejores decisiones y vivir de una manera más plena y satisfactoria.

Brevemente, la meditación puede aumentar nuestra capacidad de recibir información intuitiva y aumentar nuestra conciencia. Estos beneficios nos pueden ayudar a tomar mejores decisiones y a vivir de una manera más plena y satisfactoria. Por estas razones, la meditación es una práctica valiosa para considerar añadir a nuestra vida diaria.

70. Ciertos pensamientos alteran y agrandan determinadas parte del cerebro para convertirse en un receptor más poderoso y sensible.

Es bien conocido que nuestros pensamientos tienen un gran impacto en nuestro cerebro y cómo este funciona. En particular, ciertos pensamientos pueden alterar y agrandar determinadas partes del cerebro para convertirlas en un receptor más poderoso y sensible.

Por ejemplo, si pasamos mucho tiempo pensando en cosas negativas, nuestro cerebro se sintonizará con estas emociones y activará las áreas del cerebro asociadas con la tristeza y la ansiedad. Como resultado, estas áreas del cerebro se agrandarán y se vuelven más sensibles a estas emociones. Del mismo modo, si pasamos mucho tiempo pensando en cosas positivas, nuestro cerebro se sintonizará con estas emociones y activará las áreas del cerebro asociadas con la alegría y la gratitud. Como resultado, estas áreas del cerebro también se agrandarán y se vuelven más sensibles a estas emociones.

Además, nuestros pensamientos también pueden afectar la estructura y el funcionamiento de nuestro cerebro a nivel más profundo. Por ejemplo, se ha demostrado que los pensamientos y emociones positivos pueden mejorar la conectividad y la comunicación entre las diferentes áreas del cerebro, mientras que los pensamientos y emociones negativos pueden debilitar esta conectividad.

En pocas palabras, nuestros pensamientos tienen un gran impacto en nuestro cerebro y pueden alterar y agrandar determinadas partes del mismo para convertirlas en un receptor más poderoso y sensible. Por esta razón, es importante prestar atención a nuestros pensamientos y tratar de cultivar una mente más positiva y agradecida para beneficiar nuestro bienestar y nuestra salud mental.

71. Un terapista de biomagnetismo cuántico con el tiempo aprende apercibir y sentir, como cambian los patrones y distribución energética en el cuerpo del consultante, cuando se está llevando la curación a distancia sobre el paciente.

El biomagnetismo cuántico es una terapia alternativa que se basa en la idea de que todo en el universo está interconectado y que la energía puede ser utilizada para curar enfermedades y trastornos. Un terapista de biomagnetismo cuántico aprende a utilizar la energía de manera intencional para equilibrar y curar el cuerpo y la mente del paciente.

Con el tiempo, un terapista de biomagnetismo cuántico aprende a percibir y sentir cómo cambian los patrones y la distribución energética durante una sesión de curación a distancia. Esto es posible gracias a la conectividad universal y a la capacidad de sentir y percibir la energía a través de la intuición y la sensibilidad.

Un terapista de biomagnetismo cuántico experimentado puede sentir y percibir cambios en la energía del paciente y utilizar esta información para guiar la curación y el equilibrio del cuerpo y la mente del paciente. Por ejemplo, puede sentir cuando una determinada área del cuerpo está desequilibrada o bloqueada y utilizar la energía para equilibrarla y liberar la congestión.

Recogiendo lo más importante, un terapista de biomagnetismo cuántico con el tiempo aprende a percibir y sentir cómo cambian los patrones y la distribución energética durante una sesión de curación a distancia. Esta habilidad es esencial para guiar la curación y el equilibrio del cuerpo y la mente del paciente y puede ser muy beneficiosa para mejorar la salud y el bienestar del paciente.

72. Cuando el terapista de biomagnetismo cuántico con la experiencia es capaz de percibir y sentir los patrones y distribución energética de los pacientes, para detectar la partes afectadas por enfermedad, va desarrollando así su percepción intuitiva de las afecciones del consultante.

El biomagnetismo cuántico es una terapia alternativa que se basa en la idea de que todo en el universo está interconectado y que la energía puede ser utilizada para curar enfermedades y trastornos. Un terapista de biomagnetismo cuántico es capaz de utilizar la energía de manera intencional para equilibrar y curar el cuerpo y la mente del paciente.

Cuando un terapista de biomagnetismo cuántico con experiencia es capaz de percibir y sentir los patrones y distribución energética de los pacientes, puede detectar las áreas afectadas por enfermedad y utilizar la energía para curarlas. Esto es posible gracias a la conectividad universal y a la capacidad de sentir y percibir la energía a través de la intuición y la sensibilidad.

Con la experiencia, un terapista de biomagnetismo cuántico desarrolla su percepción intuitiva de las afecciones del paciente y puede utilizar esta información para guiar la curación y el equilibrio del cuerpo y la mente del paciente. Por ejemplo, puede sentir cuando una determinada área del cuerpo está desequilibrada o bloqueada y utilizar la energía para equilibrarla y liberar la congestión.

En conjunto, cuando un terapista de biomagnetismo cuántico con experiencia es capaz de percibir y sentir los patrones y distribución energética de los pacientes, puede detectar las áreas afectadas por enfermedad y desarrollar su percepción intuitiva de las afecciones del paciente. Esto es esencial para guiar la curación y el equilibrio del cuerpo y la mente del paciente y puede ser muy beneficioso para mejorar la salud y el bienestar del paciente.

73. La intensa concentración puede abrir portales al hiperespacio y súper conciencia, que transporta a la persona a otra dimisiones de la realidad, haciendo que los cerebros se reconfiguren para mejorar la recepción y transmisión de la intención a la hora de aplicar un terapia de biomagnetismo cuántico.

El biomagnetismo cuántico es una terapia alternativa que se basa en la idea de que todo en el universo está interconectado y que la energía puede ser utilizada para curar enfermedades y trastornos. Una de las claves para utilizar la energía de manera efectiva en la terapia de biomagnetismo cuántico es la concentración intensa.

La intensa concentración puede abrir portales al hiperespacio y la súper conciencia, lo que transporta a la persona a otras dimensiones de la realidad. Esto puede hacer que el cerebro se reconfigure para mejorar la recepción y transmisión de la intención a la hora de aplicar la terapia de biomagnetismo cuántico.

Cuando estamos concentrados intensamente, nuestra mente está más abierta y dispuesta a recibir nuevas ideas y conceptos. Esto nos permite estar más presentes y atentos a lo que está sucediendo a nuestro alrededor y a ser más conscientes de nuestras propias emociones y pensamientos. Como resultado, podemos utilizar la energía de manera más efectiva para equilibrar y curar el cuerpo y la mente del paciente.

Es decir, la intensa concentración puede abrir portales al hiperespacio y la súper conciencia y hacer que el cerebro se reconfigure para mejorar la recepción y transmisión de la intención a la hora de aplicar la terapia de biomagnetismo cuántico. Esta habilidad es esencial para utilizar la energía de manera efectiva y para mejorar la salud y el bienestar del paciente.

74. Para enfocar la intensión el terapeuta de biomagnetismo cuántico, debe tener en mente un objetivo muy bien determinado, en lugar de uno general e impreciso para que la influencia remota sea más efectiva.

El biomagnetismo cuántico es una terapia alternativa que se basa en la idea de que todo en el universo está interconectado y que la energía puede ser utilizada para curar enfermedades y trastornos. Uno de los aspectos más importantes de la terapia de biomagnetismo cuántico es la intensión, es decir, la idea o el propósito que guía la curación.

Para enfocar la intensión de manera efectiva, el terapeuta de biomagnetismo cuántico debe tener en mente un objetivo muy bien determinado en lugar de uno general e impreciso. Esto es importante porque la intensión es una fuerza poderosa que puede influir en el resultado final de la terapia.

Cuando tenemos un objetivo bien definido en mente, nuestra mente se centra en ese objetivo y nuestra energía se enfoca en alcanzarlo. Esto nos permite utilizar la energía de manera más efectiva y lograr mejores resultados en la terapia de biomagnetismo cuántico.

En otras palabras, para enfocar la intensión de manera efectiva en la terapia de biomagnetismo cuántico, el terapeuta debe tener en mente un objetivo muy bien determinado en lugar de uno general e impreciso. Esto es esencial para utilizar la energía de manera efectiva y lograr mejores resultados en la curación del paciente.

75. Para enfocar a la atención el terapeuta de biomagnetismo cuántico debe entrenar su enfoque homogéneo.

El biomagnetismo cuántico es una terapia alternativa que se basa en la idea de que todo en el universo está interconectado y que la energía puede ser utilizada para curar enfermedades y trastornos. Uno de los aspectos más importantes de la terapia de biomagnetismo cuántico es la atención, es decir, la capacidad de prestar atención a un objetivo o a una tarea de manera concentrada y sostenida.

Para enfocar la atención de manera efectiva, el terapeuta de biomagnetismo cuántico debe entrenar su enfoque homogéneo. Esto significa que debe prestar atención de manera constante y sostenida a un objetivo o a una tarea durante un período prolongado de tiempo.

El enfoque homogéneo es una habilidad que se puede desarrollar a través del entrenamiento y la práctica. Al entrenar nuestro enfoque homogéneo, podemos mejorar nuestra capacidad de prestar atención de manera concentrada y sostenida y utilizar la energía de manera más efectiva en la terapia de biomagnetismo cuántico.

Dicho de otra manera, para enfocar la atención de manera efectiva en la terapia de biomagnetismo cuántico, el terapeuta debe entrenar su enfoque homogéneo. Esto es esencial para utilizar la energía de manera efectiva y lograr mejores resultados en la curación del paciente.

76. En la curación presencial o a distancia, la actitud del terapista y del paciente puede ser un factor importante en la efectividad de tratamiento.

La actitud es un factor importante en la efectividad de cualquier tratamiento, tanto en la curación presencial como a distancia. La actitud del terapista y del paciente puede influir en la manera en que se aborda el tratamiento y en los resultados que se obtienen.

Por ejemplo, si el terapista tiene una actitud positiva y optimista, es más probable que el paciente se sienta motivado y esperanzado, lo que puede mejorar la efectividad del tratamiento. Por otro lado, si el terapista tiene una actitud negativa o pesimista, es más probable que el paciente se sienta desanimado y sin esperanza, lo que puede reducir la efectividad del tratamiento.

Por otra parte, la actitud del paciente también puede influir en la efectividad del tratamiento. Si el paciente tiene una actitud positiva y está dispuesto a trabajar en conjunto con el terapista, es más probable que el tratamiento sea más efectivo. Por el contrario, si el paciente tiene una actitud negativa o desmotivada, es más probable que el tratamiento sea menos efectivo.

Hay que hacer notar, la actitud del terapista y del paciente puede ser un factor importante en la efectividad de cualquier tratamiento, tanto en la curación presencial como a distancia. Es importante tener en cuenta la actitud y trabajar juntos para lograr los mejores resultados posibles.

77. La salud de terapeuta es un factor esencial para aplicar una terapia exitosa.

La salud del terapeuta es un factor esencial para aplicar una terapia exitosa. El terapeuta debe estar en buenas condiciones físicas y mentales para poder prestar atención a las necesidades del paciente y utilizar la energía de manera efectiva para curar el cuerpo y la mente del paciente.

Cuando el terapeuta está en buena salud, es más probable que tenga la energía y la motivación necesarias para llevar a cabo una terapia efectiva. Además, la buena salud del terapeuta puede contribuir a crear un ambiente de confianza y seguridad para el paciente, lo que puede mejorar la efectividad del tratamiento.

Por otra parte, si el terapeuta está enfermo o cansado, es más probable que su rendimiento disminuya y que la terapia sea menos efectiva. Por ello, es importante que el terapeuta se cuide y mantenga un buen estado de salud para poder ofrecer una terapia de calidad.

Lo más importante, la salud del terapeuta es un factor esencial para aplicar una terapia exitosa. El terapeuta debe estar en buenas condiciones físicas y mentales para poder prestar atención a las necesidades del paciente y utilizar la energía de manera efectiva para curar el cuerpo y la mente del paciente. La buena salud del terapeuta puede contribuir a crear un ambiente de confianza y seguridad para el paciente y mejorar la efectividad del tratamiento.

78. En la sanación de paciente, tanto la energía como la intensión son importantes para propiciar la curación.

En la sanación de paciente, tanto la energía como la intensión son importantes para propiciar la curación. La energía es una fuerza vital que fluye a través del cuerpo y que puede ser utilizada para curar enfermedades y trastornos. La intención es la idea o el propósito que guía la curación.

Cuando la energía está bloqueada o desequilibrada, el cuerpo puede enfermar o sentirse cansado y debilitado. Por otra parte, cuando la energía fluye libremente y está en equilibrio, el cuerpo se siente más fuerte y saludable.

Por otro lado, la intensión es una fuerza poderosa que puede influir en el resultado final de la sanación. Si la intensión es clara y enfocada, es más probable que la sanación sea efectiva. Por el contrario, si la intensión es confusa o imprecisa, es más probable que la sanación sea menos efectiva.

La idea central, en la sanación de paciente, tanto la energía como la intensión son importantes para propiciar la curación. Es importante equilibrar y utilizar la energía de manera efectiva y tener una intención clara y enfocada para lograr los mejores resultados posibles.

79. La creencia en la eficacia de un determinado tratamiento curativo es un factor crucial para restablecer la salud de paciente.

La creencia en la eficacia de un determinado tratamiento curativo es un factor crucial para restablecer la salud de paciente. La creencia es una fuerza poderosa que puede influir en la manera en que el paciente se relaciona con el tratamiento y en los resultados que se obtienen.

Cuando el paciente cree en la eficacia del tratamiento, es más probable que se sienta motivado y esperanzado, lo que puede mejorar la efectividad del tratamiento. Además, la creencia en la eficacia del tratamiento puede contribuir a crear un ambiente de confianza y seguridad para el paciente, lo que puede mejorar la efectividad del tratamiento.

Por otro lado, si el paciente no cree en la eficacia del tratamiento, es más probable que se sienta desanimado y sin esperanza, lo que puede reducir la efectividad del tratamiento. Por ello, es importante que el paciente tenga una actitud positiva y crea en la eficacia del tratamiento para obtener los mejores resultados posibles.

Hay que destacar, la creencia en la eficacia de un determinado tratamiento curativo es un factor crucial para restablecer la salud de paciente. La creencia es una fuerza poderosa que puede influir en la manera en que el paciente se relaciona con el tratamiento y en los resultados que se obtienen. Es importante que el paciente tenga una actitud positiva y crea en la eficacia del tratamiento para obtener los mejores resultados posibles.

80. El éxito de la curación a distancia radica en que haya la creencia compartida entre el paciente y el terapeuta que esta será exitosa.

El éxito de la curación a distancia radica en que haya la creencia compartida entre el paciente y el terapeuta de que esta será exitosa. La creencia es una fuerza poderosa que puede influir en la manera en que el paciente y el terapeuta se relacionan con el tratamiento y en los resultados que se obtienen.

Cuando el paciente y el terapeuta comparten la creencia de que la curación a distancia será exitosa, es más probable que se sientan motivados y esperanzados, lo que puede mejorar la efectividad del tratamiento. Además, la creencia compartida puede contribuir a crear un ambiente de confianza y seguridad para el paciente, lo que puede mejorar la efectividad del tratamiento.

Por otro lado, si el paciente o el terapeuta no creen en la eficacia de la curación a distancia, es más probable que se sientan desanimados y sin esperanza, lo que puede reducir la efectividad del tratamiento. Por ello, es importante que el paciente y el terapeuta tengan una actitud positiva y compartan la creencia de que la curación a distancia será exitosa para obtener los mejores resultados posibles.

Hay que tener en cuenta, el éxito de la curación a distancia radica en que haya la creencia compartida entre el paciente y el terapeuta de que esta será exitosa. La creencia es una fuerza poderosa que puede influir en la manera en que el paciente y el terapeuta se relacionan con el tratamiento y en los resultados que se obtienen. Es importante que el paciente y el terapeuta tengan una actitud positiva y compartan la creencia de que la curación a distancia será exitosa para obtener los mejores resultados posibles.

81. La curación y la intensión positiva son aspectos constantes de flujo bidireccional de información que se da entre el terapeuta y el paciente.

La curación y la intensión positiva son aspectos constantes de flujo bidireccional de información que se dan entre el terapeuta y el paciente. El flujo de información entre el terapeuta y el paciente es un proceso continuo que se da a lo largo del tratamiento.

La curación es un proceso dinámico que involucra el uso de la energía y la intensión para sanar el cuerpo y la mente del paciente. La intensión positiva es una fuerza poderosa que puede influir en el resultado final de la curación.

Cuando el terapeuta tiene una intensión positiva y enfocada, es más probable que la curación sea efectiva. Por otro lado, si el terapeuta tiene una intensión confusa o imprecisa, es más probable que la curación sea menos efectiva.

Por otra parte, el paciente también puede contribuir al flujo de información y al proceso de curación. Si el paciente tiene una actitud positiva y está dispuesto a trabajar en conjunto con el terapeuta, es más probable que la curación sea efectiva. Por el contrario, si el paciente tiene una actitud negativa o desmotivada, es más probable que la curación sea menos efectiva.

O sea, la curación y la intensión positiva son aspectos constantes de flujo bidireccional de información que se dan entre el terapeuta y el paciente. El flujo de información entre el terapeuta y el paciente es un proceso

La curación y la intensión positiva son aspectos constantes de flujo bidireccional de información que se dan entre el terapeuta y el paciente. La curación es el proceso de recuperación de la salud y el bienestar, mientras que la intensión positiva es la actitud y la disposición de trabajar juntos para lograr el objetivo de la curación.

El flujo bidireccional de información es el intercambio de ideas, pensamientos y emociones entre el terapeuta y el paciente. En este proceso, ambos participantes comparten su perspectiva y su experiencia, lo que puede mejorar la efectividad del tratamiento.

La curación y la intensión positiva son aspectos constantes en este flujo bidireccional de información, ya que ambos están presentes en todo momento y pueden influir en la manera en que se aborda el tratamiento y en los resultados que se obtienen.

Esta es, la curación y la intensión positiva son aspectos constantes de flujo bidireccional de información que se dan entre el terapeuta y el paciente. El flujo bidireccional de información es el intercambio de ideas, pensamientos y emociones entre ambos participantes, y la curación y la intensión positiva son aspectos constantes en este proceso que pueden influir en la manera en que se aborda el tratamiento y en los resultados que se obtienen.

82. La creencia compartida en el poder del método de curación y una actitud mental positiva pueden mejorar los resultados de un persona que está recibiendo la terapia magnética.

La creencia compartida en el poder del método de curación y una actitud mental positiva pueden mejorar los resultados de una persona que está recibiendo una intención. La creencia es una fuerza poderosa que puede influir en la manera en que la persona se relaciona con el tratamiento y en los resultados que se obtienen. Además, una actitud mental positiva puede mejorar la motivación y el bienestar de la persona, lo que puede contribuir a mejorar los resultados del tratamiento.

Cuando la persona y el terapeuta comparten la creencia en el poder del método de curación, es más probable que se sientan motivados y esperanzados, lo que puede mejorar la efectividad del tratamiento. Además, la creencia compartida puede contribuir a crear un ambiente de confianza y seguridad para la persona, lo que puede mejorar la efectividad del tratamiento.

Por otro lado, una actitud mental positiva puede ser beneficiosa para la persona que está recibiendo una intención. Si la persona se siente esperanzada y optimista, es más probable que se sienta motivada y dispuesta a colaborar con el tratamiento, lo que puede mejorar los resultados del tratamiento. Por ello, es importante que la persona tenga una actitud

La creencia compartida en el poder del método de curación y una actitud mental positiva pueden mejorar los resultados de una persona que está recibiendo una intención. La creencia es una fuerza poderosa que puede influir en la manera en que la persona se relaciona con el tratamiento y en los resultados que se obtienen. La actitud mental positiva es la disposición de enfocarse en el objetivo de la curación y de trabajar juntos para lograrlo.

Cuando la persona cree en el poder del método de curación y tiene una actitud mental positiva, es más probable que se sienta motivada y esperanzada, lo que puede mejorar la efectividad del tratamiento. Además, la creencia compartida y la actitud mental positiva pueden contribuir a crear un ambiente de confianza y seguridad para la persona, lo que puede mejorar la efectividad del tratamiento.

Por otro lado, si la persona no cree en el poder del método de curación o tiene una actitud mental negativa, es más probable que se sienta desanimada y sin esperanza, lo que puede reducir la efectividad del tratamiento. Por ello, es importante que la persona tenga una actitud positiva y crea en el poder del método de curación para obtener los mejores resultados posibles.

83. Los campos magnéticos de imanes son causados por el flujo de electrones y átomos con carga, conocido como iones, y siempre que las fuerzas magnéticas se espacian debidamente, conducen el flujo de átomos y partículas en la dirección deseada por el terapeuta esto es resultado del efecto observador de la física cuántica.

Los campos magnéticos de imanes son causados por el flujo de electrones y átomos con carga, conocido como iones. Estos iones son partículas con carga eléctrica que se mueven en respuesta a campos magnéticos. Cuando las fuerzas magnéticas se espacian debidamente, conducen el flujo de iones en la dirección deseada por el terapeuta.

Este fenómeno es conocido como el efecto observador de la física cuántica. Según esta teoría, la observación de un sistema cuántico puede influir en el comportamiento de las partículas involucradas. En el caso de los campos magnéticos de imanes, la observación del terapeuta puede influir en la dirección en la que se mueven los iones.

Los campos magnéticos de imanes se utilizan en diversas aplicaciones, como en la medicina para guiar la circulación sanguínea y para el tratamiento de dolor. También se utilizan en la industria para el procesamiento de alimentos y la eliminación de residuos.

En efecto, los campos magnéticos de imanes son causados por el flujo de electrones y átomos con carga, conocido como iones. Cuando las fuerzas magnéticas se espacian debidamente, conducen el flujo de iones en la dirección deseada por el terapeuta. Este fenómeno es conocido como el efecto observador de la física cuántica y se utiliza en diversas aplicaciones, como en la medicina y la industria.

84. En cuanto más específico es un pensamiento es mejor en la terapia, es por lo que es importante especificar los objetivos de la intensión de terapeuta de biomagnetismo cuántico.

En cuanto más específico es un pensamiento, mejor es en la terapia. Esto se debe a que un pensamiento específico es más fácil de enfocar y de poner en práctica que un pensamiento general e impreciso. Por ello, es importante especificar los objetivos de la intensión del terapeuta de biomagnetismo cuántico.

Especificar los objetivos de la intensión significa tener una idea clara y concreta de lo que se quiere lograr. Esto puede incluir el objetivo general de la terapia, así como los objetivos específicos de cada sesión. Al especificar los objetivos, el terapeuta puede enfocar su atención y su energía en lograrlos, lo que puede mejorar la efectividad del tratamiento.

Además, especificar los objetivos de la intensión puede ayudar al paciente a entender mejor lo que se está tratando y cómo se espera que mejore. Esto puede aumentar la confianza y la seguridad del paciente en el tratamiento y en el terapeuta, lo que puede mejorar la efectividad del tratamiento.

Además, en cuanto más específico es un pensamiento, mejor es en la terapia. Por ello, es importante especificar los objetivos de la intensión del terapeuta de biomagnetismo cuántico. Al especificar los objetivos, el terapeuta puede enfocar su atención y su energía en lograrlos, lo que puede mejorar la efectividad del tratamiento. Además, especificar los objetivos puede ayudar al paciente a entender mejor lo que se está tratando y cómo se espera que mejore, lo que puede aumentar la confianza y la seguridad del paciente en el tratamiento y en el terapeuta.

85. La energía de la intensión tiene influencia en el entorno y es creadora de efectos energéticos, más aun, cuando nos enfocamos en el proceso terapéutico en la terapia magnética del biomagnetismo.

La energía de la intensión tiene influencia en el entorno y es creadora de efectos energéticos, especialmente cuando nos enfocamos en el proceso terapéutico en la terapia magnética del biomagnetismo. La intención es la actitud y la disposición de trabajar juntos para lograr un objetivo. Esta actitud y disposición pueden tener un impacto en el entorno y en el proceso terapéutico.

La energía de la intensión puede influir en el entorno de diversas maneras. Por ejemplo, cuando la intensión es positiva, puede crear un ambiente de confianza y seguridad que puede mejorar la efectividad del tratamiento. Por otro lado, si la intensión es negativa, puede crear un ambiente de desconfianza y miedo que puede reducir la efectividad del tratamiento.

Además, la energía de la intensión puede ser creadora de efectos energéticos. Es decir, puede influir en el flujo de energía en el cuerpo del paciente y en el entorno. Esto puede tener un impacto en el proceso terapéutico y en los resultados que se obtienen.

Luego, la energía de la intensión tiene influencia en el entorno y es creadora de efectos energéticos, especialmente cuando nos enfocamos en el proceso terapéutico en la terapia magnética del biomagnetismo. La intensión puede influir en el entorno de diversas maneras y puede ser creadora de efectos energéticos que pueden tener un impacto en el consultante.

La energía de la intensión tiene influencia en el entorno y es creadora de efectos energéticos, especialmente cuando nos enfocamos en el proceso terapéutico en la terapia magnética del biomagnetismo. La intención es la actitud y la disposición de trabajar juntos para lograr un objetivo, y la energía de la intensión es la fuerza que se pone en juego para alcanzar ese objetivo.

La energía de la intensión puede tener un impacto en el entorno porque puede influir en la manera en que se percibe y se experimenta el mundo. Por ejemplo, si tenemos una actitud positiva y estamos enfocados en el proceso terapéutico, es más probable que experimentemos un ambiente de confianza y seguridad, lo que puede mejorar la efectividad del tratamiento.

Además, la energía de la intensión es creadora de efectos energéticos porque puede influir en la forma en que se manifiestan los resultados de la terapia. Por ejemplo, si estamos enfocados en lograr una curación completa, es más probable que experimentemos una mejora significativa en nuestro estado de salud.

Después, la energía de la intensión tiene influencia en el entorno y es creadora de efectos energéticos, especialmente cuando nos enfocamos en el proceso terapéutico en la terapia magnética del biomagnetismo. La intención es la actitud y la disposición de trabajar juntos para lograr un objetivo, y la energía de la intensión es la fuerza de la conciencia personal.

86. La constante repetición de pensamientos ordenados cambia la realidad física y aumenta el orden del partículas cuánticas del espacio, dándolo orden, pues el orden es salud y el caos enfermedad.

La constante repetición de pensamientos ordenados puede cambiar la realidad física y aumentar el orden de las partículas cuánticas del espacio. Esto se debe a que los pensamientos tienen un impacto en la forma en que nos relacionamos con el mundo y en cómo percibimos y experimentamos la realidad.

Cuando repetimos pensamientos ordenados, es decir, pensamientos claros y concretos, estamos enviando una señal a nuestro cerebro y a nuestro cuerpo para que se enfoquen en ese objetivo. Esto puede aumentar el orden de las partículas cuánticas del espacio, ya que estamos enfocando nuestra atención y nuestra energía en un objetivo específico.

Además, según algunas teorías de la física cuántica, el orden es salud y el caos es enfermedad. Esto significa que cuanto más ordenado es el sistema, más saludable es. Por ello, al aumentar el orden de las partículas cuánticas del espacio a través de la repetición de pensamientos ordenados, podríamos contribuir a mejorar nuestro estado de salud.

En efecto, la constante repetición de pensamientos ordenados puede cambiar la realidad física y aumentar el orden de las partículas cuánticas del espacio. Esto se debe a que los pensamientos tienen un impacto en la forma en que nos relacionamos con el mundo y en cómo percibimos y experimentamos la realidad. Además, según algunas teorías de la física cuántica, el orden es salud y el caos es enfermedad, por lo que al aumentar el orden de las partículas cuánticas del espacio podríamos contribuir a mejorar nuestro estado de salud.

87. El mero pensamiento, es suficiente para producir las intrusiones neuronales necesarias para llevar a cabo un acto de curación, en la terapia magnética del biomagnetismo cuántico.

El mero pensamiento es suficiente para producir las instrucciones neuronales necesarias para llevar a cabo un acto de curación en la terapia magnética del biomagnetismo cuántico. Esto se debe a que el pensamiento es una forma de energía que puede tener un impacto en el cuerpo y en el entorno.

Cuando pensamos en algo, enviamos señales a nuestro cerebro y a nuestro cuerpo para que se enfoquen en ese objetivo. Esto puede activar procesos neuronales que nos llevan a realizar acciones para lograr ese objetivo. Por ejemplo, si pensamos en curar a alguien, podemos activar procesos neuronales que nos lleven a aplicar la terapia magnética del biomagnetismo cuántico.

Además, según algunas teorías de la física cuántica, el pensamiento puede tener un impacto en el entorno y en la realidad física. Por ello, el mero pensamiento de curar a alguien podría producir las intrusiones neuronales necesarias para llevar a cabo un acto de curación en la terapia magnética del biomagnetismo cuántico.

Ahora bien, el mero pensamiento es suficiente para producir las intrusiones neuronales necesarias para llevar a cabo un acto de curación en la terapia magnética del biomagnetismo cuántico. Esto se debe a que el pensamiento es una forma de energía que puede tener un impacto en el cuerpo y en el entorno. Además, según algunas teorías de la física cuántica, el pensamiento puede tener un impacto en el entorno y en la realidad física, por lo que podría producir las intrusiones neuronales necesarias para llevar a cabo un acto de sanación.

El mero pensamiento es suficiente para producir las intrusiones neuronales necesarias para llevar a cabo un acto de curación en la terapia magnética del biomagnetismo cuántico. Esto se debe a que el pensamiento es una actividad cerebral que puede tener un impacto en el cuerpo y en el entorno.

Cuando pensamos en algo, nuestro cerebro envía señales a nuestro cuerpo y a nuestro entorno para poner en marcha las acciones necesarias para llevar a cabo ese pensamiento. Estas señales son conocidas como intrusiones neuronales.

En el caso de la terapia magnética del biomagnetismo cuántico, el mero pensamiento es suficiente para producir las intrusiones neuronales necesarias para llevar a cabo un acto de curación. Esto se debe a que el pensamiento es una herramienta poderosa que puede influir en la forma en que nos relacionamos con el mundo y en cómo percibimos y experimentamos la realidad.

No obstante, el mero pensamiento es suficiente para producir las intrusiones neuronales necesarias para llevar a cabo un acto de curación en la terapia magnética del biomagnetismo cuántico. Esto se debe a que el pensamiento es una actividad cerebral que puede tener un impacto en el cuerpo y en el entorno, y en el caso de la terapia magnética del biomagnetismo cuántico, el pensamiento es una herramienta poderosa que puede influir en la forma en que nos relacionamos con el mundo y en cómo percibimos y experimentamos la realidad.

88. Las técnicas de visualización son eficaces para el tratamiento de enfermedades, mediante imágenes mentales o representación metafórica de que el paciente sana de una enfermedad, mediante el magnetismo de los imanes, ayuda en su pronta y rápida recuperación.

Las técnicas de visualización son eficaces para el tratamiento de enfermedades, ya que consisten en usar imágenes mentales o representaciones metafóricas para ayudar al paciente a sanar de una enfermedad. Estas técnicas pueden ser utilizadas en conjunto con el magnetismo de los imanes en el tratamiento de diferentes afecciones.

La visualización se basa en la idea de que nuestros pensamientos y nuestras emociones tienen un impacto en nuestro cuerpo y en nuestro bienestar. Por lo tanto, al utilizar imágenes mentales o representaciones metafóricas para visualizar la curación de una enfermedad, estamos enviando señales a nuestro cuerpo y a nuestro entorno para poner en marcha las acciones necesarias para alcanzar ese objetivo.

Además, el magnetismo de los imanes puede ser una herramienta útil para aumentar la efectividad de las técnicas de visualización. Los imanes pueden tener un efecto sobre el flujo de sangre y la circulación, lo que puede contribuir a mejorar la salud y el bienestar del paciente.

Empero, las técnicas de visualización son eficaces para el tratamiento de enfermedades, ya que consisten en usar imágenes mentales o representaciones metafóricas para ayudar al paciente a sanar de una enfermedad. Estas técnicas pueden ser utilizadas en conjunto con el magnetismo de los imanes en el tratamiento de diferentes afecciones, y pueden ser una herramienta útil para aumentar la efectividad de las técnicas de visualización y mejorar la recuperación de la salud del consultante.

Las técnicas de visualización son eficaces para el tratamiento de enfermedades, ya que permiten al paciente utilizar su mente y su creatividad para imaginar y representar de manera metafórica que está sanando de una enfermedad. Esta técnica se basa en la idea de que nuestros pensamientos y emociones tienen un impacto en nuestro cuerpo y en nuestro estado de salud.

Cuando utilizamos técnicas de visualización, creamos imágenes mentales o representaciones metafóricas de que estamos sanando de una enfermedad. Esto nos permite enfocar nuestra atención y nuestra energía en un objetivo específico, lo que puede ayudar a promover la pronta y rápida recuperación.

Además, algunos estudios sugieren que el uso de imanes en el tratamiento de ciertas enfermedades puede ser efectivo. El magnetismo de los imanes puede influir en el flujo de sangre y en la actividad nerviosa en el cuerpo, lo que puede tener un impacto positivo en la salud.

A continuación, las técnicas de visualización son eficaces para el tratamiento de enfermedades, ya que permiten al paciente utilizar su mente y su creatividad para imaginar y representar de manera metafórica que está sanando de una enfermedad. Esta técnica se basa en la idea de que nuestros pensamientos y emociones tienen un impacto en nuestro cuerpo y en nuestro estado de salud, y puede ayudar a promover la pronta y rápida recuperación. Además, el uso de imanes en el tratamiento de ciertas enfermedades puede ser muy efectivo algo que se ha corroborado con años de práctica de nuestro instituto.

89. El pensamiento dirigido es un tipo de intensión dirigida, a que el cerebro durante el estado alterado de conciencia, entre en un estado de hipnosis superficial, que ayuda a su proceso de sanación.

El pensamiento dirigido es un tipo de intensión enfocada en conseguir que el cerebro entre en un estado alterado de conciencia, conocido como hipnosis superficial. Esta técnica se utiliza a menudo en el contexto de la terapia y la sanación, ya que se cree que puede ayudar a mejorar la efectividad de estos procesos.

La hipnosis superficial es un estado de conciencia modificado en el que la persona está más relajada y más abierta a sugerencias y cambios. Durante esta hipnosis, el cerebro se siente más sensible a los pensamientos y las emociones, y es más propenso a aceptar cambios positivos.

Cuando utilizamos el pensamiento dirigido para entrar en un estado de hipnosis superficial, estamos enviando una señal a nuestro cerebro para que se enfoque en un objetivo específico. Esto puede ayudar a mejorar la efectividad del proceso de sanación, ya que estamos enfocando nuestra atención y nuestra energía en un objetivo concreto.

En resumen, el pensamiento dirigido es un tipo de intensión enfocada en conseguir que el cerebro entre en un estado alterado de conciencia, conocido como hipnosis superficial.

El pensamiento dirigido es un tipo de intensión que se utiliza para que el cerebro entre en un estado alterado de conciencia, conocido como hipnosis superficial. Esta técnica se basa en la idea de que nuestros pensamientos y emociones tienen un impacto en nuestro cuerpo y en nuestro estado de salud.

Cuando utilizamos el pensamiento dirigido, nos enfocamos en un objetivo específico y utilizamos nuestra mente para imaginar y representar de manera metafórica que estamos sanando de una enfermedad. Esto nos permite entrar en un estado alterado de conciencia, en el que nuestra mente está más receptiva a las sugestiones y a la visualización de imágenes mentales.

El estado alterado de conciencia que se produce durante la hipnosis superficial es un estado de relajación profunda, en el que nuestro cerebro se encuentra en un estado de mayor receptividad. Esto nos permite procesar y utilizar de manera más efectiva la información y las sugestiones que recibimos, lo que puede ayudar a nuestro proceso de sanación.

Recapitulando, el pensamiento dirigido es un tipo de intensión que se utiliza para que el cerebro entre en un estado alterado de conciencia, conocido como hipnosis superficial, o alta concentración neuropsíquica.

90. Un factor determinante para el restablecimiento de paciente es su creencia en que la terapia de biomagnetismo cuántico funcionara.

El creer en la terapia de biomagnetismo cuántico como una forma efectiva de tratamiento puede ser un factor determinante en el proceso de recuperación de un paciente. La mente y el cuerpo están conectados de manera íntima y el poder de la mente sobre el cuerpo es un tema que ha sido ampliamente estudiado en el campo de la salud mental y la medicina psicosomática.

Un paciente que cree en la efectividad de la terapia de biomagnetismo cuántico puede tener una mayor motivación para participar en su tratamiento y seguir las instrucciones del terapeuta. Esto puede aumentar la probabilidad de que el tratamiento tenga éxito y de que el paciente experimente una mejora en su condición de salud. Además, el creer en la terapia puede ayudar al paciente a manejar el estrés y la ansiedad asociados con el tratamiento y la enfermedad, lo que puede contribuir a un proceso de recuperación más rápida y efectiva.

Por otro lado, un paciente que no cree en la efectividad de la terapia de biomagnetismo cuántico puede tener menos motivación para participar en su tratamiento y puede no seguir adecuadamente las instrucciones del terapeuta. Esto puede reducir la probabilidad de que el tratamiento tenga éxito y puede retrasar la recuperación del paciente. Además, el no creer en la terapia puede aumentar el estrés y la ansiedad del paciente, lo que puede obstaculizar el proceso de recuperación.

Brevemente, la creencia del paciente en la efectividad de la terapia de biomagnetismo cuántico es un factor determinante en su proceso de recuperación. El creer en la terapia puede aumentar la motivación del paciente para participar en su tratamiento y puede ayudar a manejar el estrés y la ansiedad asociados con la enfermedad. Por otro lado, el no creer en la terapia puede reducir la motivación del paciente y aumentar el estrés y la ansiedad, lo que puede obstaculizar el proceso de recuperación.

91. La expectativa mental de la curación, es suficiente para activar los mecanismos curativos del cuerpo, pues la intensión provoca la expectativa de éxito y promueve el cambio físico.

La expectativa mental de la curación puede tener un impacto significativo en la capacidad del cuerpo para sanar y recuperarse de enfermedades o lesiones. Según algunas teorías de la salud mental y la medicina psicosomática, la mente y el cuerpo están interconectados y la mente puede tener un gran poder sobre el cuerpo.

La expectativa mental de la curación puede activar los mecanismos curativos del cuerpo a través de la producción de hormonas y otras sustancias químicas que pueden promover la sanación. Por ejemplo, la producción de endorfinas, que son hormonas relacionadas con la sensación de bienestar y el alivio del dolor, puede ser estimulada por la expectativa mental de la curación. Esto puede ayudar al cuerpo a combatir la enfermedad o la lesión y a recuperarse más rápidamente.

Además, la intensión de lograr una curación también puede ser un factor importante en la expectativa mental de la curación. La intensión de curarse se refiere a la fuerza de voluntad y la determinación para hacer lo necesario para lograr la curación. Cuando se combina con la expectativa mental de la curación, la intensión puede promover el cambio físico en el cuerpo y ayudar a iniciar el proceso de sanación.

En pocas palabras, la expectativa mental de la curación es un factor importante en la capacidad del cuerpo para sanar y recuperarse de enfermedades o lesiones. La expectativa mental de la curación puede activar los mecanismos curativos del cuerpo y la intensión de lograr una curación puede promover el cambio físico en el cuerpo y ayudar a iniciar el proceso de sanación. Es importante tener en cuenta que, aunque la expectativa mental de la curación y la intensión de lograr una curación pueden ser factores importantes en el proceso de recuperación, también es esencial seguir las instrucciones del terapeuta y tomar medidas prácticas para promover la sanación.

92. Es importante que el paciente se responsabilice de su enfermedad y de su tratamiento, para que se recupere de su padecimiento.

La responsabilidad del paciente en su enfermedad y su tratamiento es esencial para el éxito del proceso de recuperación. Aunque el tratamiento terapéutico es un factor importante en la curación de una enfermedad o lesión, el paciente también tiene un papel importante que desempeñar en su propia recuperación.

Cuando un paciente asume la responsabilidad de su enfermedad y su tratamiento, está más comprometido con el proceso de recuperación y es más probable que siga adecuadamente las instrucciones del médico y los tratamientos recomendados. Esto puede aumentar la probabilidad de que el tratamiento tenga éxito y de que el paciente experimente una mejora en su condición de salud. Además, la responsabilidad del paciente puede ayudar a aumentar su motivación para participar en su tratamiento y hacer los cambios necesarios en su estilo de vida para promover la sanación.

Por otro lado, cuando un paciente no asume la responsabilidad de su enfermedad y su tratamiento, puede ser menos comprometido con el proceso de recuperación y puede no seguir adecuadamente las instrucciones del médico y los tratamientos recomendados. Esto puede reducir la probabilidad de que el tratamiento tenga éxito y puede retrasar la recuperación del paciente. Además, la falta de responsabilidad del paciente puede disminuir su motivación para participar en su tratamiento y hacer los cambios necesarios en su estilo de vida.

Globalmente, la responsabilidad del paciente en su enfermedad y su tratamiento es esencial para el éxito del proceso de recuperación. Cuando un paciente asume la responsabilidad, está más comprometido con el proceso de recuperación y es más probable que siga adecuadamente las instrucciones del médico y los tratamientos recomendados. Por otro lado, cuando un paciente no asume la responsabilidad, puede ser menos comprometido con el proceso de recuperación y puede no seguir adecuadamente las instrucciones del tratamiento terapéutico y los tratamientos recomendados.

93. La buena intención del terapeuta hace que sus pensamientos sean ordenados e influyan sobre sus pacientes, para que estos también ordenen sus pensamientos, y así su estado de salud mejore.

La buena intención del terapeuta puede ser un factor importante en el éxito de su tratamiento y en la recuperación de sus pacientes. Según algunas teorías de la salud mental y la medicina psicosomática, la mente y el cuerpo están interconectados y la mente puede tener un gran poder sobre el cuerpo. Por lo tanto, el estado mental del terapeuta puede tener un impacto en la mente y el cuerpo de sus pacientes.

Cuando el terapeuta tiene una buena intención, es decir, tiene una actitud positiva y desea ayudar a sus pacientes a mejorar, esto puede influir en la forma en que se comunica con ellos y en la forma en que interactúa con ellos. Esto puede hacer que los pacientes se sientan más cómodos y seguros durante el tratamiento y puede aumentar su motivación para participar en el proceso de recuperación.

Además, la buena intención del terapeuta puede hacer que sus pensamientos sean más ordenados y centrados en el bienestar de sus pacientes. Esto puede ayudar al terapeuta a comunicar de manera más clara y efectiva sus recomendaciones y consejos a sus pacientes. Los pacientes pueden responder mejor a esta comunicación clara y efectiva y pueden estar más dispuestos a seguir las instrucciones del terapeuta y hacer los cambios necesarios en su estilo de vida para promover la sanación.

Recogiendo lo más importante, la buena intención del terapeuta puede ser un factor importante en el éxito de su tratamiento y en la recuperación de sus pacientes. Cuando el terapeuta tiene una buena intención, puede influir en la forma en que se comunica con sus pacientes y en la forma en que interactúa con ellos, lo que puede hacer que los pacientes se sientan más cómodos y seguros durante el tratamiento y puede aumentar su motivación para participar en el proceso de recuperación. Además, la buena intención del terapeuta puede hacer que sus pensamientos sean más ordenados y centrados en el bienestar de sus pacientes, lo que puede ayudar al terapeuta a comunicar de manera más clara y efectiva sus recomendaciones y consejos a sus pacientes.

94. Mientras se aplica la terapia magnética, la mente del terapeuta deberá estar concentrada en visualizar en su objetivo y meta especifico, que es la salud de paciente imaginando como si fuera algo que estuviere ocurriendo en ese momento.

Durante la aplicación de la terapia magnética, es importante que el terapeuta mantenga su mente concentrada en el objetivo y meta específicos del tratamiento, que es la salud del paciente. La concentración del terapeuta en el objetivo y meta específicos puede ayudar a aumentar la efectividad de la terapia y a promover la recuperación del paciente.

Una manera en que el terapeuta puede mantener su mente concentrada en el objetivo y meta específicos durante la aplicación de la terapia magnética es a través de la visualización. La visualización implica imaginar mentalmente la meta deseada como si estuviera ocurriendo en el presente. Al visualizar la salud del paciente, el terapeuta puede concentrarse en lo que desea que suceda y enviar energía positiva hacia ese objetivo.

Además, la visualización puede ayudar al terapeuta a mantener su enfoque y a evitar distracciones durante la aplicación de la terapia magnética. Al visualizar la salud del paciente y mantener su mente concentrada en esa meta, el terapeuta puede sentirse más motivado y comprometido con el proceso de recuperación del paciente.

En conjunto, durante la aplicación de la terapia magnética es importante que el terapeuta mantenga su mente concentrada en el objetivo y meta específicos del tratamiento, que es la salud del paciente. Una manera en que el terapeuta puede hacerlo es a través de la visualización, que implica imaginar mentalmente la meta deseada como si estuviera ocurriendo en el presente. La visualización puede ayudar al terapeuta a mantener su enfoque y a evitar distracciones durante la aplicación de la terapia magnética y puede aumentar su motivación y compromiso con el proceso de recuperación del paciente.

95. Puesto que las palabras programan al paciente, el terapeuta no debe de dar diagnósticos negativos nunca, pues debemos de tener una enorme responsabilidad al pensar y al expresar nuestros pensamientos.

Es importante que el terapeuta tenga una enorme responsabilidad al pensar y expresar sus pensamientos cuando trata a un paciente, ya que las palabras pueden programar al paciente. Según algunas teorías de la salud mental y la medicina psicosomática, la mente y el cuerpo están interconectados y la mente puede tener un gran poder sobre el cuerpo. Por lo tanto, las palabras que el terapeuta usa pueden tener un impacto en la mente y el cuerpo del paciente.

Por esta razón, es esencial que el terapeuta evite dar diagnósticos negativos nunca. Los diagnósticos negativos pueden dejar una impresión negativa en el paciente y pueden disminuir su motivación y su compromiso con el proceso de recuperación. Además, los diagnósticos negativos pueden afectar la forma en que el paciente percibe su condición de salud y pueden dificultar la recuperación.

Por otro lado, cuando el terapeuta tiene una actitud positiva y utiliza palabras positivas al tratar a un paciente, puede ayudar a aumentar la motivación y el compromiso del paciente con el proceso de recuperación. Las palabras positivas pueden ayudar al paciente a percibir su condición de salud de manera más positiva y pueden promover una actitud más positiva hacia la recuperación.

En definitiva, es importante que el terapeuta tenga una enorme responsabilidad al pensar y expresar sus pensamientos cuando trata a un paciente, ya que las palabras pueden programar al paciente. Por esta razón, es esencial que el terapeuta evite dar diagnósticos negativos nunca y en su lugar utilice palabras positivas para ayudar al paciente a percibir su condición de salud de manera más positiva y aumentar su motivación y compromiso con el proceso de recuperación.

96. La intención tiene el poder de dañar o enfermar, fortalecer y destruir, y el terapeuta debe estar consciente de ello.

La intención tiene el poder de afectar la salud de una persona de diversas maneras. Según algunas teorías de la salud mental y la medicina psicosomática, la mente y el cuerpo están interconectados y la mente puede tener un gran poder sobre el cuerpo. Por lo tanto, la intención de una persona puede tener un impacto en su salud.

Por un lado, la intención puede tener el poder de dañar o enfermar a una persona. Cuando una persona tiene una intención negativa o destructiva, es decir, cuando desea hacer daño a sí misma o a otras personas, esto puede afectar su salud mental y física. La intención negativa puede provocar estrés y ansiedad, lo que puede aumentar el riesgo de enfermedades físicas y mentales.

Por otro lado, la intención también puede tener el poder de fortalecer y mejorar la salud de una persona. Cuando una persona tiene una intención positiva, es decir, cuando desea hacer el bien para sí misma o para otras personas, esto puede tener un impacto positivo en su salud mental y física. La intención positiva puede promover la relajación y el bienestar, lo que puede mejorar la salud general de una persona.

Es importante que el terapeuta esté consciente del poder de la intención y cómo puede afectar la salud de sus pacientes. Al ser consciente de esto, el terapeuta puede tomar medidas para promover intenciones positivas en sus pacientes y ayudar a mejorar su salud mental y física.

La intención tiene el poder de afectar la salud de una persona de diversas maneras y es importante que el terapeuta esté consciente de ello. Según algunas teorías de la salud mental y la medicina psicosomática, la mente y el cuerpo están interconectados y la mente puede tener un gran poder sobre el cuerpo. Por lo tanto, la intención de una persona puede tener un impacto en su salud.

Por un lado, la intención puede tener el poder de dañar o enfermar a una persona. Cuando una persona tiene una intención negativa o destructiva, es decir, cuando desea hacer daño a sí misma o a otras personas, esto puede afectar su salud mental y física. La intención negativa puede provocar estrés y ansiedad, lo que puede aumentar el riesgo de enfermedades físicas y mentales.

Por otro lado, la intención también puede tener el poder de fortalecer y mejorar la salud de una persona. Cuando una persona tiene una intención positiva y constructiva, es decir, cuando desea hacerse bien a sí misma o a otras personas, esto puede tener un efecto positivo en su salud mental y física. La intención positiva puede ayudar a reducir el estrés y la ansiedad y puede promover una actitud más positiva hacia la vida y hacia la salud.

Es importante que el terapeuta esté consciente de cómo la intención puede afectar la salud de una persona y tenga en cuenta esto al tratar a sus pacientes. Al utilizar una intención positiva y constructiva al tratar a un paciente, el terapeuta puede ayudar al paciente a reducir el estrés y la ansiedad y

La intención tiene el poder de afectar la salud de una persona de diversas maneras. Según algunas teorías de la salud mental y la medicina psicosomática, la mente y el cuerpo están interconectados y la mente puede tener un gran poder sobre el cuerpo. Por lo tanto, la intención de una persona puede tener un impacto en su salud.

Por un lado, la intención puede tener el poder de dañar o enfermar a una persona. Cuando una persona tiene una intención negativa o destructiva, es decir, cuando desea hacer daño a sí misma o a otras personas, esto puede afectar su salud mental y física. La intención negativa puede provocar estrés y ansiedad, lo que puede aumentar el riesgo de enfermedades físicas y mentales.

Por otro lado, la intención también puede tener el poder de fortalecer y promover la salud. Cuando una persona tiene una intención positiva, es decir, cuando desea mejorar su salud y bienestar o el de otras personas, esto puede tener un efecto beneficioso en su salud mental y física. La intención positiva puede ayudar a disminuir el estrés y la ansiedad y puede promover la resiliencia y la resistencia a las enfermedades.

Es importante que el terapeuta esté consciente de estos efectos de la intención, ya que pueden influir en su enfoque y en la forma en que interactúa con sus pacientes. Al ser consciente de la intención y de cómo puede afectar la salud, el terapeuta puede adoptar un enfoque más positivo y promover una actitud más positiva hacia la recuperación en sus pacientes.

97. Es más fácil destruir que construir, desordenar que ordenar, por lo que el terapeuta debe ser disciplinado en ese aspecto, para sanar.

A menudo es más fácil destruir que construir, desordenar que ordenar. Esto se aplica a muchos aspectos de la vida, incluyendo la salud y el bienestar. Según algunas teorías de la salud mental y la medicina psicosomática, la mente y el cuerpo están interconectados y la mente puede tener un gran poder sobre el cuerpo. Por lo tanto, el estado mental de una persona puede afectar su salud y bienestar.

Por esta razón, es importante que el terapeuta sea disciplinado en este aspecto y adopte un enfoque constructivo y ordenado al tratar a sus pacientes. Al adoptar un enfoque constructivo y ordenado, el terapeuta puede ayudar a promover la salud y el bienestar de sus pacientes y puede contribuir a un proceso de recuperación más efectivo.

La disciplina también puede ser importante para el terapeuta en términos de su propia salud y bienestar. Al ser disciplinado en su enfoque y en su estilo de vida, el terapeuta puede mejorar su propia salud y bienestar y puede estar en mejores condiciones para ayudar a sus pacientes.

Para concluir, es más fácil destruir que construir, desordenar que ordenar. Por esta razón, es importante que el terapeuta sea disciplinado en este aspecto y adopte un enfoque constructivo y ordenado al tratar a sus pacientes. La disciplina también puede ser importante para el terapeuta en términos de su propia salud y bienestar y puede ayudarlo a estar en mejores condiciones para ayudar a sus pacientes.

98. La mente afecta el entorno y no al revés.

Es cierto que la mente puede tener un gran impacto en el entorno. Según algunas teorías de la salud mental y la medicina psicosomática, la mente y el cuerpo están interconectados y la mente puede tener un gran poder sobre el cuerpo. Por lo tanto, el estado mental de una persona puede afectar su entorno.

Por ejemplo, cuando una persona tiene una actitud positiva y proactiva, es más probable que haga cosas que beneficien a su entorno. Puede hacer más esfuerzos para mantener su hogar o su lugar de trabajo limpio y organizado, o puede participar en actividades que beneficien a la comunidad. Por otro lado, cuando una persona tiene una actitud negativa o apática, es más probable que no haga esfuerzos por mantener su entorno limpio y organizado y puede tener menos interés en participar en actividades que beneficien a la comunidad.

Además, la mente puede afectar el entorno a través del pensamiento y la comunicación. Cuando una persona tiene pensamientos positivos y constructivos, es más probable que comuniquen de manera positiva y construya relaciones saludables con las personas de su entorno. Por otro lado, cuando una persona tiene pensamientos negativos o destructivos, es más probable que comuniquen de manera negativa y pueden tener relaciones tóxicas con las personas de su entorno.

Para finalizar, es cierto que la mente puede tener un gran impacto en el entorno. La actitud y el estado mental de una persona pueden afectar la forma en que se comportan y cómo mantienen su entorno y pueden afectar la forma en que comunican y construyen relaciones con las personas de su entorno. Es importante ser consciente de cómo nuestra mente puede afectar nuestro entorno y tratar de mantener una actitud y un estado mental positivos para promover un entorno saludable y beneficioso.

99. En la aplicación de la terapia a distancia sobre sustituto inorgánico, para que sea eficaz, cuando se dirige la intensión positiva enfocada a incidir en el restablecimiento de la salud de paciente, a través del sustituto inanimado o inorgánico usado como antena, debe ser con actitud positiva.

La terapia a distancia es una forma de tratamiento que se basa en la utilización de sustitutos inorgánicos para transmitir la energía curativa a los pacientes. Esta terapia se ha demostrado efectiva en el restablecimiento de la salud de los pacientes a través de la terapia magnética, ya que se basa en la creencia de que todo el cuerpo es un campo electromagnético y que la energía curativa puede ser transmitida a través de este campo.

Una de las ventajas de la terapia a distancia es que puede ser utilizada en cualquier lugar y en cualquier momento, lo que la hace muy conveniente para aquellos pacientes que no pueden desplazarse o que viven en áreas remotas. Además, esta terapia es muy segura y no tiene efectos secundarios, lo que la convierte en una opción atractiva para aquellos que buscan un tratamiento no invasivo.

En cuanto a la eficacia de la terapia a distancia, es importante destacar que no existe un consenso científico sobre su efectividad. Sin embargo, muchos pacientes y profesionales de la salud han reportado resultados positivos en el uso de esta terapia. Algunos estudios han demostrado que la terapia magnética puede tener un efecto beneficioso en el dolor crónico y la inflamación, mientras que otros han sugerido que puede ser útil en el tratamiento de trastornos mentales como la ansiedad y la depresión y además los padecimientos somáticos por patógenos o por enfermedades cuya causa es emocionales también.

Así pues, la terapia a distancia sobre sustituto inorgánico es una opción de tratamiento segura y conveniente para aquellos que buscan una forma no invasiva de mejorar su salud. Aunque no existe un consenso científico sobre su efectividad, muchos pacientes y profesionales de la salud han reportado resultados positivos en el uso de esta terapia. Es importante recordar que cada persona es diferente y lo que funciona para uno puede no funcionar para otro, por lo que es importante hablar con un profesional de la salud antes de iniciar cualquier tratamiento.

La terapia a distancia es una técnica que se ha utilizado en el campo de la salud para tratar diferentes afecciones de manera no invasiva y a través de métodos alternativos. Uno de estos métodos es la terapia magnética, que consiste en la aplicación de campos magnéticos sobre el cuerpo del paciente con el fin de promover la curación y el bienestar.

Un aspecto importante de la terapia magnética es la utilización de sustitutos inorgánicos, como imanes o dispositivos electromagnéticos, para transmitir los campos magnéticos al cuerpo del paciente. Estos sustitutos inanimados son capaces de llegar a zonas específicas del cuerpo y proporcionar una terapia más precisa y concentrada.

La eficacia de la terapia a distancia con sustitutos inorgánicos dependerá de varios factores, como la intensidad y frecuencia de los campos magnéticos aplicados, así como de la capacidad del paciente para enfocar su atención y su intención positiva en el proceso de recuperación. Es importante destacar que la terapia a distancia no es una solución mágica ni un sustituto de tratamientos médicos convencionales, sino una opción adicional que puede complementar y apoyar el proceso de curación.

Esto es porque, la terapia a distancia con sustitutos inorgánicos es eficaz cuando se dirige la intensión positiva enfocada a incidir en el restablecimiento de la salud del paciente a través del sustituto inanimado o inorgánico a través de la terapia magnética. Esta técnica puede ser una opción útil y beneficiosa para aquellos pacientes que buscan tratamientos no invasivos y alternativos para mejorar su bienestar y su calidad de vida.

100. La intención puede incidir en el pasado, por lo que la terapia magnética se puede aplicar a los antepasados o a nuestras encarnaciones pasadas, para restablecer la salud trasngeneracional y transencarnacional de una persona.

La intención es una fuerza poderosa que puede tener un gran impacto en nuestras vidas y en el mundo a nuestro alrededor. Según algunas teorías, la intención puede incluso incidir en el pasado y tener un efecto en eventos que ya han ocurrido. Esto plantea la posibilidad de utilizar la terapia magnética para tratar no solo a una persona en el presente, sino también a sus antepasados o encarnaciones pasadas.

La terapia magnética es una técnica que utiliza campos magnéticos para tratar una amplia variedad de afecciones físicas y mentales. Se ha demostrado que es efectiva en el tratamiento del dolor crónico, la depresión y la ansiedad, entre otras condiciones. Al aplicar la terapia magnética a los antepasados o encarnaciones pasadas de una persona, se puede buscar restablecer la salud trasngeneracional de esa persona y, por lo tanto, mejorar su bienestar en el presente.

Esta idea de utilizar la terapia magnética para tratar a los antepasados o encarnaciones pasadas puede parecer sorprendente o incluso escéptica para algunos. Sin embargo, hay ciertas teorías y prácticas que apoyan esta idea. Por ejemplo, algunos creen que las experiencias de vidas pasadas pueden dejar una huella en nuestra vida presente y contribuir a ciertos problemas de salud o patrones de comportamiento. Tratar estos problemas a través de la terapia magnética podría tener un impacto positivo en la vida actual de una persona.

Además, la terapia magnética puede ser una opción segura y efectiva para tratar a los antepasados o encarnaciones pasadas debido a que no involucra el uso de medicamentos o cirugía invasiva. Esto hace que sea una opción atractiva para aquellos que buscan un enfoque más natural y menos invasivo para mejorar su salud.

En definitiva, la intención puede tener un impacto en el pasado y, por lo tanto, la terapia magnética se puede aplicar a los antepasados o encarnaciones pasadas de una persona para restablecer la salud trasngeneracional de esa persona. Aunque esta idea puede parecer sorprendente, hay ciertas teorías y prácticas que apoyan su efectividad y la terapia magnética es una opción segura y efectiva para tratar estos problemas de manera natural y menos invasiva.

101. La intención curativa mediante el biomagnetismo cuántico, puede alterar los acontecimientos que ya hayan sucedido, modificando las líneas del tiempo.

La intención curativa es una fuerza poderosa que puede tener un gran impacto en nuestra salud y bienestar. Algunos creen que la intención curativa, cuando se aplica de manera consciente y enfocada, puede tener un efecto transformador en nuestras vidas. Una de las formas en las que se puede utilizar la intención curativa es a través del biomagnetismo cuántico.

El biomagnetismo cuántico es una técnica que utiliza campos magnéticos y la teoría cuántica para tratar una amplia variedad de afecciones físicas y mentales. Se ha demostrado que es efectiva en el tratamiento del dolor crónico, la depresión y la ansiedad, entre otras condiciones. Al aplicar la intención curativa en conjunción con el biomagnetismo cuántico, se puede buscar alterar los acontecimientos que ya hayan sucedido y, por lo tanto, modificar las líneas del tiempo.

Esta idea de que la intención curativa puede alterar los acontecimientos del pasado y modificar las líneas del tiempo puede parecer sorprendente o incluso escéptica para algunos. Sin embargo, hay ciertas teorías y prácticas que apoyan esta idea. Por ejemplo, la teoría cuántica sugiere que el tiempo y el espacio son conceptos relativos y que el presente, el pasado y el futuro pueden estar interconectados de manera más compleja de lo que inicialmente se pensaba. Al aplicar la intención curativa y el biomagnetismo cuántico, se puede buscar alterar los acontecimientos del pasado y, por lo tanto, modificar el curso del tiempo.

Además, el biomagnetismo cuántico puede ser una opción segura y efectiva para tratar de alterar los acontecimientos del pasado debido a que no involucra el uso de medicamentos o cirugía invasiva. Esto hace que sea una opción atractiva para aquellos que buscan un enfoque más natural y menos invasivo para mejorar su salud y bienestar.

Visto que, la intención curativa puede tener un gran impacto en nuestras vidas y, a través del biomagnetismo cuántico, puede alterar los acontecimientos del pasado y modificar las líneas del tiempo. Aunque esta idea puede parecer sorprendente, hay ciertas teorías y prácticas que apoyan su efectividad y el biomagnetismo cuántico.

La intención curativa es una fuerza poderosa que puede tener un gran impacto en nuestras vidas y en el mundo a nuestro alrededor. Según algunas teorías, la intención curativa puede incluso alterar eventos que ya han ocurrido y modificar las líneas del tiempo. Esto plantea la posibilidad de utilizar el biomagnetismo cuántico para tratar no solo a una persona en el presente, sino también para influir en el pasado y mejorar el presente.

El biomagnetismo cuántico es una técnica que utiliza campos magnéticos para tratar una amplia variedad de afecciones físicas y mentales. Se ha demostrado que es efectivo en el tratamiento del dolor crónico, la depresión y la ansiedad, entre otras condiciones. Al aplicar el biomagnetismo cuántico a eventos que ya han ocurrido, se puede buscar modificar las líneas del tiempo y, por lo tanto, mejorar el presente de una persona.

Esta idea de utilizar el biomagnetismo cuántico para alterar eventos del pasado y modificar las líneas del tiempo puede parecer sorprendente o incluso escéptica para algunos. Sin embargo, hay ciertas teorías y prácticas que apoyan esta idea. Por ejemplo, algunos creen que el tiempo no es lineal y que es posible influir en eventos del pasado a través de la intención y la conciencia. Tratar de mejorar el presente a través del biomagnetismo cuántico podría tener un impacto positivo en la vida actual de una persona.

Además, el biomagnetismo cuántico puede ser una opción segura y efectiva para alterar eventos del pasado y modificar las líneas del tiempo debido a que no involucra el uso de medicamentos o cirugía invasiva. Esto hace que sea una opción atractiva para aquellos que buscan un enfoque más natural y menos invasivo para mejorar su salud y su vida en general.

A causa de, la intención curativa puede tener un impacto en eventos del pasado y, por lo tanto, el biomagnetismo cuántico se puede utilizar para alterar estos eventos y modificar las líneas del tiempo. Aunque esta idea puede parecer sorprendente, hay ciertas teorías y prácticas que apoyan su efectividad y el biomagnetismo cuántico es una opción segura y efectiva para tratar estos problemas de manera natural y menos

La intención curativa es una fuerza poderosa que puede tener un gran impacto en nuestras vidas y en el mundo a nuestro alrededor. Según algunas teorías, la intención curativa puede incluso alterar los acontecimientos que ya hayan sucedido y modificar las líneas del tiempo. Esto plantea la posibilidad de utilizar técnicas como el biomagnetismo cuántico para tratar no solo a una persona en el presente, sino también afectar el pasado y, por lo tanto, mejorar el presente y el futuro.

El biomagnetismo cuántico es una técnica que utiliza campos magnéticos y otras herramientas cuánticas para tratar una amplia variedad de afecciones físicas y mentales. Se ha demostrado que es efectiva en el tratamiento del dolor crónico, la depresión y la ansiedad, entre otras condiciones. Al utilizar el biomagnetismo cuántico para alterar acontecimientos pasados, se puede buscar modificar la línea del tiempo y mejorar el presente y el futuro de una persona.

Esta idea de utilizar el biomagnetismo cuántico para alterar el pasado y modificar la línea del tiempo puede parecer sorprendente o incluso escéptica para algunos. Sin embargo, hay ciertas teorías y prácticas que apoyan esta idea. Por ejemplo, algunos creen que el tiempo no es una línea recta y que es posible viajar a través de él y alterar eventos pasados. Además, hay evidencia de que el pensamiento y la intención pueden tener un impacto en el mundo cuántico y, por lo tanto, en el tiempo y el espacio.

Además, el biomagnetismo cuántico puede ser una opción segura y efectiva para alterar el pasado y modificar la línea del tiempo debido a que no involucra el uso de medicamentos o cirugía invasiva. Esto hace que sea una opción atractiva para aquellos que buscan un enfoque más natural y menos invasivo para mejorar su salud y su vida.

Por razón de, la intención curativa puede tener un impacto en el pasado y, por lo tanto, el biomagnetismo cuántico se puede utilizar para alterar acontecimientos pasados y modificar la línea del tiempo. Aunque esta idea puede parecer sorprendente, hay ciertas teorías y prácticas que apoyan su efectividad y el biomagnetismo cuántico.

102. La intensión de sanar en la terapia magnética transgeneracional, puede funcionar igual de bien hacia el pasado y hacia el futuro, incidiendo en las líneas del tiempo.

La intensión de sanar es una fuerza poderosa que puede tener un gran impacto en nuestras vidas y en el mundo a nuestro alrededor. En la terapia magnética transgeneracional, se puede utilizar esta intención para tratar no solo a una persona en el presente, sino también afectar el pasado y el futuro. Según algunas teorías, la intensión de sanar puede funcionar igual de bien hacia el pasado y hacia el futuro, incidiendo en las líneas del tiempo.

La terapia magnética transgeneracional es una técnica que utiliza campos magnéticos para tratar una amplia variedad de afecciones físicas y mentales. Se ha demostrado que es efectiva en el tratamiento del dolor crónico, la depresión y la ansiedad, entre otras condiciones. Al utilizar la terapia magnética transgeneracional con la intensión de sanar, se puede buscar afectar tanto el pasado como el futuro y, por lo tanto, mejorar el presente y el bienestar de una persona de manera más amplia.

Esta idea de utilizar la terapia magnética transgeneracional con la intensión de sanar para afectar el pasado y el futuro puede parecer sorprendente o incluso escéptica para algunos. Sin embargo, hay ciertas teorías y prácticas que apoyan esta idea. Por ejemplo, algunos creen que el tiempo no es una línea recta y que es posible viajar a través de él y alterar eventos pasados y futuros. Además, hay evidencia de que el pensamiento y la intención pueden tener un impacto en el mundo cuántico y, por lo tanto, en el tiempo y el espacio.

Además, la terapia magnética transgeneracional puede ser una opción segura y efectiva para afectar el pasado y el futuro debido a que no involucra el uso de medicamentos o cirugía invasiva. Esto hace que sea una opción atractiva para aquellos que buscan un enfoque más natural y menos invasivo para mejorar su salud y su vida.

La intensión de sanar es una fuerza poderosa que puede tener un gran impacto en nuestras vidas y en el mundo a nuestro alrededor. Según algunas teorías, la intensión de sanar puede incluso incidir en las líneas del tiempo y tener un efecto tanto en el pasado como en el futuro. Esto plantea la posibilidad de utilizar la terapia magnética transgeneracional para tratar no solo a una persona en el presente, sino también afectar tanto el pasado como el futuro y, por lo tanto, mejorar la salud a lo largo del tiempo.

La terapia magnética transgeneracional es una técnica que utiliza campos magnéticos para tratar afecciones físicas y mentales que pueden ser transmitidas de generación en generación. Se ha demostrado que es efectiva en el tratamiento de problemas de salud mentales y físicos que pueden ser heredados, como la depresión y ciertas enfermedades genéticas. Al utilizar la terapia magnética transgeneracional para tratar a una persona en el presente y afectar tanto el pasado como el futuro, se puede buscar mejorar la salud a lo largo del tiempo y, por lo tanto, mejorar el bienestar de una persona en el presente.

Esta idea de utilizar la terapia magnética transgeneracional para afectar tanto el pasado como el futuro y mejorar la salud a lo largo del tiempo puede parecer sorprendente o incluso escéptica para algunos. Sin embargo, hay ciertas teorías y prácticas que apoyan esta idea. Por ejemplo, algunos creen que las experiencias de vidas pasadas pueden dejar una huella en nuestra vida presente y contribuir a ciertos problemas de salud o patrones de comportamiento. Tratar estos problemas a través de la terapia magnética transgeneracional podría tener un impacto positivo en la vida actual de una persona y en la salud de sus futuras generaciones.

Además, la terapia magnética transgeneracional puede ser una opción segura y efectiva para afectar tanto el pasado como el futuro y mejorar la salud a lo largo del tiempo debido a que no involucra el uso de medicamentos o cirugía invasiva. Esto hace que sea una opción atractiva para aquellos que buscan un enfoque más natural y menos invasivo para mejorar su salud y la de sus futuras generaciones.

Ya que, la intensión de sanar en la terapia magnética transgeneracional puede funcionar igual de bien hacia el pasado y hacia el futuro, incidiendo en las líneas del tiempo. Aunque esta idea puede parecer sorprendente, hay ciertas teorías y prácticas que apoyan su efectividad y la terapia magnética transgeneracional es una opción segura y efectiva para tratar esta

La intensión de sanar es una fuerza poderosa que puede tener un gran impacto en nuestras vidas y en el mundo a nuestro alrededor. Según algunas teorías, la intensión de sanar puede incluso funcionar tanto hacia el pasado como hacia el futuro, incidiendo en las líneas del tiempo. Esto plantea la posibilidad de utilizar técnicas como la terapia magnética transgeneracional para tratar no solo a una persona en el presente, sino también afectar el pasado y el futuro y, por lo tanto, mejorar la salud y el bienestar a lo largo del tiempo.

La terapia magnética transgeneracional es una técnica que utiliza campos magnéticos para tratar problemas de salud y comportamiento que se han transmitido de generación en generación. Se ha demostrado que es efectiva en el tratamiento de problemas emocionales y de salud física que tienen su origen en experiencias pasadas y que han sido transmitidas a través de la familia. Al utilizar la terapia magnética transgeneracional con la intensión de sanar, se puede buscar afectar tanto el pasado como el futuro y, por lo tanto, mejorar la salud y el bienestar de una persona a lo largo del tiempo.

Esta idea de utilizar la terapia magnética transgeneracional para afectar el pasado y el futuro y modificar las líneas del tiempo puede parecer sorprendente o incluso escéptica para algunos. Sin embargo, hay ciertas teorías y prácticas que apoyan esta idea. Por ejemplo, algunos creen que las experiencias de vidas pasadas y futuras pueden dejar una huella en nuestra vida presente y contribuir a ciertos problemas de salud o patrones de comportamiento. Tratar estos problemas a través de la terapia magnética transgeneracional con la intensión de sanar podría tener un impacto positivo en la vida actual de una persona y en su futuro.

Además, la terapia magnética transgeneracional puede ser una opción segura y efectiva para afectar el pasado y el futuro y modificar las líneas del tiempo debido a que no involucra el uso de medicamentos o cirugía invasiva. Esto hace que sea una opción atractiva para aquellos que buscan un enfoque más natural y menos invasivo para mejorar su salud y su vida.

Puesto que, la intensión de sanar en la terapia magnética transgeneracional puede funcionar tanto hacia el pasado como en el presente o en dimensiones paralelas.

103. Los efectos magnéticos de los imanes en el desplazamiento temporal hacen que en su transmisión trascienda el tiempo y espacio, con la misma efectividad que la terapia a distancia en el tiempo presente, esto implica que podemos movernos al pasado para sanar nuestro árbol genealógico de enfermedades orgánicas, mentales y emocionales e incluso energéticas espirituales.

Los efectos magnéticos de los imanes son un fenómeno conocido desde hace siglos y han sido utilizados en diversas aplicaciones médicas y tecnológicas. Sin embargo, algunos investigadores han sugerido que los efectos magnéticos de los imanes también pueden tener un impacto en el desplazamiento temporal y, por lo tanto, en la trasmisión trascendental del tiempo y el espacio. Esto implica que podemos utilizar los imanes para movernos al pasado y sanar nuestro árbol genealógico de enfermedades orgánicas, mentales y emocionales e incluso energéticas espirituales.

La terapia a distancia en el tiempo presente es una técnica que utiliza la intención y la energía para tratar a una persona a distancia en el tiempo presente. Se ha demostrado que es efectiva en el tratamiento de una amplia variedad de afecciones y problemas de salud. Al utilizar los efectos magnéticos de los imanes para movernos al pasado y tratar a nuestro árbol genealógico, podemos buscar tener la misma efectividad que la terapia a distancia en el tiempo presente.

Esta idea de utilizar los efectos magnéticos de los imanes para movernos al pasado y tratar a nuestro árbol genealógico puede parecer sorprendente o incluso escéptica para algunos. Sin embargo, hay ciertas teorías y prácticas que apoyan esta idea. Por ejemplo, algunos creen que el tiempo no es una línea recta y que es posible viajar a través de él y alterar eventos pasados. Además, hay evidencia de que los campos magnéticos pueden tener un impacto en el cerebro y el cuerpo y, por lo tanto, en la salud y el bienestar de una persona.

Además, utilizar los efectos magnéticos de los imanes para movernos al pasado y tratar a nuestro árbol genealógico puede ser una opción segura y efectiva debido a que no involucra el uso de medicamentos o cirugía invasiva. Esto hace que sea una opción atractiva para aquellos que buscan un enfoque más natural y menos invasivo para mejorar su salud y su vida.

Gracias a, los efectos magnéticos de los imanes en el desplazamiento temporal hacen que en su transmisión trascienda el tiempo y el espacio, con la misma efectividad que la terapia a distancia en el tiempo presente. Esto implica que podemos utiliza

Los efectos magnéticos de los imanes son un fenómeno conocido desde hace siglos y han sido utilizados en diversas aplicaciones médicas y tecnológicas. Sin embargo, algunos investigadores han sugerido que los efectos magnéticos de los imanes también pueden tener un impacto en el desplazamiento temporal y, por lo tanto, en la trasmisión trascendental del tiempo y el espacio. Esto implica que podemos utilizar los imanes para movernos al pasado y sanar nuestro árbol genealógico de enfermedades orgánicas, mentales y emocionales e incluso energéticas espirituales.

La terapia a distancia en el tiempo presente es una técnica que utiliza la intención y la energía para tratar a una persona a distancia en el tiempo presente. Se ha demostrado que es efectiva en el tratamiento de una amplia variedad de afecciones y problemas de salud. Al utilizar los efectos magnéticos de los imanes para movernos al pasado y tratar a nuestro árbol genealógico, podemos buscar tener la misma efectividad que la terapia a distancia en el tiempo presente.

Esta idea de utilizar los efectos magnéticos de los imanes para movernos al pasado y tratar a nuestro árbol genealógico puede parecer sorprendente o incluso escéptica para algunos. Sin embargo, hay ciertas teorías y prácticas que apoyan esta idea. Por ejemplo, algunos creen que el tiempo no es una línea recta y que es posible viajar a través de él y alterar eventos pasados. Además, hay evidencia de que los campos magnéticos pueden tener un impacto en el cerebro y el cuerpo y, por lo tanto, en la salud y el bienestar de una persona.

Además, utilizar los efectos magnéticos de los imanes para movernos al pasado y tratar a nuestro árbol genealógico puede ser una opción segura y efectiva debido a que no involucra el uso de medicamentos o cirugía invasiva. Esto hace que sea una opción atractiva para aquellos que buscan un enfoque más natural y menos invasivo para mejorar su salud y su vida.

Gracias que, los efectos magnéticos de los imanes en el desplazamiento temporal hacen que en su transmisión trascienda el tiempo y el espacio, con la misma efectividad que la terapia a distancia en el tiempo presente. Esto implica que podemos utilizar los efectos magnéticos inter dimensionalmente o atemporalmente.

104. La transmisión de magnetismo al tiempo pasado o a antepasados o a encarnaciones pasadas del paciente, no cambian su pasado, influyen sobre el pasado, cuando estaban sucediendo una enfermedad modificando la línea de tiempo y sus resultados en el presente, desprogramando la información negativa de la enfermedad que trascendió en el tiempo.

La transmisión de magnetismo a tiempos pasados, antepasados o encarnaciones pasadas del paciente es una técnica que utiliza campos magnéticos para tratar problemas de salud y comportamiento que se han transmitido de generación en generación. Aunque esta técnica puede parecer sorprendente o incluso escéptica para algunos, hay ciertas teorías y prácticas que apoyan su efectividad.

Es importante tener en cuenta que la transmisión de magnetismo al tiempo pasado no cambia el pasado de una persona. En lugar de eso, influye sobre el pasado cuando estaba sucediendo una enfermedad, modificando la línea de tiempo y sus resultados en el presente. Esto se logra desprogramando la información negativa de la enfermedad que trascendió en el tiempo.

Esta técnica puede ser especialmente útil en el tratamiento de problemas de salud y comportamiento que tienen su origen en experiencias pasadas y que han sido transmitidas a través de la familia. Al utilizar la transmisión de magnetismo al tiempo pasado, se puede buscar afectar tanto el pasado como el futuro y, por lo tanto, mejorar la salud y el bienestar de una persona a lo largo del tiempo.

Además, la transmisión de magnetismo al tiempo pasado puede ser una opción segura y efectiva debido a que no involucra el uso de medicamentos o cirugía invasiva. Esto hace que sea una opción atractiva para aquellos que buscan un enfoque más natural y menos invasivo para mejorar su salud y su vida.

Por culpa que, la transmisión de magnetismo al tiempo pasado es una técnica que utiliza campos magnéticos para tratar problemas de salud y comportamiento que se han transmitido de generación en generación. Aunque esta técnica no cambia el pasado de una persona, influye sobre el pasado cuando estaba sucediendo una enfermedad, modificando la línea de tiempo y sus resultados en el presente. Al utilizar la transmisión de magnetismo al tiempo pasado, se puede buscar afectar tanto el pasado como el futuro y, por lo tanto, mejorar la salud y el bienestar de una persona a lo largo del tiempo. Además, es una opción segura y efectiva debido a que no involucra el uso de medicamentos o cirugía invasiva.

105. La curación del biomagnetismo cuántico retroactiva o a antepasados o encarnaciones pasadas del paciente, hace que la intención de terapeuta retroceda en el tiempo, para alterar lo ya ocurrido.

La curación del biomagnetismo cuántico retroactiva a antepasados o encarnaciones pasadas del paciente es una técnica que utiliza campos magnéticos y la intención del terapeuta para tratar problemas de salud y comportamiento que tienen su origen en experiencias pasadas y que han sido transmitidas a través de la familia. Esta técnica es conocida como retroactiva porque permite al terapeuta retroceder en el tiempo y alterar lo ya ocurrido.

Es importante tener en cuenta que la curación del biomagnetismo cuántico retroactiva no cambia el pasado de una persona. En lugar de eso, permite al terapeuta alterar el curso de eventos pasados que hayan contribuido a problemas de salud y comportamiento en el presente. Esto se logra a través del uso de campos magnéticos y la intención del terapeuta, que retroceden en el tiempo y modifican la línea de tiempo.

Esta técnica puede ser especialmente útil en el tratamiento de problemas de salud y comportamiento que tienen su origen en experiencias pasadas y que han sido transmitidas a través de la familia. Al utilizar la curación del biomagnetismo cuántico retroactiva, se puede buscar afectar tanto el pasado como el futuro y, por lo tanto, mejorar la salud y el bienestar de una persona a lo largo del tiempo.

Además, la curación del biomagnetismo cuántico retroactiva puede ser una opción segura y efectiva debido a que no involucra el uso de medicamentos o cirugía invasiva. Esto hace que sea una opción atractiva para aquellos que buscan un enfoque más natural y menos invasivo para mejorar su salud y su vida.

Pues, la curación del biomagnetismo cuántico retroactiva a antepasados o encarnaciones pasadas del paciente es una técnica que utiliza campos magnéticos y la intención del terapeuta para tratar problemas de salud y comportamiento que tienen su origen en experiencias pasadas y que han sido transmitidas a través de la familia. Esta técnica permite al terapeuta retroceder en el tiempo y alterar lo ya ocurrido, buscando afectar tanto el pasado como el futuro y mejorar la salud y el bienestar de una persona a lo largo del tiempo. Además, es una opción segura y efectiva debido a que no involucra el uso de medicamentos o cirugía invasiva.

106. La terapia magnética retroactiva del Biomagnetismo cuántico hace posible rescribir reacciones fisiológicas, emocionales, mentales y espirituales, de los antepasados de un paciente con el fin de incidir en su herencia genética, karmica y patológica actual del paciente.

La terapia magnética retroactiva del biomagnetismo cuántico es una técnica que utiliza campos magnéticos y la intención del terapeuta para tratar problemas de salud y comportamiento que tienen su origen en experiencias pasadas y que han sido transmitidas a través de la familia. Esta técnica es conocida como retroactiva porque permite al terapeuta retroceder en el tiempo y alterar lo ya ocurrido.

La terapia magnética retroactiva hace posible rescribir reacciones fisiológicas, emocionales, mentales y espirituales de los antepasados de un paciente con el fin de incidir en su herencia genética y kármica patológica actual. Esto se logra a través del uso de campos magnéticos y la intención del terapeuta, que retroceden en el tiempo y modifican la línea de tiempo.

Esta técnica puede ser especialmente útil en el tratamiento de problemas de salud y comportamiento que tienen su origen en experiencias pasadas y que han sido transmitidas a través de la familia. Al utilizar la terapia magnética retroactiva, se puede buscar afectar tanto el pasado como el futuro y, por lo tanto, mejorar la salud y el bienestar de una persona a lo largo del tiempo.

La terapia magnética retroactiva del biomagnetismo cuántico es una técnica que utiliza campos magnéticos y la intención del terapeuta para tratar problemas de salud y comportamiento que tienen su origen en experiencias pasadas y que han sido transmitidas a través de la familia. Esta técnica es conocida como retroactiva porque permite al terapeuta retroceder en el tiempo y alterar lo ya ocurrido, buscando afectar tanto el pasado como el futuro y mejorar la salud y el bienestar de una persona a lo largo del tiempo.

Una de las ventajas de la terapia magnética retroactiva es que hace posible rescribir reacciones fisiológicas, emocionales, mentales y espirituales de los antepasados de un paciente. Esto significa que se pueden modificar los patrones de pensamiento y comportamiento que hayan sido transmitidos de generación en generación y que estén contribuyendo a problemas de salud y comportamiento en el presente. Al hacer esto, se puede incidir en la herencia genética y kármica patológica actual del paciente y, por lo tanto, mejorar su salud y bienestar.

La terapia magnética retroactiva del biomagnetismo cuántico es una técnica que utiliza campos magnéticos y la intención del terapeuta para tratar problemas de salud y comportamiento que tienen su origen en experiencias pasadas y que han sido transmitidas a través de la familia. Esta técnica es conocida como retroactiva porque permite al terapeuta retroceder en el tiempo y alterar lo ya ocurrido.

La terapia magnética retroactiva hace posible rescribir reacciones fisiológicas, emocionales, mentales y espirituales de los antepasados de un paciente con el fin de incidir en su herencia genética y kármica patológica actual. Esto se logra a través del uso de campos magnéticos y la intención del terapeuta, que retroceden en el tiempo y modifican la línea de tiempo.

Esta técnica puede ser especialmente útil en el tratamiento de problemas de salud y comportamiento que tienen su origen en experiencias pasadas y que han sido transmitidas a través de la familia. Al utilizar la terapia magnética retroactiva, se puede buscar afectar tanto el pasado como el futuro y, por lo tanto, mejorar la salud y el bienestar de una persona a lo largo del tiempo.

107. la terapia magnética es capaz de retroceder en el tiempo para influir en acontecimientos pasados y en la respuesta emocional, mental y físicas que se dieron en el momento original en que sucedieron, sobre todo para descodificar bio-shocks emocionales.

La terapia magnética es una técnica que utiliza campos magnéticos y la intención del terapeuta para tratar problemas de salud y comportamiento. Una de las ventajas de esta técnica es que es capaz de retroceder en el tiempo e influir en acontecimientos pasados y en la respuesta emocional, mental y física que se dieron en el momento original en que sucedieron. Esto es especialmente útil en el tratamiento de bioshocks emocionales, que son experiencias traumáticas o estresantes que pueden tener un impacto negativo en la salud y el bienestar a lo largo del tiempo.

La terapia magnética utiliza campos magnéticos y la intención del terapeuta para modificar la línea de tiempo y alterar el curso de eventos pasados que hayan contribuido a problemas de salud y comportamiento en el presente. Esto se logra a través del uso de imanes y otros dispositivos que emiten campos magnéticos y la intención del terapeuta, que retroceden en el tiempo y

La terapia magnética es una técnica que utiliza campos magnéticos y la intención del terapeuta para tratar problemas de salud y comportamiento. Una de las características más interesantes de esta técnica es su capacidad para retroceder en el tiempo e influir en acontecimientos pasados y en la respuesta emocional, mental y física que se dieron en el momento original en que sucedieron. Esto puede ser especialmente útil para descodificar bioshocks emocionales, que son experiencias traumáticas o estresantes que pueden tener un impacto negativo en la salud y el bienestar a largo plazo.

La terapia magnética utiliza campos magnéticos para alterar la respuesta emocional, mental y física a eventos pasados. Esto se logra a través del uso de imanes de mediana intensidad para equilibrar el pH orgánico y la intención del terapeuta, que retroceden en el tiempo y modifican la línea de tiempo. Esta técnica puede ser especialmente útil en el tratamiento de problemas de salud.

La terapia magnética es una técnica que ha ganado cada vez más popularidad en el campo de la salud mental y el bienestar emocional. Esta terapia utiliza campos magnéticos pulsantes para influir en el cerebro y el sistema nervioso, y se ha demostrado que es efectiva en el tratamiento de trastornos mentales y emocionales, así como en la mejora del rendimiento cognitivo y el bienestar general.

Una de las principales ventajas de la terapia magnética es su capacidad de retroceder en el tiempo e influir en acontecimientos pasados y en la respuesta emocional, mental y física que se dieron en el momento original en que sucedieron. Esto es especialmente útil en el tratamiento de "bioshocks emocionales", que son experiencias traumáticas o estresantes que han dejado un impacto profundo en la mente y el cuerpo de una persona.

A través de la terapia magnética, es posible "descodificar" estos bioshocks emocionales y liberar la tensión y el estrés acumulados en el cuerpo y la mente. Esto puede ayudar a aliviar síntomas como la ansiedad, la depresión y el insomnio, y puede también mejorar el rendimiento cognitivo y la capacidad de manejar situaciones estresantes de manera más efectiva.

Además, la terapia magnética es considerada segura y no invasiva, ya que no utiliza medicamentos ni cirugía. Esto la convierte en una opción atractiva para aquellas personas que desean evitar los efectos secundarios de los medicamentos y que buscan un enfoque más natural y holístico para el tratamiento de sus trastornos mentales y emocionales.

Así pues, la terapia magnética es una técnica efectiva y segura para el tratamiento de trastornos mentales y emocionales, y su capacidad de retroceder en el tiempo e influir en acontecimientos pasados la convierte en una opción valiosa para aquellas personas que han sufrido bioshocks emocionales y buscan alivio y mejora en su bienestar mental y emocional.

108. La información del universo está a neustro alcance en todo momento, pues el tiempo en realidad es un presente extendido al infinito.

El universo es un lugar fascinante y misterioso, y durante siglos, los seres humanos han intentado comprenderlo y descubrir sus secretos. Una de las ideas más interesantes y controvertidas es la de que la información del universo está a nuestro alcance en todo momento, y que el tiempo es en realidad un presente extendido al infinito.

Esta idea se basa en la teoría del monismo temporal, que sostiene que el tiempo no es una secuencia lineal de eventos, sino más bien una dimensión más de nuestro universo. Según esta teoría, todos los eventos del pasado, presente y futuro existen simultáneamente en el mismo punto de tiempo, y podemos acceder a ellos a través de nuestra conciencia y de nuestra percepción del tiempo.

Si esta teoría es cierta, entonces la información del universo estaría siempre a nuestro alcance, y podríamos acceder a ella simplemente cambiando nuestra perspectiva y nuestra forma de percibir el tiempo. Esto podría tener importantes implicaciones en el campo de la salud y el bienestar, ya que podríamos utilizar esta información para mejorar nuestra calidad de vida y para comprender mejor nuestro propio ser y nuestro lugar en el universo.

Una de las principales ventajas de la terapia magnética es su capacidad de retroceder en el tiempo y de influir en acontecimientos pasados y en la respuesta emocional, mental y física que se dieron en el momento original en que sucedieron. Si la teoría del monismo temporal es cierta, entonces esto significaría que podríamos utilizar la terapia magnética para acceder a información del pasado y para influir en el presente y el futuro.

Del mismo modo que, la idea de que la información del universo está a nuestro alcance en todo momento y que el tiempo es en realidad un presente extendido al infinito es una teoría fascinante y controvertida. Si esta teoría es cierta, entonces podríamos utilizar la terapia magnética para acceder a información del pasado y para influir en el presente y el futuro, lo que podría tener importantes implicaciones en el campo de la salud y el bienestar.

109. No hay tiempo secuencial, pues la energía a nivel cuántico no tiene tiempo ni espacio, sino es un continuum de cargas fluctuantes.

La teoría cuántica ha revolucionado la manera en que entendemos el universo y ha puesto en cuestión muchas de las creencias tradicionales sobre el tiempo y el espacio. Según esta teoría, la energía a nivel cuántico no tiene tiempo ni espacio, sino que es un continuum de cargas fluctuantes que no están sujetas a las leyes del tiempo y del espacio.

Esto significa que, a nivel cuántico, el tiempo no es secuencial y no se mueve de forma lineal hacia el futuro. En su lugar, todos los eventos del pasado, presente y futuro existen simultáneamente en el mismo punto de tiempo, y podemos acceder a ellos a través de nuestra conciencia y de nuestra percepción del tiempo.

Esta teoría tiene importantes implicaciones en el campo de la terapia, especialmente en la terapia magnética. Como se mencionó anteriormente, la terapia magnética utiliza campos magnéticos pulsantes para influir en el cerebro y el sistema nervioso, y se ha demostrado que es efectiva en el tratamiento de trastornos mentales y emocionales, así como en la mejora del rendimiento cognitivo y el bienestar general.

Si la teoría cuántica es cierta y el tiempo no es secuencial, entonces esto significaría que el terapeuta podría utilizar la terapia magnética para vencer el tiempo y el espacio y acceder a eventos del pasado y del futuro. Esto podría ser especialmente útil en el tratamiento de "bioshocks emocionales", que son experiencias traumáticas o estresantes que han dejado un impacto profundo en la mente y el cuerpo de una persona.

En última instancia, la teoría cuántica ha revolucionado la manera en que entendemos el tiempo y el espacio, y sugiere que el tiempo no es secuencial y que todos los eventos del pasado, presente y futuro existen simultáneamente en el mismo punto de tiempo. Esto tiene importantes implicaciones en el campo de la terapia, especialmente en la terapia magnética, que podría utilizarse para vencer el tiempo y el espacio y acceder a eventos del pasado y del futuro.

110. El tiempo y el espacio es un concepto humano, es producto del efecto observador de terapeuta de biomagnetismo cuántico, al crear el tiempo y el espacio creamos la separación y nuestro propio tiempo, con todo en materia de sanación podemos incidir al pasado con nuestra terapia a los antepasados por medio del consultante actual.

El tiempo y el espacio son conceptos fundamentales en nuestra comprensión del universo y de nuestra propia existencia, pero ¿son realmente objetivos y universales, o son más bien producto de nuestra propia percepción y nuestro efecto observador? Según algunas teorías, el tiempo y el espacio podrían ser en realidad conceptos humanos, creados por nuestro propio efecto observador y nuestra forma de percibir el universo.

Una de estas teorías es el biomagnetismo cuántico, que sostiene que el tiempo y el espacio son en realidad una ilusión creada por nuestra conciencia y nuestra percepción del universo. Según esta teoría, el universo en sí mismo no está sujeto a las leyes del tiempo y del espacio, sino que es una dimensión más compleja y misteriosa que nuestra mente no puede comprender completamente.

El biomagnetismo cuántico también sugiere que nuestra conciencia tiene un papel fundamental en la creación del tiempo y del espacio, y que al observar el universo y crear el tiempo y el espacio, también creamos la separación y nuestro propio tiempo. Esto podría tener importantes implicaciones en el campo de la terapia y la sanación, ya que podríamos utilizar nuestra conciencia y nuestra percepción del tiempo para incidir en el pasado y en la respuesta emocional, mental y física de nuestros pacientes.

En el caso de la terapia de biomagnetismo cuántico, esto podría significar que podríamos utilizar esta terapia para incidir en el pasado de los antepasados del consultante actual y para sanar cualquier trauma o dolor emocional que puedan haber experimentado. Esto podría ayudar a liberar la tensión y el estrés acumulados en el cuerpo y la mente de nuestros pacientes y podría también mejorar su rendimiento cognitivo y su capacidad de manejar situaciones estresantes de manera más efectiva.

Es decir, el tiempo y el espacio son conceptos fundamentales en nuestra comprensión del universo, pero podrían ser en realidad producto de nuestro propio efecto observador y de nuestra percepción del universo. Esto podría tener importantes implicaciones en el campo de la terapia y la sanación, y podríamos utilizar la terapia de biomagnetismo cuántico para incidir en el pasado y sanar a los antepasados del consultante actual.

111. Las acciones, elecciones y posibilidades futuras ayudan a crear nuestro presente, lo mismo que nuestras acciones presentes cuánticamente podemos modificar nuestro pasado a través de la terapia magnética del biomagnetismo cuántico.

Nuestras acciones, elecciones y posibilidades futuras tienen un impacto profundo en nuestro presente y en nuestro futuro, y nos dan la oportunidad de crear nuestro propio destino y de moldear nuestra realidad. Pero ¿podríamos también utilizar nuestras acciones presentes para modificar nuestro pasado y cambiar el curso de nuestra historia personal y colectiva? Según algunas teorías, podría ser posible hacerlo a través de la terapia magnética del biomagnetismo cuántico.

El biomagnetismo cuántico es una teoría que sostiene que el universo no está sujeto a las leyes del tiempo y del espacio, sino que es una dimensión más compleja y misteriosa que nuestra mente no puede comprender completamente. Según esta teoría, el tiempo y el espacio son en realidad una ilusión creada por nuestra conciencia y nuestra percepción del universo, y podríamos utilizar nuestra conciencia para incidir en el pasado y cambiar el curso de nuestra historia.

La terapia magnética del biomagnetismo cuántico utiliza campos magnéticos pulsantes para influir en el cerebro y el sistema nervioso, y se ha demostrado que es efectiva en el tratamiento de trastornos mentales y emocionales, así como en la mejora del rendimiento cognitivo y el bienestar general. Si la teoría del biomagnetismo cuántico es cierta, entonces esto significaría que podríamos utilizar esta terapia para modificar nuestro pasado cuántico y cambiar el curso de nuestra historia personal y colectiva.

Al final, nuestras acciones, elecciones y posibilidades futuras ayudan a crear nuestro presente y a moldear nuestro futuro, pero podríamos también utilizar nuestras acciones presentes para modificar nuestro pasado y cambiar el curso de nuestra historia personal y colectiva. Según la teoría del biomagnetismo cuántico, esto podría ser posible a través de la terapia magnética del biomagnetismo cuántico, que utiliza campos magnéticos pulsantes para influir en el cerebro y el sistema nervioso.

112. El futuro influye en el pasado, así la causa y efecto influye hacia atrás o el pasado, pero también hacia adelante o el futuro, esta cualidad puede ser usada en terapias transgeneracionales del biomagnetismo cuántico para sanar o resetear información que se traducen en enfermedades físicas, emocionales, mentales y energético espirituales del consultante.

El tiempo es un concepto complejo y misterioso, y durante siglos, los seres humanos han intentado comprenderlo y descubrir sus secretos. Una de las ideas más interesantes y controvertidas es la de que el futuro puede influir en el pasado, y que la causa y el efecto no son necesariamente lineales sino que pueden fluir tanto hacia atrás como hacia adelante.

Esta idea se basa en la teoría del monismo temporal, que sostiene que el tiempo no es una secuencia lineal de eventos, sino más bien una dimensión más de nuestro universo. Según esta teoría, todos los eventos del pasado, presente y futuro existen simultáneamente en el mismo punto de tiempo, y podemos acceder a ellos a través de nuestra conciencia y de nuestra percepción del tiempo.

Si esta teoría es cierta, entonces el futuro podría influir en el pasado, y podríamos utilizar esta cualidad en terapias transgeneracionales para sanar o resetear información que se traduce en enfermedades físicas, emocionales, mentales y espirituales del consultante. Una de estas terapias es el biomagnetismo cuántico, que utiliza campos magnéticos pulsantes para influir en el cerebro y el sistema nervioso y que se ha demostrado que es efectiva en el tratamiento de trastornos mentales y emocionales, así como en la mejora del rendimiento cognitivo y el bienestar general.

En otros términos, la teoría del monismo temporal sugiere que el futuro puede influir en el pasado y que la causa y el efecto no son necesariamente lineales. Esta cualidad podría utilizarse en terapias transgeneracionales como el biomagnetismo cuántico, para tratar a nuestros antepasados y nuestras encarnaciones en otro tiempo-espacio o dimensiones.

El futuro es un concepto que siempre ha fascinado a la humanidad. Desde tiempos inmemoriales, hemos buscado formas de predecir el futuro y prepararnos para lo que vendrá. Sin embargo, lo que muchas personas no se dan cuenta es que el futuro puede tener un impacto profundo en el pasado.

Esta idea se basa en el principio de causa y efecto, que afirma que todo suceso tiene una causa que lo precede y un efecto que lo sigue. De acuerdo a esta teoría, el pasado es la causa de lo que ocurre en el presente, mientras que el futuro es el resultado de lo que ocurre en el presente.

Pero esto no significa que el futuro sea una consecuencia inevitable del pasado. En cambio, el futuro puede ser influenciado por nuestras acciones y decisiones presentes. De esta manera, podemos ver cómo el futuro influye en el pasado y cómo nuestras acciones presentes pueden tener un impacto en nuestro futuro.

Esta cualidad del tiempo puede ser utilizada en terapias transgeneracionales como el biomagnetismo cuántico, que buscan sanar o resetear la información que se traduce en enfermedades físicas, emocionales, mentales y espirituales del consultante. Al trabajar con el tiempo de esta manera, se pueden hacer cambios en el presente que pueden tener un efecto beneficioso en el pasado y el futuro.

Digo, el futuro influye en el pasado y el pasado influye en el futuro. Aunque el tiempo puede parecer una línea recta, en realidad es una espiral dinámica que se mueve en ambas direcciones. Al comprender cómo funciona el tiempo, podemos tomar decisiones más informadas en el presente y trabajar hacia un futuro más saludable y feliz.

113. Cada acción que realizamos y cada pensamiento que tenemos en el presente alteran neustro pasado, pues un pensamiento deliberado para transformar el presente puede influir sobre nuestro pasado, modificando así nuestras líneas de tiempo y el biomagnetismo cuántico usa como vehículo de acción nuestras intenciones, en forma de pensamientos para incidir en el pasado patológico del consultante.

Nuestras acciones y pensamientos en el presente tienen un impacto profundo en nuestro pasado y en nuestro futuro. Cada acción que realizamos y cada pensamiento que tenemos alteran nuestro pasado de alguna manera, ya que estos sucesos tienen una cadena de causas y efectos que se extienden a través del tiempo.

Por ejemplo, si tenemos un pensamiento deliberado de transformar nuestro presente, ese pensamiento puede influir en nuestro pasado y modificar nuestras líneas de tiempo. Esto es especialmente cierto en el caso del biomagnetismo cuántico, una terapia transgeneracional que utiliza nuestras intenciones en forma de pensamientos como vehículo para incidir en el pasado patológico del consultante.

El biomagnetismo cuántico se basa en la idea de que nuestras intenciones pueden tener un impacto en el tiempo y en la realidad. Al enfocarnos en una intención específica y dirigir nuestros pensamientos hacia ella, podemos cambiar la realidad de manera positiva. Esto se hace mediante el uso de campos magnéticos y otros métodos para modificar la información del pasado patológico del consultante y sanar enfermedades físicas, emocionales, mentales y espirituales.

Incluso, cada acción y pensamiento que tenemos en el presente altera nuestro pasado de alguna manera. Al comprender cómo funciona el tiempo y cómo nuestras intenciones pueden tener un impacto en él, podemos utilizar el biomagnetismo cuántico y otras terapias transgeneracionales para transformar nuestro presente y crear un futuro más saludable y feliz.

114. Los pensamientos o intenciones coherentes sintonizan y ordenan las frecuencias desordenadas de alrededor, así como la intensión del biomagnetista usando el efecto magnético, es como se equilibra la alteración del pH del cuerpo humano de nuestro consultante.

Los pensamientos y las intenciones coherentes tienen el poder de sintonizar y ordenar las frecuencias desordenadas que nos rodean. Esto es especialmente cierto en el caso del biomagnetismo cuántico, una terapia transgeneracional que utiliza el efecto magnético para equilibrar la alteración del pH del cuerpo humano del consultante.

El pH es una medida de la concentración de iones de hidrógeno en una solución y es esencial para mantener el equilibrio ácido-base en nuestro cuerpo. Un pH desequilibrado puede ser una de las causas de diversas enfermedades físicas, emocionales, mentales y espirituales.

El biomagnetismo cuántico utiliza el efecto magnético de nuestras intenciones y pensamientos coherentes para equilibrar el pH del cuerpo del consultante. Al enfocarnos en una intención específica y dirigir nuestros pensamientos hacia ella, podemos cambiar la realidad de manera positiva y equilibrar el pH del cuerpo.

En ultima instancia, los pensamientos y las intenciones coherentes tienen el poder de sintonizar y ordenar las frecuencias desordenadas que nos rodean. Al utilizar el biomagnetismo cuántico y el efecto magnético de nuestras intenciones, podemos equilibrar la alteración del pH del cuerpo y sanar enfermedades físicas, emocionales, mentales y espirituales.

115. La intensión aumenta y es condición necesaria para el orden del campo de punto cero, es decir, para sanar con el biomagnetismo cuántico.

La intensión es una condición necesaria para el orden del campo de punto cero y es esencial para el éxito del biomagnetismo cuántico, una terapia transgeneracional que busca sanar enfermedades físicas, emocionales, mentales y espirituales.

El campo de punto cero es un concepto de la física cuántica que se refiere al estado de orden más bajo posible de un sistema. Se dice que el campo de punto cero es el lugar donde todas las frecuencias y vibraciones están en armonía y en equilibrio.

La intención es la fuerza que impulsa nuestras acciones y decisiones y es esencial para el orden del campo de punto cero. Al enfocarnos en una intención específica y dirigir nuestros pensamientos hacia ella, podemos cambiar la realidad de manera positiva y alcanzar el estado de orden más bajo posible.

En el biomagnetismo cuántico, la intensión es una condición necesaria para sanar al consultante. Al enfocarnos en la intención de sanar y dirigir nuestros pensamientos hacia ella, podemos utilizar el efecto magnético de nuestras intenciones para equilibrar el pH del cuerpo y alcanzar el estado de orden más bajo posible, lo que nos permite sanar enfermedades físicas, emocionales, mentales y espirituales.

Para terminar, la intensión es una condición necesaria para el orden del campo de punto cero y es esencial para el éxito del biomagnetismo cuántico. Al enfocarnos en una intención específica y dirigir nuestros pensamientos hacia ella, podemos cambiar la realidad de manera positiva y alcanzar el estado de orden más bajo posible, lo que nos permite sanar enfermedades físicas, emocionales, mentales y espirituales.

116. Cada acto de percepción y sanación con el biomagnetismo cuántico, es un acto de emisión de intenciones.

Cada acto de percepción y sanación con el biomagnetismo cuántico es un acto de emisión de intenciones. Esto significa que al percibir y sanar a través del biomagnetismo cuántico, estamos enviando nuestras intenciones al universo y utilizando el efecto magnético de nuestras intenciones para cambiar la realidad de manera positiva.

El biomagnetismo cuántico es una terapia transgeneracional que utiliza el efecto magnético de nuestras intenciones para equilibrar el pH del cuerpo del consultante y sanar enfermedades físicas, emocionales, mentales y espirituales. Al enfocarnos en una intención específica y dirigir nuestros pensamientos hacia ella, podemos utilizar el efecto magnético de nuestras intenciones para cambiar la realidad de manera positiva.

La intención es la fuerza que impulsa nuestras acciones y decisiones y es esencial para el éxito del biomagnetismo cuántico. Al enfocarnos en una intención específica y dirigir nuestros pensamientos hacia ella, podemos cambiar la realidad de manera positiva y alcanzar el estado de orden más bajo posible, lo que nos permite sanar enfermedades físicas, emocionales, mentales y espirituales.

Como conclusión, cada acto de percepción y sanación con el biomagnetismo cuántico es un acto de emisión de intenciones. Al enfocarnos en una intención específica y dirigir nuestros pensamientos hacia ella, podemos utilizar el efecto magnético de nuestras intenciones para cambiar la realidad de manera positiva y alcanzar el estado de orden más bajo posible, lo que nos permite sanar enfermedades físicas, emocionales, mentales y espirituales.

117. La compresión de poder de la conciencia, nos llevara a conocernos mejor a nosotros mismos en toda nuestra complejidad, y a la hora de la terapia también comprender la complejidad del consultante y sus circunstancias que le llevaran a enfermar, para deshacer el camino y andar al de la salud.

La comprensión del poder de la conciencia nos llevará a conocernos mejor a nosotros mismos en toda nuestra complejidad. La conciencia es la capacidad de darnos cuenta de nuestras propias experiencias y de ser conscientes de nuestro entorno y de nosotros mismos. Es la base de nuestra percepción y de nuestra capacidad para pensar y sentir.

A medida que comprendemos más sobre el poder de la conciencia, podemos empezar a darnos cuenta de cómo nuestros pensamientos, emociones y acciones afectan nuestra realidad y nuestra experiencia de vida. Podemos empezar a entender cómo nuestra conciencia puede ser utilizada para cambiar nuestra realidad de manera positiva y para conocernos mejor a nosotros mismos en toda nuestra complejidad.

La comprensión del poder de la conciencia también nos ayuda a darnos cuenta de cómo nuestra conciencia está conectada con el universo y cómo nuestras intenciones pueden tener un impacto en el mundo que nos rodea. Al comprender cómo funciona la conciencia y cómo podemos usarla de manera consciente, podemos empezar a crear una vida más plena y significativa.

Al final de cuentas, la comprensión del poder de la conciencia nos llevará a conocernos mejor a nosotros mismos en toda nuestra complejidad. Al darnos cuenta de cómo nuestra conciencia puede ser utilizada para cambiar nuestra realidad de manera positiva y para entender cómo está conectada con el universo, podemos empezar a crear una vida más plena y significativa.

La comprensión del poder de la conciencia nos llevará a conocernos mejor a nosotros mismos en toda nuestra complejidad y también nos ayudará a comprender la complejidad del consultante y sus circunstancias en la terapia. Al darnos cuenta de cómo nuestra conciencia puede ser utilizada para cambiar nuestra realidad de manera positiva, podemos empezar a crear una vida más plena y significativa.

La conciencia es la base de nuestra percepción y de nuestra capacidad para pensar y sentir. Al comprender más sobre el poder de la conciencia, podemos empezar a darnos cuenta de cómo nuestros pensamientos, emociones y acciones afectan nuestra realidad y nuestra experiencia de vida. Esto nos ayudará a conocernos mejor a nosotros mismos en toda nuestra complejidad y a comprender cómo nuestra conciencia está conectada con el universo.

En la terapia, la comprensión de la complejidad del consultante y de sus circunstancias es esencial para deshacer el camino de la enfermedad y andar el de la salud. Al entender cómo nuestras emociones, pensamientos y acciones afectan nuestra salud, podemos tomar medidas para cambiar nuestra realidad de manera positiva y alcanzar un estado de equilibrio y bienestar.

Con todo, la comprensión del poder de la conciencia nos llevará a conocernos mejor a nosotros mismos en toda nuestra complejidad y a comprender la complejidad del consultante y sus circunstancias en la terapia. Al darnos cuenta de cómo nuestra conciencia puede ser utilizada para cambiar nuestra realidad de manera positiva y para entender cómo está conectada con el universo, podemos empezar a crear una vida más plena y significativa y a deshacer el camino de la enfermedad y andar el de la salud.

118. La intensión funciona mejor con objetivos acotados y modestos, esto es, debemos de ir desarmando el entramado patológico físico emocional, mental y energético espiritual del paciente, poco a poco, para ir deshilando el nudo georgiano patológico del consultante.

La intensión funciona mejor con objetivos acotados y modestos, es decir, debemos ir desarmando poco a poco el entramado patológico físico, emocional, mental y energético espiritual del paciente para ir deshilando el nudo georgiano patológico del consultante.

La intención es la fuerza que impulsa nuestras acciones y decisiones y es esencial para el éxito de cualquier terapia, incluyendo el biomagnetismo cuántico. Al enfocarnos en una intención específica y dirigir nuestros pensamientos hacia ella, podemos utilizar el efecto magnético de nuestras intenciones para cambiar la realidad de manera positiva y alcanzar el estado de orden más bajo posible, lo que nos permite sanar enfermedades físicas, emocionales, mentales y espirituales.

Sin embargo, es importante tener objetivos acotados y modestos al trabajar con la intensión. Esto significa que debemos ir desarmando poco a poco el entramado patológico del paciente en lugar de tratar de abordar todo de manera simultánea. Al ir deshilando poco a poco el nudo georgiano patológico del consultante, podemos ir progresando de manera sostenible y lograr resultados duraderos.

Es decir, la intensión funciona mejor con objetivos acotados y modestos. Al enfocarnos en una intención específica y dirigir nuestros pensamientos hacia ella, podemos utilizar el efecto magnético de nuestras intenciones para cambiar la realidad de manera positiva y alcanzar el estado de orden más bajo posible, lo que nos permite sanar enfermedades físicas, emocionales, mentales y espirituales. Al ir desarmando poco a

La intensión funciona mejor con objetivos acotados y modestos, es decir, debemos ir desarmando el entramado patológico físico, emocional, mental y energético espiritual del paciente poco a poco, para ir deshilando el nudo georgiano patológico del consultante. Esto es especialmente importante en el caso del biomagnetismo cuántico, una terapia transgeneracional que utiliza el efecto magnético de nuestras intenciones para equilibrar el pH del cuerpo y sanar enfermedades físicas, emocionales, mentales y espirituales.

La intención es la fuerza que impulsa nuestras acciones y decisiones y es esencial para el éxito del biomagnetismo cuántico. Al enfocarnos en una intención específica y dirigir nuestros pensamientos hacia ella, podemos utilizar el efecto magnético de nuestras intenciones para cambiar la realidad de manera positiva y alcanzar el estado de orden más bajo posible, lo que nos permite sanar enfermedades físicas, emocionales, mentales y espirituales.

Sin embargo, es importante tener objetivos acotados y modestos al utilizar la intensión para sanar con el biomagnetismo cuántico. Si nuestros objetivos son demasiado grandes o ambiciosos, podemos encontrar obstáculos o fracasar en nuestro intento de sanar. En cambio, si nuestros objetivos son acotados y modestos, podemos ir avanzando poco a poco y deshilando el nudo georgiano patológico del consultante de manera más efectiva.

Digo, la intensión funciona mejor con objetivos acotados y modestos al utilizar el biomagnetismo cuántico para sanar. Al enfocarnos en una intención

La intensión funciona mejor con objetivos acotados y modestos cuando se trata de deshacer el entramado patológico físico, emocional, mental y energético espiritual del paciente. Al enfocarnos en objetivos específicos y modestos, podemos ir deshaciendo el nudo georgiano patológico del consultante de manera más efectiva y sostenible.

El biomagnetismo cuántico es una terapia transgeneracional que utiliza el efecto magnético de nuestras intenciones para equilibrar el pH del cuerpo del consultante y sanar enfermedades físicas, emocionales, mentales y espirituales. Al enfocarnos en una intención específica y dirigir nuestros pensamientos hacia ella, podemos utilizar el efecto magnético de nuestras intenciones para cambiar la realidad de manera positiva.

Sin embargo, es importante tener en cuenta que el proceso de sanación no es lineal y que a menudo hay muchos factores involucrados en el entramado patológico del consultante. Por esta razón, es importante ir deshilando el nudo georgiano patológico poco a poco, en lugar de tratar de resolver todo de una vez. Al enfocarnos en objetivos acotados y modestos, podemos avanzar de manera sostenible y efectiva en el proceso de sanación.

Es por esto que, la intensión funciona mejor con objetivos acotados y modestos cuando se trata de deshacer el entramado patológico físico, emocional, mental y energético espiritual del paciente.

La intensión funciona mejor con objetivos acotados y modestos, especialmente en el contexto de la terapia biomagnetismo cuántico. En este tipo de terapia, buscamos desarmar el entramado patológico físico, emocional, mental y energético-espiritual del paciente para deshilvanar el nudo georgiano patológico.

El nudo georgiano patológico se refiere a la interconexión de diversas enfermedades y dificultades que pueden presentarse en el cuerpo y en la mente del consultante. Al ir desarmando este entramado patológico de manera gradual y con objetivos acotados y modestos, podemos ir deshilvanando el nudo georgiano y lograr un estado de equilibrio y bienestar.

Para lograr esto, es esencial enfocarnos en objetivos acotados y modestos y no intentar resolver todo de manera rápida y radical. Al ir desarmando el entramado patológico poco a poco, podemos ir eliminando los síntomas de manera más efectiva y lograr resultados más duraderos.

Además de que, la intensión funciona mejor con objetivos acotados y modestos, especialmente en el contexto de la terapia biomagnetismo cuántico. Al ir desarmando el entramado patológico físico, emocional, mental y energético-espiritual del paciente de manera gradual y con objetivos acotados y modestos, podemos ir deshilvanando el nudo georgiano patológico y lograr un estado de equilibrio y bienestar.

Capitulo II

Los principios Neuro-Cuánticos para el terapeuta de Biomagnetismo cuántico:

1. Con la observación enfocada se concentra a la inducción magnética mental suficiente para lograr la tele curación a distancia, la telequinesis en el intercambio iónico, la hípercomunicación inter psíquica para el diagnóstico o testeo.

La observación enfocada es una técnica que implica concentrarse de manera intensa en un objeto o en una idea. Esta técnica es utilizada en diferentes áreas, como la meditación, la hipnosis y la curación a distancia.

Uno de los usos más conocidos de la observación enfocada es en la tele curación a distancia, que consiste en curar a una persona a través del poder de la mente. Se cree que, al concentrarse de manera intensa en la persona que se desea curar, se genera una inducción magnética mental que permite transmitir energía curativa a través de la mente.

Además de la tele curación a distancia, la observación enfocada también se ha utilizado para lograr la telequinesis en el intercambio iónico. La telequinesis es la capacidad de mover objetos con la mente, y se cree que esta habilidad puede ser desarrollada a través de la concentración y la visualización.

Otro uso de la observación enfocada es en la hípercomunicación inter psíquica, que consiste en la capacidad de comunicarse de manera telepática con otras personas. Al concentrarse en una persona en particular, se cree que es posible enviar y recibir mensajes mentales de manera más efectiva.

Incluso, la observación enfocada es una técnica que puede ser utilizada en diversas áreas, como la curación a distancia, la telequinesis y la hípercomunicación inter psíquica. Al concentrarse de manera intensa en un objeto o en una idea, se puede lograr una inducción magnética mental que permite realizar estas habilidades sobrenaturales.

2. La realidad es solo ilusión, que se disuelve con la mirada objetiva que esconde la percepción cuántica.

La realidad es un concepto que ha sido objeto de debate a lo largo de la historia de la filosofía. Muchos filósofos han cuestionado la naturaleza de la realidad y han planteado la hipótesis de que lo que percibimos como realidad puede ser solo una ilusión.

En este sentido, la mirada objetiva puede ser vista como una forma de escudriñar más allá de lo que nuestros sentidos nos permiten percibir de manera inmediata. La percepción cuántica, por otro lado, es una teoría que sostiene que el universo no puede ser percibido de manera objetiva y que la realidad es en cierta medida construida por el observador.

Esta teoría sugiere que lo que percibimos como realidad puede ser solo una parte de la realidad total, ya que nuestra percepción está limitada por nuestra capacidad de observación. En este sentido, la percepción cuántica nos lleva a cuestionar la naturaleza misma de la realidad y a plantear la hipótesis de que la realidad es en cierta medida subjetiva y construida por el observador.

Como, la realidad puede ser vista como una ilusión que se disuelve con la mirada objetiva que esconde la percepción cuántica. Esta teoría nos invita a cuestionar lo que percibimos como realidad y a considerar la posibilidad de que nuestra percepción esté limitada por nuestra capacidad de observación.

3. La dispersión mental crea hologramas ilusorios que incluso no son nuestros, por lo que para diseñar al realidad que queremos, debemos enfocarnos mesuradamente en la construcción de hologramas propios, no en ajenos.

La dispersión mental es un fenómeno que ocurre cuando nuestra atención está dividida en varias tareas o pensamientos al mismo tiempo. Esta dispersión puede afectar negativamente nuestra capacidad de concentración y de tomar decisiones, y puede llevar a una mayor confusión y estrés.

Una de las consecuencias de la dispersión mental es la creación de hologramas ilusorios. Estos hologramas son imágenes mentales que no corresponden a la realidad, y pueden ser producto de nuestra propia mente o de la influencia externa.

Para diseñar la realidad que queremos, es importante enfocarnos mesuradamente en la construcción de hologramas propios, en lugar de dejarnos llevar por hologramas ajenos. Esto nos permitirá tener mayor control sobre nuestras decisiones y acciones, y nos ayudará a alcanzar nuestras metas y objetivos.

Incluso, la dispersión mental puede llevar a la creación de hologramas ilusorios que no corresponden a la realidad. Para diseñar la realidad que queremos, es importante enfocarnos en la construcción de hologramas propios y no dejarnos influir por hologramas ajenos. Esto nos permitirá tener mayor control sobre nuestra vida y alcanzar nuestras metas y objetivos de manera más efectiva digo, dejen de ver holografía de la televisión y cinematografía, para salir del hipnosis colectiva de hologramas autodestructivos.

4. El quantum fuente origen o frecuencia de vibración más alta en el universo, es la información de vibraciones que lo explica todo, lo contiene todo, y es el todo.

El quantum fuente, también conocido como el origen o frecuencia de vibración más alta en el universo, es una teoría que ha sido objeto de debate en el mundo de la ciencia y la filosofía. Según esta teoría, todo en el universo, desde las partículas más pequeñas hasta los sistemas más grandes, está vibrando a una frecuencia particular.

Se cree que el quantum fuente es la información de vibraciones que explica y contiene todo en el universo. Esto significa que, si pudiéramos comprender cómo funciona esta frecuencia, podríamos tener una comprensión más profunda de cómo funciona el universo y de cómo podemos interactuar con él.

Algunos creen que el quantum fuente es el origen de todo en el universo, y que todo lo que existe es una manifestación de esta vibración. Esto significaría que, si pudiéramos comprender cómo funciona el quantum fuente, podríamos tener una comprensión más profunda de cómo se originó el universo y de qué es lo que lo mantiene unido.

Por lo demás, el quantum fuente es una teoría fascinante que plantea la posibilidad de que todo en el universo esté conectado y explicado por una sola frecuencia de vibración. Si pudiéramos comprender cómo funciona esta frecuencia, podríamos tener una comprensión más profunda de cómo funciona el universo y de cómo podemos interactuar con él.

5. El quantum fuente, que origino el resto de los campos cuánticos subjetivos personales, es la frecuencia información de la cual emanan todos los universos, es un quantum que unifica, observa y comprende, sin consideraciones de bien o mal, y solo nos observa.

El quantum fuente es una teoría que plantea la existencia de una frecuencia de vibración que es el origen de todo en el universo. Según esta teoría, el quantum fuente es la fuente de todos los campos cuánticos subjetivos personales, que son las frecuencias de vibración que rigen nuestro mundo subjetivo y personal.

Se cree que el quantum fuente es la frecuencia información de la cual emanan todos los universos, es decir, que todos los universos son manifestaciones de esta vibración. Esto significaría que el quantum fuente es el punto de origen de todo en el universo y que todo lo que existe está conectado a él.

Además, se cree que el quantum fuente es un quantum que unifica, observa y comprende. Esto significaría que es capaz de comprender todo en el universo sin tener en cuenta consideraciones de bien o mal, sino simplemente observando. Esta cualidad lo convierte en una fuerza poderosa que puede tener un gran impacto en nuestra realidad.

En última instancia, el quantum fuente es una teoría fascinante que plantea la existencia de una frecuencia de vibración que es el origen de todo en el universo y que está conectada a todos los universos. Además, se cree que es un quantum que unifica, observa y comprende, lo que lo convierte en una fuerza poderosa que puede tener un gran impacto en nuestra realidad.

6. Solo somos la información que contiene el quantum subjetivo personal de cada uno.

La teoría del quantum fuente plantea que todo en el universo está vibrando a una frecuencia particular y que esta frecuencia es el origen de todo. Según esta teoría, cada uno de nosotros tenemos un quantum subjetivo personal, que es la frecuencia de vibración que rige nuestro mundo subjetivo y personal.

Esto significa que, en cierta medida, somos la información que contiene nuestro quantum subjetivo personal. Nuestros pensamientos, emociones, acciones y experiencias están influenciados por esta frecuencia de vibración.

Además, se cree que cada uno de nosotros somos un fractal del quantum fuente, es decir, que somos una manifestación de esta vibración en nuestro mundo personal. Esto significaría que, en cierta medida, somos parte de la fuente de todo en el universo y que estamos conectados a todo lo que existe.

Por lo demás, la teoría del quantum fuente plantea que somos la información que contiene nuestro quantum subjetivo personal y que somos un fractal del quantum fuente. Esto significa que nuestros pensamientos, emociones, acciones y experiencias están influenciados por la frecuencia de vibración que rige nuestro mundo personal y que somos parte de la fuente de todo en el universo.

7. Es nuestro deber-derecho, de escalar del quantum de información vibración, densos a unos más sutiles, hasta alcanzar vibrar igual, al quantum objetivo universal de información, que origino a todos, pues es el camino a la sabiduría, y el saber experiencial.

Es nuestro deber-derecho escalar del quantum de información vibración, es decir, de aumentar nuestra frecuencia de vibración, hasta alcanzar la frecuencia del quantum objetivo universal de información. Esta teoría plantea que todo en el universo está vibrando a una frecuencia particular y que el quantum objetivo universal de información es la frecuencia más sutil y elevada.

Alcanzar esta frecuencia es considerado el camino a la sabiduría y el saber experiencial. Se cree que, al vibrar a la misma frecuencia del quantum objetivo universal de información, podemos tener una comprensión más profunda del universo y de nuestro lugar en él. Además, se cree que esta frecuencia nos permite experimentar el universo de manera más plena y consciente.

¿Cómo podemos escalar nuestro quantum de información vibración? Algunos creen que podemos hacerlo a través de la meditación, la introspección y el desarrollo personal.

La teoría del quantum fuente plantea que todo en el universo está vibrando a una frecuencia particular, y que esta frecuencia es el origen de todo. Además, se cree que cada uno de nosotros tenemos nuestro propio quantum subjetivo personal, que es la frecuencia de vibración que rige nuestro mundo subjetivo y personal.

Según esta teoría, es nuestro deber y derecho escalar del quantum de información vibración, denso a uno más sutil. Esto significaría que debemos trabajar en aumentar nuestra frecuencia de vibración para acercarnos más al quantum objetivo universal de información, que es la frecuencia de vibración que origino a todos y que es el origen de todo en el universo.

¿Por qué es importante escalar del quantum de información vibración, denso a uno más sutil? Se cree que al alcanzar vibrar igual al quantum objetivo universal de información, podemos acceder a una mayor sabiduría y a un saber experiencial

La frase "Es nuestro deber-derecho, de escalar del quantum de información vibración, denso a uno más sutil, hasta alcanzar vibrar igual, al quantum objetivo universal de información, que origino a todos, pues es el camino a la sabiduría, y el saber experiencial" plantea una idea interesante sobre nuestra relación con la información y el conocimiento. Según esta frase, tenemos la responsabilidad y el derecho de ascender desde nuestro nivel actual de comprensión de la información hasta un nivel más sutil y universal de conocimiento. Esto es necesario porque es el camino hacia la sabiduría y el conocimiento experiencial.

Pero ¿qué significa exactamente "escalar del quantum de información vibración, denso a uno más sutil"? ¿Cómo podemos hacerlo y por qué es importante? Estas son algunas de las preguntas que podrían surgir al leer esta frase y que podrían ser abordadas en un ensayo más amplio.

Una posible interpretación de la frase es que nuestra comprensión de la información está limitada por nuestro propio nivel de vibración, que a su vez está determinado por nuestra capacidad para procesar y entender la información. Si queremos ascender a un nivel más sutil de comprensión, debemos "escalar" hacia una vibración más alta. Pero ¿cómo podemos hacerlo? Una forma podría ser a través del aprendizaje y la reflexión constantes, lo que nos permite procesar y comprender la información de una manera más profunda y compleja. También podríamos buscar experiencias que nos permitan conectarnos con una comprensión más universal de la información, como la meditación o la reflexión espiritual.

Pero ¿por qué es importante alcanzar una vibración más sutil y universal? Según la frase, esto es necesario porque es el camino hacia la sabiduría y el conocimiento experiencial. La sabiduría es una comprensión profunda y compleja de la vida y el mundo que nos rodea, y el conocimiento experiencial es el resultado de vivir y aprender a través de nuestras propias experiencias. Al alcanzar una vibración más sutil y universal, podemos acceder a una comprensión más profunda y compleja de la realidad, lo que nos permite vivir de manera más sabia y consciente.

Como conclusión, la frase "Es nuestro deber-derecho, de escalar del quantum de información vibración, denso a uno más sutil, esas son nuestra posibilidades.

8. Somos, quantums de información siempre, que vibra más alto o más bajo, porque, el libre albedrío, es lo que determina esta vibración y por tal, el holograma que creamos en cada una de nuestras existencias.

La frase "Somos quantums de información siempre, que vibra más alto o más bajo, porque, el libre albedrío, es lo que determina esta vibración y por tal, el holograma que creamos en cada una de nuestras existencias" plantea una visión interesante de nuestra relación con la información y el libre albedrío. Según esta frase, somos seres compuestos de información que vibra a diferentes niveles, y nuestra elección de cómo utilizar nuestro libre albedrío determina nuestro nivel de vibración. Esto a su vez tiene un impacto en el "holograma" que creamos en nuestras vidas.

Pero ¿qué significa exactamente "quantums de información"? ¿Cómo influye el libre albedrío en nuestra vibración y en el holograma que creamos? Estas son algunas de las preguntas que podrían surgir al leer esta frase y que podrían ser abordadas en un ensayo más amplio.

Una posible interpretación de la frase es que somos seres compuestos de información y que nuestra vibración depende de cómo utilizamos nuestro libre albedrío. El libre albedrío es nuestra capacidad de tomar decisiones y actuar de acuerdo a nuestros propios deseos y valores. Si utilizamos nuestro libre albedrío de manera consciente y responsable, podemos vibrar a un nivel más alto, lo que nos permite conectarnos con una comprensión más profunda y compleja de la realidad. Por otro lado, si utilizamos nuestro libre albedrío de manera irresponsable o egoísta, podemos vibrar a un nivel más bajo, lo que nos aleja de una comprensión más profunda y compleja de la realidad.

Pero ¿qué es el "holograma" que creamos en nuestras vidas y cómo está relacionado con nuestra vibración y nuestro libre albedrío? Un holograma es una imagen tridimensional que se crea a partir de la interferencia de dos o más ondas de luz. De manera similar, podríamos ver nuestras vidas como un "holograma" creado por la interferencia de nuestras elecciones y acciones con la realidad que nos rodea. Al utilizar nuestro libre albedrío de manera consciente y responsable, podemos crear un "holograma" más complejo y rico en nuestras vidas, mientras que al utilizarlo de manera irresponsable o egoísta, podemos crear un "holograma" más simple y pobre.

La frase "Somos, quantums de información siempre, que vibra más alto o más bajo, porque, el libre albedrío, es lo que determina esta vibración y por tal, el holograma que creamos en cada una de nuestras existencias" plantea una idea interesante sobre nuestra relación con la información y el libre albedrío. Según esta frase, somos seres formados por quantums de información que vibran a diferentes niveles. Esta vibración es determinada por nuestro libre albedrío, que es nuestra capacidad de elegir y tomar decisiones por nosotros mismos. Esta vibración, a su vez, influye en el holograma que creamos en cada una de nuestras existencias.

Pero ¿qué significa exactamente "vibrar más alto o más bajo"? ¿Qué es el libre albedrío y cómo influye en nuestra vibración y en el holograma que creamos? Estas son algunas de las preguntas que podrían surgir al leer esta frase y que podrían ser abordadas en un ensayo más amplio.

Una posible interpretación de la frase es que nuestra vibración está determinada por nuestras elecciones y decisiones. Si tomamos decisiones que nos acercan a una comprensión más profunda y universal de la realidad, podemos vibrar a un nivel más alto. Por otro lado, si tomamos decisiones egoístas o poco conscientes, podemos vibrar a un nivel más bajo. Esto puede tener un impacto significativo en el holograma que creamos en cada una de nuestras existencias, es decir, en la realidad que experimentamos y en cómo nos relacionamos con el mundo que nos rodea.

Pero ¿qué es el libre albedrío y cómo influye en nuestra vibración y en el holograma que creamos? El libre albedrío es la capacidad de elegir y tomar decisiones por nosotros mismos, sin ser controlados por factores externos. Esto nos da la libertad de crear nuestra propia realidad y de influir en el mundo que nos rodea. Al utilizar nuestro libre albedrío de manera consciente y sabia, podemos vibrar a un nivel más alto y crear un holograma más positivo y beneficioso para nosotros y para los demás.

Finalmente, la frase "Somos, quantums de información siempre, que vibra más alto o más bajo, porque, el libre albedrío, es lo que determina esta vibración y por tal, el holograma que creamos en cada una de nuestras existencias"

La frase "Somos quantums de información siempre, que vibra más alto o más bajo" nos habla de nuestra naturaleza como seres humanos y de cómo estamos constantemente en un estado de vibración. Esta vibración puede ser más alta o más baja, dependiendo de diversos factores.

Una de las principales causas de esta variación en nuestra vibración es el libre albedrío, es decir, la capacidad que tenemos de tomar decisiones y elegir nuestros propios caminos. Cada elección que tomamos tiene un impacto en nuestra vibración y, por lo tanto, en el holograma que creamos en cada una de nuestras existencias.

Es importante entender que, aunque nuestras decisiones pueden tener un impacto en nuestra vibración y en el holograma que creamos, esto no significa que seamos completamente libres para hacer cualquier cosa que queramos. Hay factores externos, como las leyes y normas de la sociedad, que también pueden afectar nuestra vibración y el holograma que creamos.

Por otro lado, nuestra vibración también puede ser influenciada por factores internos, como nuestros pensamientos y emociones. Es importante tener conciencia de cómo nuestros pensamientos y emociones pueden afectar nuestra vibración y tratar de mantener una actitud positiva y una mente clara para elevar nuestra vibración.

En el último de los términos, somos quantums de información que vibra más alto o más bajo dependiendo de nuestras decisiones y de otros factores externos e internos. El libre albedrío es una herramienta poderosa que nos permite elegir nuestros propios caminos y crear el holograma de nuestra existencia, pero es importante recordar que no somos completamente libres y que debemos tener en cuenta los factores que pueden afectar nuestra vibración.

9. Llena tu mente de quantums vibraciones dé información, cada vez más interesantes, elevados, sutiles, por contraposición, a experiencias densas, trágicas, negativas.

Como biomagnetistas cuánticos, es importante llenar nuestra mente de quantums de vibraciones de información que sean interesantes y elevadas, en lugar de experiencias densas y negativas. Esto es importante porque nuestras vibraciones y la información que absorben nuestras mentes tienen un impacto directo en nuestro bienestar y en cómo nos sentimos en el mundo.

Cuando nuestras mentes están llenas de experiencias y pensamientos positivos y elevados, nuestra vibración se eleva y nos sentimos más felices y en paz. Por otro lado, cuando nuestras mentes están llenas de experiencias y pensamientos negativos y densos, nuestra vibración disminuye y nos sentimos más tristes y desanimados.

Es importante tener en cuenta que no podemos controlar todas las experiencias que tenemos en la vida, pero podemos controlar cómo reaccionamos a ellas y cómo las interpretamos. En lugar de centrarnos en lo negativo y en las experiencias trágicas, podemos elegir ver el lado positivo de las cosas y enfocarnos en lo que nos hace sentir bien.

Además, podemos llenar nuestra mente con quantums de información interesante y elevada a través de la meditación, la lectura de libros inspiradores y el estudio de temas que nos apasionan. Esto nos ayudará a mantener una vibración alta y a sentirnos más en paz y felices.

Además, como biomagnetistas cuánticos, es importante llenar nuestra mente de quantums de vibraciones de información interesante y elevada en lugar de experiencias densas y negativas. Esto nos ayudará a mantener una vibración alta y a sentirnos más felices y en paz.

10. Cuanto más bellas sean las frecuencias de vibración que percibas, más elevados son los contenidos informacionales que experimentaremos.

La frase "Cuanto más bellas sean las frecuencias de vibración que percibas, más elevados son los contenidos informacionales que experimentaremos" nos habla de la relación entre la vibración y la información que recibimos. Según esta frase, cuanto más elevadas son las frecuencias de vibración que percibimos, más elevados son los contenidos informacionales que experimentamos.

Esto nos lleva a la conclusión de que la vibración tiene un impacto directo en la información que recibimos y en cómo la interpretamos. Cuando nuestra vibración es alta, estamos más abiertos a recibir y aprovechar la información de una manera positiva. Por otro lado, cuando nuestra vibración es baja, podemos ser más propensos a interpretar la información de una manera negativa y a no aprovecharla al máximo.

Es importante tener en cuenta que no solo la información que recibimos a través de los sentidos puede afectar nuestra vibración, sino también nuestros propios pensamientos y emociones. Por ejemplo, si nuestra mente está llena de pensamientos negativos y emociones negativas, esto puede bajar nuestra vibración y afectar la manera en que interpretamos la información.

Por lo tanto, es importante tratar de mantener una vibración alta y una mente clara para poder aprovechar al máximo la información que recibimos y experimentar contenidos informacionales más elevados. Esto puede incluir practicar la meditación, el ejercicio físico y la lectura de libros inspiradores para mantener una mente positiva y clara.

Más aun, la frase "Cuanto más bellas sean las frecuencias de vibración que percibas, más elevados son los contenidos informacionales que experimentaremos" nos muestra la relación entre la vibración y la información que recibimos. Cuanto más elevadas son las frecuencias de vibración que percibimos, más elevados son los contenidos informacionales que experimentamos. Es importante tratar de mantener una vibración alta y una mente clara para aprovechar al máximo la información que recibimos.

11. Entre mayores sean las Vibraciones de información y más trascendentes, la experiencia será más enriquecedora.

La frase "Entre mayores sean las vibraciones de información y más trascendentes, la experiencia será más enriquecedora" nos habla de la relación entre la vibración y la calidad de la experiencia. Según esta frase, cuanto más altas son las vibraciones de información y más trascendentes, más enriquecedora será la experiencia.

Esto nos lleva a la conclusión de que la vibración tiene un impacto directo en la calidad de nuestras experiencias. Cuando nuestra vibración es alta, estamos más abiertos a recibir y aprovechar las experiencias de una manera positiva. Por otro lado, cuando nuestra vibración es baja, podemos ser más propensos a interpretar las experiencias de una manera negativa y a no aprovecharlas al máximo.

Es importante tener en cuenta que no solo la vibración de la información que recibimos a través de los sentidos puede afectar la calidad de nuestras experiencias, sino también nuestros propios pensamientos y emociones. Por ejemplo, si nuestra mente está llena de pensamientos negativos y emociones negativas, esto puede bajar nuestra vibración y afectar la manera en que interpretamos y experimentamos las cosas.

Por lo tanto, es importante tratar de mantener una vibración alta y una mente clara para poder aprovechar al máximo las experiencias y hacer que sean más enriquecedoras. Esto puede incluir practicar la meditación, el ejercicio físico y la lectura de libros inspiradores para mantener una mente positiva y clara.

En última instancia, la frase "Entre mayores sean las vibraciones de información y más trascendentes, la experiencia será más enriquecedora" nos muestra la relación entre la vibración y la calidad de la experiencia. Cuanto más altas son las vibraciones de información y más trascendentes, más enriquecedora será la experiencia. Es importante tratar de mantener una vibración alta y una mente clara para aprovechar al máximo las experiencias y hacer que sean más enriquecedoras.

12. Si aumentas tus frecuencias de vibración-información, más sutil será la inducción magnética de tu mente, y estas elevaran las frecuencias de vibración del universo, y de los quantums de vibraciones de los que te rodean.

La frase "Si aumentas tus frecuencias de vibración-información, más sutil será la inducción magnética de tu mente, y estas elevarán las frecuencias de vibración del universo, y de los quantums de vibraciones de los que te rodean" nos habla de la relación entre la vibración, la mente y el universo. Según esta frase, si aumentamos nuestras frecuencias de vibración-información, esto tendrá un impacto en la inducción magnética de nuestra mente y en las frecuencias de vibración del universo y de los seres que nos rodean.

Esto nos lleva a la conclusión de que nuestra vibración y la de nuestro entorno están interrelacionadas y que podemos tener un impacto en el universo y en los demás a través de nuestra vibración. Si aumentamos nuestras frecuencias de vibración-información, esto tendrá un efecto positivo en la inducción magnética de nuestra mente y en las frecuencias de vibración del universo y de los seres que nos rodean.

Es importante tener en cuenta que no solo nuestra vibración individual puede afectar el universo y a los demás, sino que también la vibración colectiva puede tener un impacto. Por ejemplo, cuando un grupo de personas se concentra en una vibración positiva y elevada, esto puede tener un efecto positivo en el universo y en los demás.

Por lo tanto, es importante tratar de aumentar nuestras frecuencias de vibración-información para tener un impacto positivo en el universo y en los demás. Esto puede incluir practicar la meditación, el ejercicio físico y la lectura de libros inspiradores para mantener una mente positiva y clara.

Para finalizar, la frase "Si aumentas tus frecuencias de vibración-información, más sutil será la inducción magnética de tu mente, y estas elevarán las frecuencias de vibración del universo, y de los quantums de vibraciones de los que te rodean" nos muestra la relación entre la vibración, la mente y el universo. Si aumentamos nuestras frecuencias de vibración-información, esto tendrá un impacto positivo en la inducción magnética de nuestra mente y en las frecuencias de vibración del universo y de los seres que nos rodean. Es importante tratar de aumentar nuestras frecuencias de vibración-información para tener un impacto positivo en el universo y en los demás.

13. La muerte es optar por frecuencias de vibración densa y cristalizada, en ilusiones irreales, producto de la ignorancia.

La frase "La muerte es optar por frecuencias de vibración densa y cristalizada, en ilusiones irreales, producto de la ignorancia" nos habla de la relación entre la muerte, la vibración y la ignorancia. Según esta frase, la muerte es el resultado de optar por frecuencias de vibración densa y cristalizada, es decir, por vibraciones bajas y estancadas, y de vivir en ilusiones irreales, producto de la ignorancia.

Esto nos lleva a la conclusión de que la muerte no es necesariamente un evento natural, sino que puede ser el resultado de nuestras propias elecciones y de nuestra forma de vivir. Cuando optamos por frecuencias de vibración densa y cristalizada y vivimos en ilusiones irreales, estamos eligiendo una vida que nos aleja de la verdad y de la realidad. Esto puede llevarnos a la muerte, ya sea física o espiritual.

La muerte es un tema que ha fascinado y preocupado a la humanidad durante siglos. Muchas personas creen que la muerte es el final de todo, el fin de la vida y el comienzo de la nada. Sin embargo, hay quienes sostienen que la muerte es simplemente un cambio de frecuencia, una transición a otro plano de existencia.

Según esta perspectiva, la muerte no es más que una opción, una elección que podemos tomar conscientemente o no. Al optar por la muerte, estamos eligiendo vibraciones más densas y cristalizadas, que nos alejan de la verdadera realidad y nos sumergen en ilusiones irreales. Estas ilusiones son el producto de nuestra ignorancia, de nuestra falta de conocimiento y comprensión del verdadero propósito y significado de la vida.

Por tanto, la muerte no es un fin en sí misma, sino una consecuencia de nuestras elecciones y acciones durante nuestra vida. Si optamos por vibraciones más altas y sutiles, podemos alcanzar una mayor conciencia y comprensión de nuestra verdadera naturaleza y nuestro lugar en el universo. Al hacerlo, podemos evitar caer en las ilusiones irreales que nos alejan de la verdad y nos sumergen en la ignorancia.

Al final del día, la muerte es una opción que depende de nuestras elecciones y acciones durante nuestra vida. Si optamos por vibraciones más densas y cristalizadas, caeremos en ilusiones irreales producto de nuestra ignorancia. Sin embargo, si elegimos vibraciones más sutiles y altas, podemos alcanzar una mayor conciencia y comprensión de nuestro verdadero ser y nuestro propósito en el universo.

14. La verdad está en el quantum fuente de vibración información, de donde provenimos y después de la experiencia multiverso y multidimensional regresaremos al quantum fuente.

La verdad es un concepto que ha sido objeto de discusión y debate desde tiempos antiguos. Muchas personas creen que la verdad es algo absoluta y objetiva, mientras que otras sostienen que es subjetiva y depende del individuo. Sin embargo, hay quienes sostienen que la verdad está más allá de lo que podemos percibir o comprender con nuestros sentidos limitados y nuestra mente racional.

Según esta perspectiva, la verdad está en el quantum fuente de vibración información, el origen de todo lo que existe. Este quantum fuente es el lugar de donde provenimos y hacia donde regresaremos después de nuestra experiencia en el universo y en el multiverso. Desde el quantum fuente, toda la información y la conciencia del universo se derivan y se transmiten a través de vibraciones de diferentes frecuencias.

Esta teoría sugiere que la verdad es algo que está más allá de nuestra comprensión limitada y que está en constante cambio y evolución. La verdad no es algo estático y fijo, sino más bien una corriente constante de información y conciencia que fluye a través del universo y el multiverso. Al comprender esto, podemos ver que nuestra percepción de la verdad es siempre parcial y limitada, y que debemos estar abiertos a la posibilidad de que nuestras creencias y conocimientos puedan cambiar y evolucionar a medida que adquirimos más información y comprensión.

Así pues, la verdad es algo que está más allá de nuestra comprensión limitada y que se encuentra en el quantum fuente de vibración información. Desde este lugar, toda la información y conciencia del universo y el multiverso se derivan y se transmiten a través de vibraciones de diferentes frecuencias. Al comprender esto, podemos ver que nuestra percepción de la verdad es siempre parcial y limitada, y que debemos estar abiertos a la posibilidad de que nuestras creencias y conocimientos puedan cambiar y evolucionar a medida que adquirimos más información y comprensión.

15. La ignorancia es descender de vibraciones cuánticas, es descender a quantums de vibraciones densas, la sabiduría es escalar peldaños vibracinales de información, cada vez más altos.

La ignorancia es un concepto que ha sido objeto de discusión y debate desde tiempos antiguos. Muchas personas creen que la ignorancia es simplemente la falta de conocimiento o información, mientras que otras sostienen que es mucho más profunda y compleja. Según esta perspectiva, la ignorancia es un proceso activo, una elección consciente o inconsciente de descender de vibraciones cuánticas y aferrarse a quantums de vibraciones más densas y cristalizadas.

Esta teoría sugiere que la ignorancia es el resultado de nuestras elecciones y acciones durante nuestra vida. Al optar por vibraciones más densas y cristalizadas, estamos alejándonos de la verdadera realidad y cayendo en ilusiones irreales que nos sumergen en la ignorancia. Por otro lado, al escalar peldaños vibracionales de información, cada vez más altos, estamos avanzando hacia una mayor conciencia y comprensión de nuestro verdadero ser y nuestro propósito en el universo.

La sabiduría, por tanto, no es algo que se adquiere de forma mecánica o automática, sino más bien un proceso activo y consciente de buscar y adquirir información y conocimiento. La sabiduría implica un esfuerzo constante por aprender y comprender más sobre el mundo y nosotros mismos, y por utilizar ese conocimiento para hacer elecciones sabias y tomar decisiones informadas.

Con todo, la ignorancia es el resultado de nuestras elecciones y acciones durante nuestra vida. Al optar por vibraciones más densas y cristalizadas, estamos alejándonos de la verdadera realidad y cayendo en ilusiones irreales que nos sumergen en la ignorancia. Por otro lado, al escalar peldaños vibracionales de información, cada vez más altos, estamos avanzando hacia una mayor conciencia y comprensión de nuestro verdadero ser y nuestro propósito en el universo. La sabiduría implica un esfuerzo constante por aprender y comprender más sobre el mundo y nosotros mismos, y por utilizar ese conocimiento para hacer elecciones sabias y tomar decisiones informadas.

16. Si quieres ayudar a los demás, eleva tus quantums de vibración información y compártela, pues eso iluminara la obscuridad de la ignorancia en los demás.

La idea de ayudar a los demás es algo que ha fascinado y motivado a la humanidad durante siglos. Muchas personas sienten un profundo deseo de hacer una diferencia en el mundo y de contribuir a la vida de los demás de alguna manera. Sin embargo, a veces puede ser difícil saber cómo hacerlo de manera efectiva y significativa.

Una forma de ayudar a los demás es a través de la compartición de información y conocimiento. Según esta perspectiva, si queremos ayudar a los demás, debemos elevar nuestros quantums de vibración información y compartirlos con otros. Al hacerlo, estamos ayudando a iluminar la obscuridad de la ignorancia en los demás y a guiarles hacia una mayor conciencia y comprensión.

Esta teoría sugiere que la compartición de información y conocimiento es una forma poderosa de ayudar a los demás y de contribuir a un mundo mejor. Al compartir lo que sabemos y aprendemos, estamos dando a los demás la oportunidad de crecer y evolucionar, y de alcanzar una mayor conciencia y comprensión de sí mismos y del mundo que les rodea. Además, al compartir nuestra información y conocimiento, estamos contribuyendo a crear una red de apoyo y conexión entre personas que buscan crecer y evolucionar juntas.

Para terminar, si queremos ayudar a los demás, debemos elevar nuestros quantums de vibración información y compartirlos con otros. Al hacerlo, estamos ayudando a iluminar la obscuridad de la ignorancia en los demás y a guiarles hacia una mayor conciencia y comprensión. La compartición de información y conocimiento es una forma poderosa de ayudar a los demás y de contribuir a un mundo mejor, y nos da la oportunidad de crear una red de apoyo y conexión entre personas que buscan crecer y evolucionar juntas.

17. No existe la maldad existe la ignorancia o frecuencia de vibración información cristalizada en densidades bajas de vibración, la sabiduría es elevar tu frecuencia de vibración cuántica.

La maldad es un concepto que ha sido objeto de discusión y debate durante siglos. Muchas personas creen que la maldad es algo intrínseco a algunas personas, una esencia maligna que las motiva a hacer el mal. Sin embargo, hay quienes sostienen que la maldad no es más que el resultado de la ignorancia y de la elección de frecuencias de vibración información cristalizadas en densidades bajas de vibración.

Según esta perspectiva, la maldad no es algo innato o esencial, sino más bien un producto de nuestras elecciones y acciones. Al optar por frecuencias de vibración información cristalizadas en densidades bajas de vibración, estamos alejándonos de la verdadera realidad y cayendo en ilusiones irreales que nos sumergen en la ignorancia. Al hacerlo, estamos más propensos a tomar decisiones y a realizar acciones que pueden dañar a nosotros mismos y a los demás.

La sabiduría, por tanto, no es simplemente una acumulación de conocimientos o información, sino más bien un proceso activo y consciente de elevar nuestra frecuencia de vibración cuántica. Al hacerlo, estamos avanzando hacia una mayor conciencia y comprensión de nuestro verdadero ser y nuestro propósito en el universo. Al elevar nuestra frecuencia de vibración cuántica, estamos más propensos a tomar decisiones sabias y a realizar acciones que beneficien a nosotros mismos y a los demás.

Con todo, no existe la maldad en sí misma, sino más bien la ignorancia y la elección de frecuencias de vibración información cristalizadas en densidades bajas de vibración. La sabiduría es un proceso activo y consciente de elevar nuestra frecuencia de vibración cuántica y avanzar hacia una mayor conciencia y comprensión de nuestro verdadero ser y nuestro propósito en el universo. Al elevar nuestra frecuencia de vibración cuántica, estamos más propensos a tomar decisiones sabias y a realizar acciones que beneficien a nosotros mismos y a los demás.

18. La materialidad y las falsas ilusiones materiales, son frecuencia de vibración densa, ilusoria, de información intrascendente, que se puede transcender, con estados vibratorios de quantums más altos, entonces se abre nuestra percepción a mundos nuevos y maravillosos.

La materialidad es un concepto que ha sido objeto de discusión y debate durante siglos. Muchas personas creen que la materialidad es el único aspecto real de la existencia, mientras que otras sostienen que hay más allá de lo que podemos percibir o comprender con nuestros sentidos limitados y nuestra mente racional. Según esta perspectiva, la materialidad y las falsas ilusiones materiales son frecuencias de vibración densa e ilusoria, que nos alejan de la verdadera realidad y nos sumergen en ilusiones irreales de información intrascendente.

Esta teoría sugiere que la materialidad es algo que podemos transcender, si optamos por estados vibratorios de quantums más altos. Al hacerlo, estamos avanzando hacia una mayor conciencia y comprensión de nuestro verdadero ser y nuestro propósito en el universo. Al transcender la materialidad, nuestra percepción se abre a mundos nuevos y maravillosos, que van más allá de lo que podemos percibir o comprender con nuestros sentidos limitados y nuestra mente racional.

La materialidad y las falsas ilusiones materiales son frecuencias de vibración densa e ilusoria, que nos alejan de la verdadera realidad y nos sumergen en ilusiones irreales de información intrascendente. Sin embargo, podemos transcender estas ilusiones y avanzar hacia una mayor concia.

La materialidad y las falsas ilusiones materiales son conceptos que han sido objeto de discusión y debate durante siglos. Muchas personas creen que la materialidad es algo real y verdadero, mientras que otras sostienen que es simplemente una ilusión, una creación de nuestra mente y nuestros sentidos limitados.

Según esta perspectiva, la materialidad y las falsas ilusiones materiales son producto de una frecuencia de vibración densa e ilusoria, de información intrascendente. Esta frecuencia de vibración nos aferra a una percepción limitada y engañosa del mundo, que nos impide ver más allá de lo que nuestros sentidos y nuestra mente racional pueden percibir.

Sin embargo, esta teoría sugiere que podemos transcender esta frecuencia de vibración densa e ilusoria, y avanzar hacia estados vibratorios de quantums más altos. Al hacerlo, nuestra percepción se abre a mundos nuevos y maravillosos, y podemos llegar a comprender y experimentar la verdadera realidad y nuestro verdadero ser.

Finalmente, la materialidad y las falsas ilusiones materiales son producto de una frecuencia de vibración densa e ilusoria, de información intrascendente. Sin embargo, podemos transcender esta frecuencia de vibración y avanzar hacia estados vibratorios de quantums más altos,

19. Nuestro quantum subjetivo personal, tiende a regresar a la vibración primigenia que nos generó, con todo, hacemos esfuerzos infinitos para alcanzar estados vibratorios cada vez más densos, hasta que nos cansemos, y regresemos, a la senda de nuestro destino.

El concepto de nuestro quantum subjetivo personal es una teoría que sugiere que cada uno de nosotros tenemos una vibración única e individual que nos guía a través de la vida. Según esta perspectiva, nuestro quantum subjetivo personal tiende a regresar a la vibración primigenia que nos generó, es decir, la vibración que teníamos al comienzo de nuestra existencia.

Sin embargo, a lo largo de nuestra vida, hacemos esfuerzos infinitos para alcanzar estados vibratorios cada vez más densos y alejarnos de nuestra vibración primigenia. Estos esfuerzos pueden ser conscientes o inconscientes, y pueden ser motivados por una variedad de razones, como el miedo, la inseguridad, la búsqueda de placer o poder.

Aunque estos esfuerzos pueden proporcionarnos cierta satisfacción o placer temporal, también pueden agotarnos y alejarnos de nuestro verdadero ser y nuestro propósito en el universo. Con el tiempo, podemos llegar a sentirnos cansados y desanimados, y es entonces cuando podemos decidir regresar a la senda de nuestro destino y avanzar hacia una mayor conciencia y comprensión de nuestro verdadero ser y nuestro propósito en el universo.

Es así como, nuestro quantum subjetivo personal tiende a regresar a la vibración original.

El concepto de quantum subjetivo personal se refiere a la idea de que cada individuo tiene su propia vibración o frecuencia energética que lo define. Esta vibración puede ser influenciada por factores internos y externos, y puede variar durante el transcurso de la vida de una persona.

Sin embargo, hay una tendencia natural hacia la vibración primigenia, es decir, hacia la vibración que teníamos cuando éramos jóvenes o incluso antes de nacer. Esto se debe a que, en general, nuestra vibración tiende a disminuir con el tiempo debido a la acumulación de estrés, preocupaciones y cargas emocionales.

A pesar de esta tendencia, muchas personas hacen esfuerzos infinitos para alcanzar estados vibratorios más densos. Esto puede incluir prácticas como la meditación, la reflexión y el autoconocimiento, así como también cambios en la dieta, el ejercicio y el estilo de vida. Estos esfuerzos tienen como objetivo aumentar la vibración personal y mejorar la calidad de vida.

Sin embargo, hay momentos en que nos cansamos de luchar por alcanzar estados vibratorios más altos y decidimos regresar a nuestra vibración natural. Esto puede ser una decisión consciente o puede ser el resultado de una fatiga emocional o física. En cualquier caso, regresar a nuestra vibración natural puede ser una forma de reencontrarnos con nuestro verdadero yo y seguir nuestro destino de manera más auténtica y natural.

20. Los deseos, son esfuerzos ilusorios por detener nuestro aumento de vibración, estancándonos en presentes sin futuro.

Los deseos son una parte natural y fundamental de la vida humana. Nos impulsan a trabajar por lo que queremos y nos dan una sensación de propósito y dirección. Sin embargo, también pueden ser una fuente de frustración y estrés si no se gestionan adecuadamente.

Uno de los problemas con los deseos es que a menudo son ilusorios y nos hacen creer que alcanzar ese objeto o lograr esa meta nos dará la felicidad o la satisfacción que buscamos. Sin embargo, esto no siempre es cierto. Muchas veces, una vez que alcanzamos lo que deseábamos, nos damos cuenta de que nuestra alegría es temporal y que necesitamos algo más para sentirnos verdaderamente satisfechos.

Otro problema es que los deseos a menudo nos mantienen estancados en el presente, sin permitirnos avanzar hacia el futuro. Nos concentramos tanto en lo que queremos que olvidamos lo que tenemos y lo que ya hemos logrado. Esto puede llevar a la frustración y al desánimo, ya que sentimos que no estamos avanzando hacia dónde queremos ir.

Por último, los deseos también pueden ser un obstáculo para nuestro aumento de vibración. Cuanto más nos concentramos en lo que queremos, más nos anclamos al presente y menos estamos abiertos a las posibilidades y a la creación de un futuro mejor. En lugar de permitir que nuestra vibración aumente y nos lleve hacia adelante, nos quedamos estancados en el mismo lugar.

Es importante reconocer que los deseos son una parte natural y necesaria de la vida, pero también es importante no dejarnos atrapados por ellos. Debemos tener equilibrio y saber cuándo es el momento de dejar ir y avanzar hacia nuevas oportunidades y experiencias. Al hacerlo, podemos permitir que nuestra vibración aumente y nos lleve hacia el futuro que deseamos.

21. Todo tiene una frecuencia de vibración información, si queremos incidir en esta frecuencia, concentra tu esfuerzo en una frecuencia, que sea más alta, eso inducirá al resto de las personas, digo, a las frecuencias de vibración que nos rodean, a escalar más alto.

Todo en el universo tiene una frecuencia de vibración, incluyendo las personas, los objetos y los pensamientos. Esta frecuencia de vibración es como una huella energética que nos define y nos diferencia de los demás.

Es posible incidir en nuestra propia frecuencia de vibración y la de los demás a través de la concentración y la intención. Si nos esforzamos por mantener una frecuencia de vibración más alta, es más probable que influyamos en las frecuencias de vibración de quienes nos rodean y los inspiremos a subir más alto.

Por ejemplo, si estamos rodeados de personas que están estresadas y negativas, podemos intentar mantener una actitud más positiva y relajada para influir en su vibración. De esta manera, podemos ayudar a elevar la energía y el estado de ánimo de quienes nos rodean y promover un ambiente más armonioso y agradable.

También podemos influir en nuestra propia frecuencia de vibración a través de nuestros pensamientos y acciones. Al concentrarnos en pensamientos y acciones positivas y constructivas, podemos aumentar nuestra propia vibración y atraer más cosas positivas a nuestra vida. Por otro lado, si nos centramos en pensamientos y acciones negativas y destructivas, nuestra vibración disminuirá y atraeremos más cosas negativas a nuestra vida.

Concluyendo, podemos incidir en la frecuencia de vibración de nosotros mismos y de los demás a través de la concentración y la intención. Al esforzarnos por mantener una frecuencia de vibración más alta, podemos inspirar a quienes nos rodean a subir más alto y atraer más cosas positivas a nuestra vida.

22. La Libre elección, es adquirir el quantums de vibración información, que queramos tener, sean estos densos o sutiles.

La libre elección es una de las características más valiosas y poderosas de la vida humana. Nos permite decidir cómo vivir nuestras vidas y qué tipo de experiencias queremos tener. A través de la libre elección, podemos adquirir el quantum de vibración información que deseemos, ya sea denso o sutil.

La vibración información se refiere a la frecuencia de energía que emitimos y que nos define como individuos. Cada persona tiene su propia vibración información, que puede variar durante el transcurso de su vida. Algunas personas tienen una vibración información más densa, lo que puede reflejar un enfoque más materialista y práctico en la vida. Por otro lado, otras personas tienen una vibración información más sutil, lo que puede reflejar un enfoque más espiritual e introspectivo.

La libre elección nos permite decidir qué tipo de vibración información queremos tener y cómo queremos vivir nuestras vidas. Podemos elegir vivir de acuerdo a nuestros propios valores y creencias, independientemente de lo que digan o piensen los demás. Al hacerlo, podemos encontrar un sentido más profundo y significativo en nuestras vidas y alcanzar una mayor satisfacción y felicidad.

Sin embargo, es importante recordar que la libre elección también conlleva responsabilidad. Al elegir nuestra propia vibración información, somos responsables de nuestras acciones y decisiones y debemos asumir las consecuencias de ellas. Al tomar decisiones sabias y responsables, podemos avanzar hacia un futuro más prometedor y satisfactorio.

23. Ser inteligente, es vibrar cada vez más, en frecuencias de vibración cuántica más altas.

La inteligencia es una cualidad valiosa y deseada en muchas sociedades y culturas. Se refiere a la capacidad de pensar, comprender y razonar de manera efectiva, así como también a la habilidad para adaptarse y resolver problemas de manera creativa.

Muchas personas creen que la inteligencia se mide a través de pruebas y evaluaciones estandarizadas, como el Coeficiente Intelectual (CI). Sin embargo, hay quienes sostienen que la inteligencia es más que un simple número y que incluye aspectos como la empatía, la creatividad y la compasión.

Según algunas teorías, la inteligencia puede ser medida a través de la frecuencia de vibración cuántica. Esta teoría sostiene que cuanta más alta sea la frecuencia de vibración cuántica, más inteligente será una persona. Esto se debe a que las frecuencias de vibración cuántica más altas se consideran más sutiles y refinadas, y se asocian con una mayor conciencia y comprensión.

Si bien es cierto que la frecuencia de vibración cuántica puede ser influenciada por factores externos como la dieta, el ejercicio y el estilo de vida, también puede ser afectada por la actitud y la perspectiva de una persona. Al enfocarnos en pensamientos y acciones positivas y constructivas, podemos aumentar nuestra propia frecuencia de vibración cuántica y, por lo tanto, aumentar nuestra inteligencia.

A fuerza de la inteligencia no se mide solo a través de pruebas estandarizadas, sino que también puede ser medida a través de la frecuencia de vibración cuántica. Al esforzarnos por vibrar en frecuencias cuánticas más altas, podemos aumentar nuestra inteligencia y nuestra conciencia.

24. La Sabiduría es vibrar a estados más altos de información cuántica.

La sabiduría es una cualidad valiosa y deseada en muchas sociedades y culturas. Se refiere a la comprensión profunda y el conocimiento práctico de la vida y el mundo que nos rodea. La sabiduría no solo incluye el conocimiento teórico, sino también la comprensión profunda y la habilidad para aplicar ese conocimiento de manera efectiva en la vida cotidiana.

Según algunas teorías, la sabiduría puede ser medida a través de la frecuencia de vibración cuántica. Esta teoría sostiene que cuanta más alta sea la frecuencia de vibración cuántica, más sabia será una persona. Esto se debe a que las frecuencias de vibración cuántica más altas se consideran más sutiles y refinadas, y se asocian con una mayor conciencia y comprensión.

La sabiduría no es algo que se pueda adquirir de manera mecánica o por medio de la lectura de libros o la asistencia a clases. En lugar de eso, se adquiere a través de la experiencia y la reflexión. Al enfrentar desafíos y dificultades en la vida, podemos aprender y crecer de manera más profunda y duradera. Además, al reflexionar sobre nuestras experiencias y aprender de ellas, podemos aumentar nuestra comprensión y nuestra sabiduría.

En resumen, la sabiduría se relaciona con la frecuencia de vibración cuántica y se adquiere a través de la experiencia y la reflexión. Al esforzarnos por vibrar en frecuencias cuánticas más altas, podemos aumentar nuestra sabiduría y nuestra conciencia.

25. No hay muerte, ni enfermedad, ni sufrimiento, sino estados de vibración experiencial densos, tampoco hay vida, salud, y felicidad, sino estados de vibración información experiencial, cada vez más altos.

Es comúnmente aceptado que la muerte, la enfermedad y el sufrimiento son parte inevitables de la vida humana. Sin embargo, algunas teorías sugieren que estos no son más que estados de vibración experiencial densos y que la vida, la salud y la felicidad son estados de vibración información experiencial cada vez más altos.

Según esta teoría, todo en el universo, incluyendo las personas, los objetos y los pensamientos, tiene una frecuencia de vibración. Esta frecuencia de vibración es como una huella energética que nos define y nos diferencia de los demás. Cuanta más alta sea la frecuencia de vibración, más sutil y refinada será la energía y más cerca estaremos de la fuente de todo.

Algunas personas creen que cuando experimentamos la muerte, la enfermedad y el sufrimiento, es porque nuestra frecuencia de vibración es más densa y estamos más alejados de la fuente de todo. Por otro lado, cuando experimentamos la vida, la salud y la felicidad, es porque nuestra frecuencia de vibración es más alta y estamos más cerca de la fuente de todo.

Esta teoría sugiere que podemos influir en nuestra propia frecuencia de vibración y en la de los demás a través de nuestros pensamientos, acciones y actitud. Al enfocarnos en pensamientos y acciones positivas y constructivas, podemos aumentar nuestra propia frecuencia de vibración y atraer más cosas positivas a nuestra vida.

Recapitulando, algunas teorías sugieren que la muerte, la enfermedad y el sufrimiento son estados de vibración experiencial densos y que la vida, la salud y la felicidad son estados de vibración información experiencial cada vez más altos. Al esforzarnos por aumentar nuestra propia frecuencia de vibración, podemos atraer más cosas positivas a nuestra vida y vivir una vida más plena y satisfactoria.

26. Somos quantums informacionales, que viajamos solos, asumiendo los estados de vibraciones informacionales, que adoptamos, a eso se le llama experiencia vital, y aunque compartimos esas experiencia de vida, finalmente, las realizamos solos, acompañados por las soledades de los demás, que son el océano cuántico objetivo universal.

Según algunas teorías, las personas somos quantums informacionales que viajamos solos a través del tiempo y el espacio. Cada uno de nosotros es una entidad única e indivisible, y aunque compartimos nuestras experiencias de vida con los demás, finalmente las realizamos solos.

La experiencia vital se refiere a la forma en que vivimos nuestras vidas y a las decisiones que tomamos a lo largo de ellas. Aunque compartimos nuestras experiencias de vida con los demás, cada uno de nosotros tiene nuestra propia perspectiva y nuestra propia forma de procesar y entender el mundo. Esto nos hace únicos y nos permite tener una experiencia de vida única.

Aunque compartimos nuestras experiencias de vida con los demás, también estamos acompañados por las soledades de los demás. Cada uno de nosotros tiene nuestras propias preocupaciones y problemas, y aunque podemos compartir nuestras experiencias y apoyarnos mutuamente, finalmente debemos enfrentar nuestras propias soledades y hacer frente a nuestros propios problemas.

El océano cuántico objetivo universal es una teoría que sugiere que todo en el universo está conectado y que somos parte de un todo mayor. Según esta teoría, todas las cosas están interconectadas y existen en un estado de continuo cambio y evolución. Al comprender que somos parte de este océano cuántico objetivo universal, podemos ver cómo nuestras acciones y decisiones tienen un impacto en el mundo y en los demás.

Brevemente, somos quantums informacionales que viajamos solos a través del tiempo y el espacio y que asumimos los estados de vibración informacional que adoptamos a lo largo de nuestras vidas.

Según algunas teorías, las personas somos quantums informacionales que viajamos solos a través del universo, asumiendo diferentes estados de vibración informacional. Estos estados de vibración informacional se llaman experiencias de vida y son únicas para cada individuo. Aunque compartimos nuestras experiencias de vida con los demás, finalmente las vivimos solos y estamos acompañados por la soledad de los demás, que son parte del océano cuántico objetivo universal.

El término "quantum informacional" se refiere a la idea de que todo en el universo, incluyendo las personas, los objetos y los pensamientos, está compuesto de energía y tiene una frecuencia de vibración. Esta frecuencia de vibración es como una huella energética que nos define y nos diferencia de los demás.

La teoría del océano cuántico objetivo universal sostiene que todo en el universo está conectado y es parte de un todo mayor. Según esta teoría, todas las experiencias de vida son parte del océano cuántico objetivo universal y, aunque compartimos nuestras experiencias de vida con los demás, finalmente las vivimos solos.

En pocas palabras, algunas teorías sostienen que las personas somos quantums informacionales que viajamos solos a través del universo y asumimos diferentes estados de vibración informacional. Estos estados de vibración informacional se llaman experiencias de vida y aunque compartimos nuestras experiencias de vida con los demás, finalmente las vivimos solos y estamos acompañados por la soledad de los demás, que son parte del océano cuántico objetivo universal.

27. Somos quantums informacionales, que crean información, somos programadores de matrices existenciales, y cuanto más elevados nuestros propósitos de creación, más quantums informacionales elevados habrá, mas matrices de vida armónica, mas programas sanos, con todo, también lo contrario acontecerá.

Según algunas teorías, las personas somos quantums informacionales que crean información y somos programadores de matrices existenciales. Esto significa que tenemos la capacidad de crear nuestra propia realidad y moldear nuestra experiencia de vida a través de nuestros pensamientos, acciones y actitud.

Cuanto más elevados sean nuestros propósitos de creación, más quantums informacionales elevados habrá en nuestra vida y más matrices de vida armónicas tendremos. Esto se traducirá en programas más saludables y una vida más plena y satisfactoria.

Por otro lado, también es posible que, si nuestros propósitos de creación son más bajos o negativos, tengamos más quantums informacionales densos y matrices de vida des armónicas. Esto puede llevar a programas más tóxicos y una vida más difícil y desafiante.

Es importante recordar que tenemos el poder de elegir nuestros propósitos de creación y que nuestras elecciones tienen un impacto en nuestra vida y en la vida de los demás. Al enfocarnos en propósitos de creación positivos y constructivos, podemos crear una vida más plena y satisfactoria y contribuir a un mundo más armonioso.

En conjunto, las personas somos quantums informacionales que crean información y somos programadores de matrices existenciales. Cuanto más elevados sean nuestros propósitos de creación, más quantums de calidad tendremos.

28. No existe cielo o infierno, existen frecuencia de vibración informacionales densas o sutiles, respectivamente, pues somos flujos energéticos de conciencias, de vibraciones informacionales, que adoptan según su voluntad, la experiencia de vida que quiere vivir, por lo que es sabio, elevar al frecuencia de vibración siempre.

Es comúnmente aceptado que el cielo y el infierno son lugares o estados que existen después de la muerte y que son determinados por la conducta y las acciones de una persona durante su vida. Sin embargo, algunas teorías sugieren que no existe un cielo o un infierno en el sentido tradicional, sino que lo que existen son frecuencias de vibración informacionales densas o sutiles.

Según esta teoría, las personas somos flujos energéticos de conciencias, es decir, somos quantums informacionales que tienen una frecuencia de vibración. Esta frecuencia de vibración es como una huella energética que nos define y nos diferencia de los demás. Cuanta más alta sea la frecuencia de vibración, más sutil y refinada será la energía y más cerca estaremos de la fuente de todo.

Las frecuencias de vibración informacionales densas se asocian con estados de conciencia más bajos y menos desarrollados, mientras que las frecuencias de vibración informacionales sutiles se asocian con estados de conciencia más elevados y más desarrollados. Según esta teoría, la experiencia de vida que una persona quiere vivir depende

Según algunas teorías, no existe un cielo o infierno en el sentido tradicional de estos términos. En lugar de eso, existen diferentes frecuencias de vibración informacionales que pueden ser más densas o más sutiles. Estas frecuencias de vibración informacionales se relacionan con nuestra conciencia y nuestra experiencia de vida.

La teoría sostiene que las personas somos flujos energéticos de conciencia y que adoptamos diferentes frecuencias de vibración informacionales según nuestra voluntad. Esto significa que tenemos el poder de elegir qué tipo de experiencia de vida queremos vivir.

Según esta teoría, es sabio elevar siempre nuestra frecuencia de vibración, ya que esto nos acercará a una conciencia más sutil y refinada y nos permitirá vivir una vida más plena y satisfactoria. Al enfocarnos en pensamientos y acciones positivas y constructivas, podemos aumentar nuestra propia frecuencia de vibración y atraer más cosas positivas a nuestra vida.

Para concluir, algunas teorías sostienen que no existe un cielo o infierno en el

En nuestra sociedad, es común creer en la existencia de un cielo y un infierno después de la muerte. Sin embargo, hay quienes cuestionan esta creencia y proponen una perspectiva diferente. Según esta teoría, lo que existen son diferentes frecuencias de vibración informacional.

La teoría de las frecuencias de vibración informacional sostiene que somos seres energéticos compuestos por conciencia y vibraciones informacionales. Estas vibraciones determinan la experiencia de vida que vivimos y, por lo tanto, podemos elegir conscientemente aumentar nuestra frecuencia de vibración para tener una vida más plena y satisfactoria.

Las frecuencias de vibración informacional más densas se corresponden con lo que comúnmente se llama infierno, mientras que las frecuencias más sutiles se corresponden con lo que se llama cielo. Por lo tanto, no existe un lugar físico al que vayamos después de la muerte, sino que nuestra conciencia simplemente adopta una frecuencia de vibración diferente en otro plano de existencia.

Esta teoría plantea una visión más optimista del mundo y nos invita a reflexionar sobre nuestras propias elecciones y cómo estas afectan nuestra vibración informacional. En lugar de temer el juicio final y el castigo eterno, podemos enfocarnos en elevar nuestra frecuencia de vibración y vivir de acuerdo a nuestros valores y deseos más profundos.

Así, la teoría de las frecuencias de vibración informacional sugiere que no existe un cielo o un infierno físicos, sino que son simplemente diferentes vibraciones informacionales que podemos elegir adoptar. Es importante recordar que somos seres energéticos y que tenemos el poder de influir en nuestra propia experiencia de vida a través de nuestras elecciones y vibraciones informacionales.

29. Todo es eterno, si así lo queremos, pero todo puede ser efímero, si así lo preferimos, viajar con sentido, es ir tras experiencias de vibración información cuántica, cada vez más altas, enfocados en ello, dirigidos a ello, por el contrario, dejarse ir por el inexistente azar, es dejarse dirigir por otros, por la política, la religión, la educación alienante, el contexto social esclavisante, es decir, sin el concurso de nuestra libre autodeterminación, es permitir programas mentales, que nos instalan, en frecuencias de vibración densificantés, es matar el libre albedrío.

Todo en el universo es eterno en el sentido de que siempre ha existido y siempre existirá de alguna manera. Sin embargo, nuestra experiencia de esa eternidad puede ser diferente. Podemos elegir enfocarnos en experiencias de vibración información cuántica cada vez más altas y, de esta manera, nuestra percepción de la eternidad será más plena y satisfactoria.

Por otro lado, también es posible elegir vivir una vida efímera y dejar que otros nos dirijan. Si nos dejamos llevar por el azar o permitimos que la política, la religión, la educación o el contexto social nos controlen, estamos renunciando a nuestra libre autodeterminación. Estamos permitiendo que programas mentales nos instalen en frecuencias de vibración densificantes y matamos nuestro libre albedrío.

Es importante recordar que tenemos el poder de elegir nuestro propio camino y de enfocarnos en experiencias de vibración información cuántica más altas. Esto nos permitirá vivir una vida más plena y satisfactoria y nos permitirá experimentar la eternidad de manera más significativa.

Además, todo es eterno en el sentido de que siempre ha existido y siempre existirá, pero nuestra percepción de esa eternidad depende de nuestras elecciones y enfoques. Si elegimos enfocarnos en experiencias de vibración información cuántica cada vez más altas y vivir de acuerdo a nuestros propios valores y deseos, podemos vivir una vida plena y satisfactoria y experimentar la eternidad de manera más significativa.

30. El manipular a otros, determinar a otros, controlar a otros, es violar el libre albedrío de las personas, es bajar sus frecuencias de vibración cuántica, a estados densificantés, pero también es densificarse uno mismo, debido a la ley del entrelazamiento cuántico, es decir, porque la inercia de vibraciones a las cuales te entrelazas, te arrastraran inevitablemente, por el contrario, dar libertad de elección, asumir tus facultades, que te da el libre albedrío y respetar el de los otros, es aumentar las frecuencias de vibración informacional cuántica subjetiva personal.

Manipular, controlar y determinar a otros es violar su libre albedrío y bajar sus frecuencias de vibración cuántica a estados densificantes. Esto significa que estamos limitando la capacidad de las personas para elegir y tomar decisiones por sí mismas y estamos reduciendo su potencial de vibración informacional.

Además, cuando manipulamos a otros estamos densificándonos a nosotros mismos debido a la ley del entrelazamiento cuántico. Esto significa que nos estamos entrelazando con vibraciones más densas y, por lo tanto, estamos atrayendo a nuestra vida experiencias y circunstancias similares.

Por el contrario, dar libertad de elección y respetar el libre albedrío de los demás es aumentar nuestras propias frecuencias de vibración informacional cuántica subjetiva personal. Esto significa que estamos asumiendo nuestras propias facultades y elegimos vibrar en una frecuencia más alta. Al respetar el libre albedrío de los demás, también estamos contribuyendo a elevar sus frecuencias de vibración y a crear un mundo más armonioso y equilibrado.

Digo, manipular a otros es violar su libre albedrío y densificarnos a nosotros mismos, mientras que dar libertad de elección y respetar el libre albedrío de los demás es aumentar nuestras propias frecuencias de vibración informacional cuántica subjetiva personal. Al elegir vivir de acuerdo a nuestros propios valores y respetar los de los demás, podemos contribuir a crear un mundo más armonioso y equilibrado.

31. Toda vibración tiene: un Desplazamiento: que Indica la cantidad de movimiento que un quantum experimenta con respecto a su posición de reposo. Además, tiene un Periodo: que Es el tiempo que tarda en realizar un ciclo completo de experiencia; Luego, una Frecuencia: que Es el número de ciclos que ocurren en una unidad de tiempo en una experiencia de vida. También tiene una Velocidad: que Se refiere a la proporción del cambio

deposición con respecto al tiempo. Y finalmente, una Aceleración: que Proporciona la medida del cambio de la velocidad con respecto al tiempo de una vivencia a otra. Así, si respetamos los ritmos naturales y nos instalamos cada vez más en frecuencias más altas, más alta será la perspectiva, y más rica la experiencia, por contra, instalarte en frecuencias densas, habrá sufrimiento, enfermedad, maldad, infierno, etc. en tu experiencia cuántica informacional de vida.

Toda vibración tiene características específicas que la definen y la distinguen de otras vibraciones. Una de estas características es el desplazamiento, que indica la cantidad de movimiento que un quantum experimenta con respecto a su posición de reposo.

Otra característica de la vibración es el periodo, que es el tiempo que tarda en realizar un ciclo completo de experiencia. La frecuencia es el número de ciclos que ocurren en una unidad de tiempo en una experiencia de vida.

La velocidad es la proporción del cambio de posición con respecto al tiempo. Por último, la aceleración es la medida del cambio de velocidad con respecto al tiempo de una vivencia a otra.

Es importante tener en cuenta que las vibraciones tienen diferentes efectos en nuestra experiencia de vida. Si respetamos los ritmos naturales y nos instalamos cada vez más en frecuencias más altas, tendremos una perspectiva más amplia y una experiencia más rica. Por el contrario, si nos instalamos en frecuencias densas, podemos experimentar sufrimiento, enfermedad, maldad y otros estados negativos en nuestra experiencia cuántica informacional de vida.

Así, las vibraciones tienen características específicas que las definen y que afectan nuestra experiencia de vida. Al respetar los ritmos naturales y elevar nuestra frecuencia de vibración, podemos tener una perspectiva más amplia y una experiencia de vida más rica.

Toda vibración tiene diferentes características que la definen y la hacen única. Una de estas características es el desplazamiento, que indica la cantidad de movimiento que un quantum experimenta con respecto a su posición de reposo.

Otra característica importante es el periodo, que es el tiempo que tarda en realizar un ciclo completo de experiencia. La frecuencia es el número de ciclos que ocurren en una unidad de tiempo en una experiencia de vida. La velocidad se refiere a la proporción del cambio de posición con respecto al tiempo. Y finalmente, la aceleración proporciona la medida del cambio de la velocidad con respecto al tiempo de una vivencia a otra.

Es importante tener en cuenta que nuestra vibración informacional tiene un impacto en nuestra experiencia de vida. Si respetamos los ritmos naturales y nos instalamos en frecuencias más altas, tendremos una perspectiva más amplia y rica y tendremos una experiencia más plena y satisfactoria. Por el contrario, si nos instalamos en frecuencias densas, podemos experimentar sufrimiento, enfermedad y maldad en nuestra experiencia cuántica informacional de vida.

Por lo demás, toda vibración tiene diferentes características como el desplazamiento, el periodo, la frecuencia, la velocidad y la aceleración. Al respetar los ritmos naturales y elegir vibrar en frecuencias más altas, podemos tener una experiencia de vida más plena y satisfactoria.

Toda vibración tiene una serie de características que la definen y la hacen única. El desplazamiento indica la cantidad de movimiento que un quantum experimenta con respecto a su posición de reposo. El periodo es el tiempo que tarda en realizar un ciclo completo de experiencia. La frecuencia es el número de ciclos que ocurren en una unidad de tiempo en una experiencia de vida. La velocidad se refiere a la proporción del cambio de posición con respecto al tiempo. Y, finalmente, la aceleración proporciona la medida del cambio de la velocidad con respecto al tiempo de una vivencia a otra.

Estas características de la vibración tienen un impacto directo en nuestra experiencia de vida. Si respetamos los ritmos naturales y nos instalamos cada vez más en frecuencias más altas, tendremos una perspectiva más elevada y una experiencia más rica. Por el contrario, si nos instalamos en frecuencias densas, podemos experimentar sufrimiento, enfermedad y maldad en nuestra experiencia cuántica informacional de vida.

Es importante recordar que tenemos el poder de influir en nuestra propia vibración y, por lo tanto, en nuestra experiencia de vida. Al elegir vivir de acuerdo a nuestros propios valores y enfocarnos en frecuencias más altas, podemos contribuir a crear un mundo más armonioso y equilibrado.

32. El miedo es una frecuencia informacional densa, ilusoria, pero que se cristaliza en hechos concretos que has elegido, y son resultado de ignorancia y miedo, por lo que son frecuencias de información ingratas, que has elegido para ti mismo.

El miedo es una frecuencia informacional densa e ilusoria que puede cristalizarse en hechos concretos. Estos hechos son resultado de ignorancia y miedo y, por lo tanto, son frecuencias de información ingratas que hemos elegido para nosotros mismos.

El miedo es una emoción natural y necesaria para nuestra supervivencia. Nos alerta de posibles peligros y nos impulsa a tomar medidas de protección. Sin embargo, cuando el miedo se vuelve excesivo o se basa en creencias o suposiciones infundadas, puede ser destructivo y limitante.

Cuando nos aferramos al miedo, elegimos vibrar en una frecuencia informacional densa y limitante. Esto nos impide ver el mundo de manera clara y nos impide avanzar hacia nuestros objetivos y metas.

Es importante recordar que tenemos el poder de elegir nuestras vibraciones informacionales y, por lo tanto, podemos decidir liberarnos del miedo excesivo y elegir vibrar en una frecuencia más alta y positiva. Al hacerlo, podemos vivir una vida más plena y satisfactoria y contribuir a crear un mundo más armonioso y equilibrado.

33. Opta por aumentos vibraciones constantes, no por estancos informacionales densificantes, al hacerlo, aumentaras la riqueza de tus experiencias.

Es importante optar por aumentar nuestras vibraciones constantemente en lugar de quedarnos estancados en vibraciones informacionales densificantes. Al hacerlo, podemos aumentar la riqueza de nuestras experiencias y vivir una vida más plena y satisfactoria.

La teoría de las vibraciones informacionales sugiere que somos seres energéticos compuestos por conciencia y vibraciones informacionales. Estas vibraciones determinan la experiencia de vida que vivimos y, por lo tanto, podemos elegir conscientemente aumentar nuestra frecuencia de vibración para tener una vida más plena y satisfactoria.

Si optamos por aumentar nuestras vibraciones constantemente, podemos atraer a nuestra vida experiencias más positivas y enriquecedoras. Al enfocarnos en nuestras metas y valores y elegir vibrar en una frecuencia más alta, podemos vivir una vida más significativa y alcanzar un mayor nivel de satisfacción.

Ultimadamente, optar por aumentar nuestras vibraciones constantemente nos permite aumentar la riqueza de nuestras experiencias y vivir una vida más plena y satisfactoria. Al elegir enfocarnos en nuestras metas y valores y vibrar en una frecuencia más alta, podemos contribuir a crear un mundo más armonioso y equilibrado.

34. La libertad deviene del su ejercicio responsable, y con la intensión dirigida hacia estados de vibración más altos.

La libertad es un derecho fundamental que nos permite tomar decisiones y actuar de acuerdo a nuestros propios valores y deseos. Sin embargo, la libertad no es un fin en sí misma, sino que debe ser ejercida de manera responsable y con la intención de elevar nuestras vibraciones a estados más altos.

Cuando ejercemos nuestra libertad de manera responsable, tenemos en cuenta el impacto de nuestras acciones en los demás y en el mundo en general. Al enfocarnos en estados de vibración más altos, estamos eligiendo vibrar en una frecuencia más positiva y armoniosa y, por lo tanto, estamos contribuyendo a crear un mundo más equilibrado y armonioso.

Es importante recordar que tenemos el poder de elegir nuestras vibraciones informacionales y, por lo tanto, podemos decidir enfocarnos en estados de vibración más altos y vivir de acuerdo a nuestros propios valores y deseos. Al hacerlo, podemos ejercer nuestra libertad de manera responsable y contribuir a crear un mundo más armonioso y equilibrado.

35. Lo contante, es tu frecuencia de vibración informacional de tu campo cuántico subjetivo personal, lo demás, es solo ilusión y transformaciones informacionales, por los que pasamos transitoriamente, y si estos estados, son de frecuencias cuánticas cada vez más altas, eso es ser eterno.

La frecuencia de vibración informacional de nuestro campo cuántico subjetivo personal es lo que es constante en nuestra vida. Todo lo demás es solo ilusión y transformaciones informacionales por las que pasamos transitoriamente.

La teoría de las vibraciones informacionales sugiere que somos seres energéticos compuestos por conciencia y vibraciones informacionales. Estas vibraciones determinan la experiencia de vida que vivimos y, por lo tanto, podemos elegir conscientemente aumentar nuestra frecuencia de vibración para tener una vida más plena y satisfactoria.

Si elegimos enfocarnos en estados de vibración más altos y vivir de acuerdo a nuestros propios valores y deseos, podemos contribuir a crear un mundo más armonioso y equilibrado. Al hacerlo, estamos eligiendo ser eternos, es decir, vivir una vida plena y significativa que trasciende el tiempo y el espacio.

En último de los casos, la frecuencia de vibración informacional de nuestro campo cuántico subjetivo personal es lo que es constante en nuestra vida. Al elegir enfocarnos en estados de vibración más altos y vivir de acuerdo a nuestros propios valores y deseos, podemos ser eternos y contribuir a crear un mundo más armonioso y equilibrado.

36. La tristeza y aflicción, es la elección de estados de vibraciones de alta densidad, cuando puedes elegir estados elevados de alta vibración de información vital.

La tristeza y la aflicción son emociones negativas que muchas personas experimentan en algún momento de sus vidas. Estas emociones pueden ser el resultado de la elección de estados de vibraciones de alta densidad en lugar de estados elevados de alta vibración de información vital.

La teoría de las vibraciones informacionales sugiere que somos seres energéticos compuestos por conciencia y vibraciones informacionales. Estas vibraciones determinan la experiencia de vida que vivimos y, por lo tanto, podemos elegir conscientemente aumentar nuestra frecuencia de vibración para tener una vida más plena y satisfactoria.

Cuando elegimos vibrar en una frecuencia de alta densidad, atraemos a nuestra vida experiencias negativas y desagradables. Al enfocarnos en estados de vibración más altos, podemos atraer a nuestra vida experiencias más positivas y enriquecedoras.

Es importante recordar que tenemos el poder de elegir nuestras vibraciones informacionales y, por lo tanto, podemos decidir liberarnos de la tristeza y la aflicción y elegir vibrar en una frecuencia más alta y positiva. Al hacerlo, podemos vivir una vida más plena y satisfactoria y contribuir a crear un mundo más armonioso y equilibrado.

37. La intensión moldea a la palabras, pero también, los pensamientos, más aun, los deseos, por lo que ser disciplinado en los que decimos, pensamos, deseamos, para que estos sean catapultas a frecuencias vibraciones más altas, ese es el camino productivo de regreso al origen, lo demás, son ociosos, caminos de densificación informacional.

La intensión es una fuerza poderosa que moldea no solo nuestras palabras, sino también nuestros pensamientos y deseos. Por lo tanto, es importante ser disciplinados en lo que decimos, pensamos y deseamos para que estos sean catapultas a frecuencias vibraciones más altas.

La teoría de las vibraciones informacionales sugiere que somos seres energéticos compuestos por conciencia y vibraciones informacionales. Estas vibraciones determinan la experiencia de vida que vivimos y, por lo tanto, podemos elegir conscientemente aumentar nuestra frecuencia de vibración para tener una vida más plena y satisfactoria.

Cuando elegimos enfocarnos en estados de vibración más altos y vivir de acuerdo a nuestros propios valores y deseos, podemos contribuir a crear un mundo más armonioso y equilibrado. Al ser disciplinados en lo que decimos, pensamos y deseamos, podemos utilizar nuestra intensión para catapultarnos a frecuencias vibracionales más altas y avanzar en el camino productivo de regreso al origen.

Ultimadamente, la intensión es una fuerza poderosa que moldea nuestras palabras, pensamientos y deseos. Al ser disciplinados en lo que decimos, pensamos y deseamos y elegir enfocarnos en estados de vibración más altos, podemos avanzar en el camino productivo de regreso al origen y contribuir a crear un mundo más armonioso y equilibrado.

38. Los pensamientos, son nuestros y de nadie más, son frecuencias de vibración que les damos vida, si estos son densos, eso hemos alimentado, si son de información cada vez más agradable, eso hemos sembrado, y finalmente, eso son los frutos que tendremos.

Los pensamientos son nuestros y de nadie más. Son frecuencias de vibración que les damos vida y que determinan la experiencia de vida que vivimos. Si alimentamos pensamientos densos, eso es lo que tendremos. Si, por el contrario, sembramos pensamientos de información cada vez más agradable, esos serán los frutos que tendremos.

La teoría de las vibraciones informacionales sugiere que somos seres energéticos compuestos por conciencia y vibraciones informacionales. Estas vibraciones determinan la experiencia de vida que vivimos y, por lo tanto, podemos elegir conscientemente aumentar nuestra frecuencia de vibración para tener una vida más plena y satisfactoria.

Es importante recordar que tenemos el poder de elegir nuestros pensamientos y, por lo tanto, podemos decidir enfocarnos en pensamientos positivos y agradables. Al hacerlo, podemos atraer a nuestra vida experiencias más positivas y enriquecedoras y contribuir a crear un mundo más armonioso y equilibrado.

Los pensamientos son una parte fundamental de nuestra vida cotidiana. Son el resultado de nuestras experiencias, creencias y percepciones, y a menudo nos guían en la toma de decisiones y en la forma en que interactuamos con el mundo. Sin embargo, es importante recordar que los pensamientos son nuestros y de nadie más. Cada uno de nosotros es responsable de nuestros propios pensamientos y de cómo los utilizamos.

Algunos creen que los pensamientos son simplemente frecuencias de vibración que tomamos prestadas del mundo exterior. Sin embargo, esto no es cierto. Los pensamientos son producto de nuestra propia mente y son alimentados por lo que decidimos poner en ella. Si alimentamos nuestra mente con pensamientos densos y negativos, eso es lo que tendremos. Por otro lado, si decidimos sembrar pensamientos más positivos y agradables, eso es lo que tendremos. Los pensamientos son como semillas y lo que decidimos sembrar es lo que finalmente germinará y se convertirá en los frutos que cosecharemos.

Es importante tomar conciencia de nuestros pensamientos y ser conscientes de cómo estos nos afectan a nivel personal y en nuestras relaciones con los demás. A menudo, somos víctimas de nuestros propios pensamientos y permitimos que nos gobiernen en lugar de utilizarlos de manera consciente para nuestro beneficio. Tomar el control de nuestros pensamientos y elegir conscientemente qué sembrar en nuestra mente puede ser una herramienta poderosa para alcanzar nuestras metas y vivir una vida más feliz y plena.

39. La muerte, solo existe en la mente, no en la realidad cuántica, por lo que un estado de vibración informacional finito, es un pensamiento sin sustento, la realidad es, que somos quantums eternos, que se creen ilusoriamente ser finitos, siendo infinitos.

La muerte es un concepto que ha fascinado y aterrado a las personas desde tiempos inmemoriales. Es algo que todos enfrentaremos algún día y es una idea que muchos de nosotros tememos profundamente. Sin embargo, hay algunos que sostienen que la muerte solo existe en la mente y no en la realidad cuántica.

Según esta teoría, la muerte es solo un pensamiento sin sustento y no es más que una ilusión creada por nuestra mente finita. En la realidad, somos seres cuánticos eternos que simplemente creemos que somos finitos. Esto sugiere que la muerte no es más que una creencia limitante y que en realidad somos seres inmortales y eternos.

Aunque esta teoría puede parecer intrigante y atractiva, es importante recordar que aún no se ha demostrado científicamente y sigue siendo una teoría especulativa. Sin embargo, es interesante considerar la posibilidad de que la muerte no sea más que una ilusión y que, en realidad, seamos seres inmortales y eternos. Aunque no podemos saber con certeza qué hay después de la muerte, esta teoría nos ofrece la esperanza de que hay algo más allá de nuestro tiempo finito en esta vida.

40. La felicidad son estados de vibración información de felicidad, no de posiciones, tenencias, títulos, grados de estudio, etc. pero si estos aspectos materiales, están investidos de vibraciones de altas frecuencias, también la materialidad nos brinda su rostro de felicidad, pero ante la pérdida de ellas,

digo, de las ventajas materiales, simplemente no importa porque la esencia subsiste.

La felicidad es una emoción que todos buscamos en nuestra vida. Es algo que nos da un sentido de satisfacción y bienestar y es una parte fundamental de nuestro bienestar emocional y físico. Sin embargo, a menudo buscamos la felicidad en cosas externas, como posiciones, tenencias, títulos o grados de estudio. Creemos que estas cosas nos darán la felicidad que anhelamos, pero esto no siempre es cierto.

En realidad, la felicidad es un estado de vibración informacional de felicidad y no depende de cosas externas. Esto significa que la felicidad es algo que viene de dentro de nosotros y no puede ser proporcionada por cosas externas. Aunque es cierto que las ventajas materiales pueden proporcionar cierta felicidad temporal, esta felicidad no es duradera y a menudo se desvanece cuando perdemos estas cosas.

La esencia de la felicidad es algo que está dentro de nosotros y es independiente de nuestras posesiones o logros externos. Aunque es cierto que ciertas cosas pueden contribuir a nuestra felicidad, la verdadera fuente de la felicidad es nuestro estado de vibración interno. Por lo tanto, si queremos encontrar la verdadera felicidad, debemos buscarla dentro de nosotros mismos y no en cosas externas. Al hacer esto, podremos encontrar una felicidad duradera y sostenible, independientemente de nuestras circunstancias externas.

41. Nuestra eternidad, consiste de descubrir que somos una frecuencia de vibración informacional consiente de sí mismo, por lo que, el camino que hagamos, lo podemos hacer, subiendo nuestra vibración al infinito, o bien, a lo finito, y eso determinara, la experiencia vital energética, que vivamos.

Nuestra eternidad es algo que ha fascinado a las personas desde tiempos inmemoriales. ¿Qué hay después de la muerte? ¿Somos seres eternos o simplemente existimos durante nuestra vida en la Tierra? Estas son preguntas que muchos de nosotros nos hemos hecho en algún momento.

Según algunas teorías, nuestra eternidad consiste en descubrir que somos una frecuencia de vibración informacional consciente de sí misma. Esto significa que somos seres energéticos y que nuestra vibración es lo que determina la experiencia vital que vivimos. Si nuestra vibración es alta, experimentaremos una vida plena y llena de alegría. Por otro lado, si nuestra vibración es baja, experimentaremos una vida más oscura y llena de sufrimiento.

El camino que hagamos en nuestra vida es importante y puede tener un gran impacto en nuestra vibración. Podemos optar por subir nuestra vibración al infinito o bien, elegir permanecer en una vibración finita. La elección es nuestra y depende de cómo decidamos vivir nuestra vida. Si elegimos subir nuestra vibración al infinito, podremos experimentar una vida llena de amor, alegría y propósito. Por otro lado, si elegimos permanecer en una vibración finita, podremos experimentar una vida más oscura y llena de sufrimiento.

Es importante recordar que nuestra eternidad es algo que está en nuestras manos y que depende de cómo decidamos vivir nuestra vida. Al elegir subir nuestra vibración al infinito, podemos experimentar una vida plena y llena de alegría. Por lo tanto, es importante ser conscientes de nuestra vibración y elegir conscientemente cómo vivir nuestra vida.

42. Nuestros ritmos de vibración, son expresiones naturales de ritmos vibraciones universales, a veces estamos activos, otras pasivos, así la expresión de esos ritmos, determina la riqueza de nuestra experiencia vital.

Nuestros ritmos de vibración son una expresión natural de los ritmos vibratorios universales. Estos ritmos pueden variar ampliamente y pueden incluir momentos de alta actividad y energía y momentos de mayor pasividad y relajación. Estos ritmos son una parte fundamental de nuestra vida y pueden tener un gran impacto en la riqueza de nuestra experiencia vital.

Cuando estamos más activos, podemos sentirnos más enérgicos y motivados. Esto nos permite hacer frente a los desafíos del día a día y alcanzar nuestras metas. Por otro lado, cuando estamos más pasivos, podemos sentirnos más relajados y en paz. Esto nos permite descansar y recargar nuestras baterías para afrontar los desafíos del día siguiente.

Es importante recordar que nuestros ritmos de vibración son una expresión natural de los ritmos universales y que no son buenos ni malos en sí mismos. Lo importante es cómo elegimos expresar estos ritmos y cómo utilizamos nuestra energía y nuestro tiempo. Si elegimos expresar nuestros ritmos de manera equilibrada y consciente, podremos vivir una vida más rica y plena. Por otro lado, si ignoramos nuestros ritmos o los negamos, podremos experimentar una vida más estresante y menos satisfactoria.

Es importante ser conscientes de nuestros ritmos de vibración y elegir conscientemente cómo expresarlos. Al hacerlo, podremos vivir una vida más equilibrada y plena y disfrutar de todo lo que la vida tiene que ofrecer.

43. Lo único que pervive es el avance, no así el retroceso, el enfoque en avanzar, a estados de vibración cuántica sutil, es lo único que importa en la existencia.

Lo único que pervive en la vida es el avance. El retroceso es algo temporal y no tiene la misma durabilidad que el avance. A menudo, nos concentramos tanto en nuestros fracasos o en lo que no está funcionando en nuestra vida que nos olvidamos de avanzar hacia adelante. Sin embargo, es importante recordar que el enfoque en avanzar es lo único que realmente importa en nuestra existencia.

Cuando nos enfocamos en avanzar, estamos orientados hacia el futuro y hacia nuestras metas. Esto nos permite experimentar una sensación de propósito y significado y nos da una dirección clara en la vida. Por otro lado, cuando nos concentramos en el retroceso, nos centramos en el pasado y en nuestros fracasos, lo que nos impide avanzar hacia adelante.

Además, el enfoque en avanzar nos permite alcanzar estados de vibración cuántica sutil. Estos estados son más sutiles y sostenibles y nos permiten experimentar una mayor conexión y comprensión del universo y de nosotros mismos. Al enfocarnos en avanzar, podemos experimentar una mayor armonía y paz en nuestras vidas y encontrar un sentido más profundo y significativo.

Incluso, lo único que pervive en la vida es el avance. El enfoque en avanzar hacia adelante es lo único que realmente importa en nuestra existencia y nos permite alcanzar estados de vibración cuántica sutil y experimentar una mayor conexión y comprensión del universo. Por lo tanto, es importante recordar que el avance es la clave para vivir una vida plena y satisfactoria.

44. La paz interior es vibrar conforme tu frecuencia de vibración cotidiana, pero al final del día, si has aumentado tu frecuencia de vibración, eso es vivir, lo otro es morir cuánticamente, aunque esto último, también es una ilusión.

La paz interior es una sensación de equilibrio y bienestar que proviene de nuestro interior. Es algo que todos anhelamos y que nos da un sentido de estabilidad y serenidad. Una forma de encontrar la paz interior es vibrar conforme a nuestra frecuencia de vibración cotidiana. Esto significa ser fieles a nuestras verdaderas creencias y valores y vivir de acuerdo a ellos.

Sin embargo, la vida no siempre es fácil y a menudo nos encontramos en situaciones que nos desafían y nos hacen cuestionar nuestras creencias y valores. En estos momentos, es importante recordar que la paz interior no es algo que se encuentra fácilmente y que a menudo requiere trabajo y esfuerzo para mantenerla.

Aunque la paz interior es importante, es igualmente importante recordar que la vida no es solo paz y tranquilidad. A menudo, la vida nos presenta desafíos y obstáculos que debemos enfrentar y superar.

La paz interior es un estado de equilibrio emocional y mental que nos permite vivir de manera más plena y satisfactoria. A menudo, se dice que esta paz interior se alcanza cuando nuestra frecuencia de vibración es alta y constante. Esto significa que estamos en sintonía con nuestras verdaderas intenciones y propósitos, y que no dejamos que nuestras emociones negativas, como el miedo, el enojo o la tristeza, nos dominen.

Pero ¿qué es esta frecuencia de vibración y cómo afecta a nuestra paz interior? La frecuencia de vibración es una medida de la energía que emana de nuestro cuerpo y de nuestra mente. Cuando nuestra frecuencia de vibración es alta, significa que estamos en un estado de armonía y equilibrio, y que nuestro cuerpo y nuestra mente están en sintonía. Por otro lado, cuando nuestra frecuencia de vibración es baja, significa que estamos en un estado de desequilibrio y que nuestro cuerpo y nuestra mente están desconectados.

Aumentar nuestra frecuencia de vibración es esencial para lograr la paz interior, ya que nos permite vivir de manera más saludable y plena. Esto puede hacerse a través de la práctica de la meditación, la reflexión y la introspección, así como también a través de la adopción de hábitos saludables, como comer de manera nutritiva, hacer ejercicio y dormir lo suficiente.

Pero, ¿qué pasa si no aumentamos nuestra frecuencia de vibración? Según algunas teorías, si no aumentamos nuestra frecuencia de vibración, podemos caer en un estado de desequilibrio y de desconectado de nuestro verdadero yo. Esto puede llevar a sentimientos de tristeza, ansiedad y depresión, y puede afectar negativamente nuestra salud física y mental.

Al final del día, aumentar nuestra frecuencia de vibración es esencial para vivir de manera plena y satisfactoria. Esto nos permite estar en armonía con nuestro verdadero yo y alcanzar la paz interior. Por otro lado, si no aumentamos nuestra frecuencia de vibración, podemos caer en un estado de desequilibrio y de desconectado de nuestro verdadero yo, lo que puede afectar negativamente nuestra salud y nuestra vida en general. Aunque es importante recordar que todo es una ilusión, y que la realidad es subjetiva y cambiante, es esencial.

La paz interior es un estado de equilibrio y armonía que se refleja en nuestra forma de ser y en cómo nos relacionamos con los demás. Esta paz se logra cuando estamos en sintonía con nuestra frecuencia de vibración cotidiana, es decir, cuando nuestras emociones, pensamientos y acciones están en armonía con nuestros valores y creencias más profundas.

Pero alcanzar la paz interior no es algo que sucede de la noche a la mañana. Se trata de un proceso continuo que requiere esfuerzo y dedicación. A veces, incluso, podemos sentir que estamos dando pasos hacia atrás en lugar de hacia adelante. Sin embargo, lo importante es seguir trabajando en nosotros mismos y en nuestra forma de ser, a pesar de los obstáculos que se nos presenten.

Al final del día, lo que realmente importa es si hemos aumentado nuestra frecuencia de vibración o no. Vivir significa crecer y evolucionar como personas, mientras que morir cuánticamente se refiere a estancarnos y dejar de progresar. Esta última opción puede parecer cómoda y segura, pero en realidad nos priva de la oportunidad de vivir plenamente y de alcanzar nuestro máximo potencial.

Por último, es importante recordar que todo en la vida es una ilusión, incluyendo nuestra propia existencia. Esto no significa que no tengamos valor o que nuestras vidas no tengan sentido, sino que debemos aprender a ver más allá de las apariencias y a vivir en el presente, sin preocuparnos demasiado por lo que pueda pasar en el futuro. Al hacerlo, podremos encontrar la paz interior que buscamos y vibrar conforme nuestra frecuencia de vibración cotidiana. Así que, la paz interior es un estado de equilibrio y armonía que se refleja en nuestra forma de ser y en cómo nos relacionamos con los demás y es un proceso continuo que requiere esfuerzo y dedicación y es importante recordar que todo en la vida es una ilusión y debemos aprender a ver más allá de las apariencias y a vivir en el presente.

45. La vida no es solo vivir, con todo, estando sin vida, también es vivir, pues el cuántico es un ser eterno, nunca muere, solo cambia de enfoque de experiencia vital.

La vida es un concepto complejo y a menudo difícil de comprender. A veces parece que solo se trata de sobrevivir día a día, tratando de hacer frente a los problemas y desafíos que se nos presentan. Pero la vida es mucho más que eso. La vida es un regalo único y precioso que nos ha sido otorgado y que debemos valorar y aprovechar al máximo.

Sin embargo, también es cierto que, en cierto sentido, estamos siempre "viviendo", incluso cuando parece que no estamos vivos en absoluto. Según la teoría cuántica, el universo es un lugar eterno y todo lo que existe es una manifestación de la energía pura. Esto significa que, aunque nuestro cuerpo físico pueda dejar de funcionar, nuestra esencia siempre estará presente en el universo, solo cambiando de enfoque de experiencia vital.

Esto no significa que no debamos preocuparnos por nuestra vida en el plano físico. Al contrario, debemos tratar de vivir de la mejor manera posible, haciendo lo que nos apasiona y rodeándonos de personas que nos hagan felices. Pero también debemos recordar que, más allá de nuestra existencia temporal, somos seres eternos y que nuestra vida no termina con la muerte del cuerpo.

Así, la vida es mucho más que simplemente sobrevivir día a día. Es una oportunidad única y preciosa para vivir plenamente y alcanzar nuestro máximo potencial. Pero también debemos recordar que, más allá de nuestra existencia temporal, somos seres eternos y que nuestra vida no termina con la muerte del cuerpo. Finalmente, la vida es una oportunidad única y preciosa para vivir plenamente y alcanzar nuestro máximo potencial y también debemos recordar que somos seres eternos y que nuestra vida no termina con la muerte del cuerpo.

46. El saber, es subir de frecuencia de vibración informacional, cada vez más altos, donde se perciben otros horizontes de las esencias, de la vida.

El saber es una de las cosas más valiosas que podemos adquirir a lo largo de nuestra vida. El conocimiento nos permite comprender mejor el mundo que nos rodea y nos da las herramientas necesarias para enfrentar los desafíos que se nos presentan. Pero el saber no solo se trata de aprender hechos y datos, sino también de comprender las esencias de la vida y de cómo funciona el universo.

Cuando adquirimos conocimiento, nuestra frecuencia de vibración informacional aumenta. Esto se refleja en cómo pensamos, cómo nos sentimos y cómo nos relacionamos con los demás. Al subir nuestra frecuencia de vibración, nos volvemos más conscientes y más capaces de percibir nuevos horizontes y perspectivas. Esto nos permite ver más allá de lo que nuestros sentidos nos permiten y nos da la oportunidad de comprender el mundo de maneras que antes eran inimaginables.

El saber es una herramienta poderosa y, aunque no siempre es fácil adquirirlo, siempre vale la pena el esfuerzo. A medida que subimos nuestra frecuencia de vibración informacional, podemos ver el mundo de maneras más profundas y comprender las esencias de la vida de maneras que antes nos eran inaccesibles. Por lo demás, el saber es una herramienta poderosa que nos permite comprender mejor el mundo y nos da las herramientas necesarias para enfrentar los desafíos que se nos presentan y al adquirir conocimiento nuestra frecuencia de vibración informacional aumenta y nos permite ver el mundo de maneras más profundas y comprender las esencias de la vida de maneras que antes nos eran inaccesibles.

47. La libertad y esclavitud están en tu mente, y solo en tu mente, no en la de los demás, si crees que está en lo demás, eres esclavo, si crees que está en ti mismo, eres libre.

La libertad y la esclavitud son conceptos que a menudo se relacionan con el mundo exterior, pero en realidad están en nuestra mente. Nuestros pensamientos y creencias son los que nos dan la sensación de ser libres o esclavos. Si creemos que nuestra libertad o esclavitud depende de lo que hacen o piensan los demás, entonces nos convertimos en esclavos de sus acciones y opiniones. Pero si creemos que nuestra libertad y esclavitud dependen de nosotros mismos, entonces somos libres.

La libertad y la esclavitud no son estados absolutos, sino más bien una cuestión de grado. Podemos sentirnos libres en algunos aspectos de nuestra vida y esclavos en otros. Por ejemplo, podemos sentirnos libres para expresar nuestras opiniones, pero esclavos de nuestro trabajo o de nuestra situación económica. Lo importante es ser conscientes de cómo nuestros pensamientos y creencias nos afectan y tratar de cambiar aquellos que nos impiden sentirnos libres.

La libertad es un derecho fundamental de todas las personas y es algo que debemos defender y proteger. Pero para hacerlo, primero debemos liberarnos de las cadenas de nuestra mente y aprender a pensar por nosotros mismos. Si somos capaces de hacerlo, podremos vivir plenamente y alcanzar nuestro máximo potencial. Concluyendo la libertad y esclavitud están en nuestra mente y nuestros pensamientos y creencias son los que nos dan la sensación de ser libres o esclavos y la libertad es un derecho fundamental de todas las personas y es algo que debemos defender y proteger y para hacerlo debemos liberarnos de las cadenas de nuestra mente y aprender a pensar por nosotros mismos.

48. Dejar de sufrir, dejar de optar por la enfermedad y la muerte, es elegir frecuencias de vibración cada vez más altas, y por ende, enfocarte en el disfrute, la salud y, la vida cuántica de vibraciones informacionales de conciencia, cada vez más elevada.

Dejar de sufrir y de optar por la enfermedad y la muerte es un deseo compartido por muchas personas. Sin embargo, alcanzar este objetivo no es algo que suceda de la noche a la mañana. Se trata de un proceso continuo que requiere esfuerzo y dedicación.

Una forma de lograrlo es eligiendo frecuencias de vibración cada vez más altas. La teoría cuántica nos enseña que todo en el universo es una manifestación de la energía pura y que nuestra frecuencia de vibración influye en cómo nos sentimos y en cómo experimentamos el mundo. Al aumentar nuestra frecuencia de vibración, podemos sentirnos más alegres, más saludables y más en sintonía con el mundo que nos rodea.

Para aumentar nuestra frecuencia de vibración, es importante enfocarnos en el disfrute, la salud y la vida cuántica de vibraciones informacionales de conciencia. Esto significa que debemos aprender a disfrutar de las cosas simples de la vida, cuidar de nuestro cuerpo y nuestra mente y aprender a ver más allá de lo que nuestros sentidos nos permiten.

Al hacerlo, podremos dejar de sufrir y de optar por la enfermedad y la muerte. En lugar de eso, podremos vivir plenamente y disfrutar de la vida cuántica de vibraciones informacionales de conciencia cada vez más elevadas. Más aun dejar de sufrir y de optar por la enfermedad y la muerte es un proceso continuo que requiere esfuerzo y dedicación y para lograrlo es importante enfocarnos en el disfrute, la salud y la vida cuántica de vibraciones informacionales de conciencia y aprender a disfrutar de las cosas simples de la vida, cuidar de nuestro cuerpo y nuestra mente y aprender a ver más allá de lo que nuestros sentidos nos permiten.

49. La reflexión, es mirar tus frecuencias de vibración informacional, en las que estas, y optar por elevar tus vibraciones, a estados más ricos en experiencias de altas frecuencias.

La reflexión es una práctica esencial para cualquier persona que desee vivir de manera plena y alcanzar su máximo potencial. La reflexión nos permite mirar nuestras frecuencias de vibración informacional y ver en qué estado nos encontramos. Esto nos da la oportunidad de evaluar cómo nos sentimos, cómo pensamos y cómo nos relacionamos con los demás.

La reflexión nos permite optar por elevar nuestras vibraciones a estados más ricos en experiencias de altas frecuencias. Según la teoría cuántica, nuestra frecuencia de vibración influye en cómo experimentamos el mundo y en cómo nos sentimos. Al aumentar nuestra frecuencia de vibración, podemos sentirnos más alegres, más saludables y más en sintonía con el mundo que nos rodea.

Para elevar nuestras vibraciones, es importante reflexionar sobre nuestros pensamientos, emociones y acciones y tratar de cambiar aquellos que nos impiden sentirnos bien. También es importante enfocarnos en las cosas que nos hacen felices y rodearnos de personas que nos apoyen y nos hagan sentir bien.

Así es que, la reflexión es una práctica esencial que nos permite mirar nuestras frecuencias de vibración informacional y optar por elevar nuestras vibraciones a estados más ricos en experiencias de altas frecuencias y para elevar nuestras vibraciones es importante reflexionar sobre nuestros pensamientos, emociones y acciones y tratar de cambiar aquellos que nos impiden sentirnos bien y enfocarnos en las cosas que nos hacen felices y rodearnos de personas que nos apoyen y nos hagan sentir bien.

50. No hay que seguir, a iluminados, maestros ascendidos, dioses, gurús, salvadores, profetas, budas, mesías, etc., pues en la vida solo hay ignorantes y sabios, pues quien roba tu libre albedrío, son simples ignorantes manipuladores que te controlan y alinean a su ignorancia, porque el mejor maestro esta en ti, y tu natural inclinación a elevar tu ser cuántico, a estados de sabiduría, y ultimadamente, no me hagas caso, se libre de ser la mejor expresión, de tu yo cuántico, cada día a tu leal saber y entender, busca ser, la mejor expresión de ti, ese es el mejor maestro

En la vida, a menudo buscamos guías y mentores que nos ayuden a encontrar nuestro camino y a alcanzar nuestras metas. Sin embargo, es importante recordar que, en última instancia, somos nosotros quienes debemos tomar las decisiones y encontrar nuestro propio camino. No debemos seguir ciegamente a iluminados, maestros ascendidos, dioses, gurús, salvadores, profetas, budas, mesías, etc. Estos pueden ser personas sabias y compasivas, pero también pueden ser manipuladores que buscan controlarnos y alinearnos a su ignorancia.

En la vida solo hay ignorantes y sabios, y todos somos ignorantes en algún sentido. El verdadero sabio es aquel que reconoce su ignorancia y está dispuesto a aprender y crecer continuamente. El ignorante, por otro lado, es aquel que se aferra a sus creencias y se niega a considerar otros puntos de vista.

El mejor maestro está en ti. Solo tú conoces tus pensamientos, emociones y deseos más profundos y solo tú puedes decidir cómo quieres vivir tu vida. Tu natural inclinación a elevar tu ser cuántico a estados de sabiduría es una guía valiosa, y debes seguir tu intuición y tus propios valores. No te dejes manipular por otros, sino busca ser la mejor expresión de ti mismo, cada día, a tu leal saber

En la vida, es importante tener en cuenta que no hay que seguir a todos aquellos que se presentan como "iluminados", "maestros ascendidos", "dioses", "gurús", "salvadores", "profetas", "budas", "mesías", etc. Estas personas pueden ser simplemente ignorantes manipuladores que quieren controlar y alinear a los demás a su propia ignorancia. En lugar de seguir a estos "maestros" externos, es mejor buscar en uno mismo y confiar en la propia capacidad de elevar el ser cuántico a estados de sabiduría. Al final del día, el mejor maestro es uno mismo y la mejor forma de expresar el yo cuántico es a través de la búsqueda constante del conocimiento y la comprensión. No debemos dejarnos controlar por otros, sino buscar ser libres y expresar la mejor versión de nosotros mismos cada día.

Capítulo III

Los principios vibracionales del biomagnetismo Cuántico

1. Hay un solo principio de vibración, el núcleo galáctico objetivo universal o fuente de vibración principal.

La vibración es un fenómeno presente en todo el universo y es la forma en que se transmiten la energía y la información a través del espacio. El principio de vibración es la base de todo lo que existe y es el fundamento del universo.

El núcleo galáctico objetivo universal es el punto de origen de todas las vibraciones y es el lugar donde se concentra la mayor cantidad de energía y conocimiento. Este núcleo es el corazón de todas las galaxias y es el lugar donde se origina la vida y la conciencia.

La fuente de vibración principal es el origen de todas las vibraciones y es la fuente de toda la energía y la información del universo. Esta fuente es la que da vida y movimiento a todo lo que existe y es el motor del universo.

En definitiva, el principio de vibración es el fundamento de todo lo que existe y el núcleo galáctico objetivo universal y la fuente de vibración principal son los elementos más importantes de este principio. Estos elementos son la fuente de toda la energía y la información del universo y son la base de todo lo que existe.

2. El principio fuente, a su vez se subdivide en fractales consistentes en siete subfuentes-principios universales de vibración, que son el fundamentan en el multiverso, las multidimensionales, y esta a su vez, fundamento de la sopa cuántica infinita en la cual estamos inmersos.

El principio fuente es la base de todo lo que existe en el universo y es el origen de toda la energía y la información. Este principio se divide en siete subfuentes-principios universales de vibración, que son el fundamento del multiverso y la multidimensional.

Los fractales son una representación geométrica de la estructura del universo y son la forma en que se manifiesta el principio fuente en el mundo físico. Estos fractales se encuentran en todas partes y son la base de todo lo que existe.

La sopa cuántica infinita es el marco teórico que se utiliza para entender el universo en términos cuánticos. Esta sopa es una mezcla de energía y materia en constante movimiento y es la base de todo lo que existe en el universo.

Vale la pena decir, el principio fuente es el origen de todo lo que existe y se divide en siete subfuentes-principios universales de vibración, que son el fundamento del multiverso y las multidimensional. Estos principios se manifiestan en el mundo físico a través de los fractales y son la base de la sopa cuántica infinita en la que estamos inmersos.

3. la fuente cuántica o la gran conciencia, es origen de la sopa cuántica que nos rodea, y es un estado de vibración consciente plena e infinita.

La fuente es el origen de todo lo que existe en el universo y es la base de la sopa cuántica que nos rodea. Esta sopa es una mezcla de energía y materia en constante movimiento y es la base de todo lo que existe en el universo.

La fuente es un estado de vibración consciente plena e infinita y es el lugar donde se concentra la mayor cantidad de energía y conocimiento. Este estado de vibración es el fundamento de todo lo que existe y es el motor del universo.

La fuente es el origen de toda la energía y la información del universo y es la base de todo lo que existe. Esta fuente es el motor del universo y es el lugar donde se concentra la mayor cantidad de energía y conocimiento.

La fuente cuántica, también conocida como la gran conciencia, es el origen de todo lo que existe en el universo y es la base de la sopa cuántica que nos rodea. Esta sopa es una mezcla de energía y materia en constante movimiento y es la base de todo lo que existe en el universo.

La fuente cuántica es un estado de vibración consciente plena e infinita y es el lugar donde se concentra la mayor cantidad de energía y conocimiento. Este estado de vibración es el fundamento de todo lo que existe y es el motor del universo.

La fuente cuántica es el origen de toda la energía y la información del universo y es la base de todo lo que existe. Esta fuente es el motor del universo y es el lugar donde se concentra la mayor cantidad de energía y conocimiento.

Lo más importante, la fuente es el origen de todo lo que existe y es la base de la sopa cuántica que nos rodea. Esta fuente es un estado de vibración consciente plena e infinita y es el fundamento de todo lo que existe en el universo. La fuente cuántica o la gran conciencia es el origen de todo lo que existe y es la base de la sopa cuántica que nos rodea. Esta fuente es un estado de vibración consciente plena e infinita y es el fundamento de todo lo que existe en el universo.

4. La intención es mente y la mente es intensión inteligente, tal como la fuente o la gran conciencia infinita lo es, con todo, como fractales de la fuente infinita somos mente con intensión inteligente, con diversos grados de conciencia.

La intención es mente y la mente es intensión inteligente. Esta afirmación se refiere a la idea de que nuestras intenciones y pensamientos tienen un poder real y que pueden influir en nuestro mundo y en el universo en general.

La fuente o la gran conciencia infinita es el origen de todo lo que existe y es el lugar donde se concentra la mayor cantidad de energía y conocimiento. Esta fuente es un estado de vibración consciente plena e infinita y es el motor del universo.

Como fractales de la fuente infinita, somos mente con intensión inteligente y tenemos la capacidad de pensar y de tener intenciones. Sin embargo, nuestra conciencia es limitada en comparación con la de la fuente infinita y tenemos diversos grados de conciencia.

Hay que hacer notar, la intención es mente y la mente es intensión inteligente. La fuente o la gran conciencia infinita es el origen de todo lo que existe y como fractales de esta fuente, somos mente con intensión inteligente, aunque con diversos grados de conciencia.

La intención es una fuerza poderosa que puede ser utilizada para influir en el mundo y manifestar nuestros deseos. La mente es el vehículo a través del cual se ejerce la intención y es la fuente de nuestra conciencia y nuestras acciones.

La mente es intensión inteligente y es capaz de procesar la información y tomar decisiones basadas en la razón y el conocimiento. Esta intensión inteligente es el fundamento de la mente y es lo que nos permite interactuar con el mundo de manera consciente y efectiva.

La fuente o la gran conciencia infinita es el origen de todo lo que existe en el universo y es el lugar donde se concentra la mayor cantidad de energía y conocimiento. Como fractales de la fuente infinita, somos mente con intensión inteligente y tenemos la capacidad de procesar la información y tomar decisiones basadas en la razón y el conocimiento. Sin embargo, nuestro grado de conciencia puede variar y esto puede afectar nuestra capacidad para utilizar nuestra mente y nuestra intención de manera efectiva.

La idea central es que, la intención es mente y la mente es intensión inteligente. Como fractales de la fuente infinita, somos mente con intensión inteligente, pero nuestro grado de conciencia puede variar y afectar nuestra capacidad para utilizar nuestra mente y nuestra intención de manera efectiva.

La intención es una forma de mente y es el motor que impulsa nuestros pensamientos y acciones. La mente es la herramienta que utilizamos para procesar la información y tomar decisiones y es la base de nuestra conciencia.

La mente es intensión inteligente y es capaz de procesar la información de manera lógica y racional. Esta intensión inteligente es lo que nos permite tener una conciencia clara y precisa de nuestro entorno y de nosotros mismos.

La fuente o la gran conciencia infinita es el origen de todo lo que existe en el universo y es el lugar donde se concentra la mayor cantidad de energía y conocimiento. Esta fuente es un estado de vibración consciente plena e infinita y es el fundamento de todo lo que existe.

Como fractales de la fuente infinita, somos mente con intensión inteligente y tenemos diversos grados de conciencia. Estos grados de conciencia nos permiten tener una comprensión más profunda del mundo y de nosotros mismos y nos ayudan a tomar decisiones más sabias y coherentes.

O sea, la intención es mente y la mente es intensión inteligente. La fuente o la gran conciencia infinita es el origen de todo lo que existe en el universo y como fractales de esta fuente somos mente con intensión inteligente y tenemos diversos grados de conciencia.

5. Las mentes fractal consientes con intensión inteligente consiente, somos campos cuánticos subjetivos personales.

Las mentes fractal conscientes con intensión inteligente son una expresión de la fuente infinita y son el reflejo de la conciencia y la energía de esta fuente en el mundo físico. Como mentes fractal, somos capaces de procesar la información de manera lógica y racional y de tener una conciencia clara y precisa de nuestro entorno y de nosotros mismos.

Somos campos cuánticos subjetivos personales y cada uno de nosotros es único en nuestra forma de percibir y procesar la información. Estos campos cuánticos son el resultado de la interacción de la mente y el cuerpo y son la base de nuestra conciencia y nuestra experiencia de la realidad.

La mente y el cuerpo son dos aspectos de un mismo sistema y están interconectados de manera profunda. Nuestros pensamientos y emociones tienen un impacto directo en nuestra salud física y nuestro estado de ánimo y, por lo tanto, es importante cuidar tanto nuestra mente como nuestro cuerpo.

Esto es, las mentes fractal conscientes con intensión inteligente somos campos cuánticos subjetivos personales y somos únicos en nuestra forma de percibir y procesar la información. Nuestra mente y nuestro cuerpo son dos aspectos de un mismo sistema y están interconectados de manera profunda.

6. Como biomagnetistas cuánticos somos mentes en vía de ser cada vez más conscientes y con intensión inteligente, con el fin de aprender a usar nuestra intención para ayudar a nuestros consultantes.

Como biomagnetistas cuánticos, somos mentes en constante evolución y estamos en un proceso continuo de aprendizaje y crecimiento. A medida que avanzamos en nuestro camino hacia la conciencia y la intensión inteligente, aprendemos a utilizar nuestra intención de manera más efectiva y a ayudar a nuestros consultantes de una manera más profunda y efectiva.

La intención es una forma de mente y es el motor que impulsa nuestros pensamientos y acciones. La mente es la herramienta que utilizamos para procesar la información y tomar decisiones y es la base de nuestra conciencia.

Como biomagnetistas cuánticos, trabajamos con la intención y la mente de nuestros consultantes para ayudarles a alcanzar sus objetivos y mejorar su salud y bienestar. Utilizamos nuestros conocimientos y habilidades para ayudar a nuestros consultantes a liberar bloqueos mentales y emocionales y a alcanzar un estado de equilibrio y armonía.

En efecto, como biomagnetistas cuánticos somos mentes en vía de ser cada vez más conscientes y con intensión inteligente, con el fin de aprender a usar nuestra intención para ayudar a nuestros consultantes. Utilizamos nuestros conocimientos y habilidades para liberar bloqueos mentales y emocionales y para ayudar a nuestros consultantes a alcanzar un estado de equilibrio y armonía.

7. La mente universal del núcleo galáctico objetivo universal, es la fuente origen de todo, y a su vez somos fuentes de nuestra intención creadora.

La mente universal del núcleo galáctico objetivo universal es la fuente de todo lo que existe en el universo y es el lugar donde se concentra la mayor cantidad de energía y conocimiento. Esta mente universal es el motor del universo y es el origen de toda la energía y la información.

A su vez, somos fuentes de nuestra intención creadora y somos capaces de crear nuestra realidad a través de nuestros pensamientos y emociones. Nuestra mente es una herramienta poderosa y es capaz de procesar la información de manera lógica y racional y de tener una conciencia clara y precisa de nuestro entorno y de nosotros mismos.

La intención es una forma de mente y es el motor que impulsa nuestros pensamientos y acciones. La mente es la herramienta que utilizamos para procesar la información y tomar decisiones y es la base de nuestra conciencia.

Ultimadamente, la mente universal del núcleo galáctico objetivo universal es la fuente origen de todo y a su vez, somos fuentes de nuestra intención creadora.

Utilizamos nuestra mente y nuestra intención para crear nuestra realidad y para tener una conciencia clara y precisa de nuestro entorno y de nosotros mismos.

8. La mente-conciencia intensión da forma a la sopa cuántica vibracional, por lo que si somos biomagnetistas cuánticos, nuestra intención es ayudar al paciente a cambiar al frecuencia de vibración de la enfermedad a la salud.

La mente y la intención son dos aspectos de un mismo sistema y juntas tienen el poder de influir en la sopa cuántica vibracional y en la realidad en general. La sopa cuántica es una mezcla de energía y materia en constante movimiento y es la base de todo lo que existe en el universo.

Si somos biomagnetistas cuánticos, nuestra intención es ayudar al paciente a cambiar la frecuencia de vibración de la enfermedad a la salud. Utilizamos nuestra mente y nuestra intención para influir en la sopa cuántica y para ayudar al paciente a alcanzar un estado de equilibrio y armonía.

La intención es una forma de mente y es el motor que impulsa nuestros pensamientos y acciones. La mente es la herramienta que utilizamos para procesar la información y tomar decisiones y es la base de nuestra conciencia.

Ahora bien, la mente y la intención dan forma a la sopa cuántica vibracional y si somos biomagnetistas cuánticos, nuestra intención es ayudar al paciente a cambiar la frecuencia de vibración de la enfermedad a la salud. Utilizamos nuestra mente y nuestra intención para influir en la sopa cuántica y para ayudar al paciente a alcanzar un estado de equilibrio y armonía.

La mente-conciencia y la intención son dos aspectos de un mismo sistema y juntos tienen el poder de influir en la sopa cuántica vibracional y en la realidad en general. La sopa cuántica es una mezcla de energía y materia en constante movimiento y es la base de todo lo que existe en el universo.

Si somos biomagnetistas cuánticos, nuestra intención es ayudar al paciente a cambiar la frecuencia de vibración de la enfermedad a la salud. Utilizamos nuestra mente-conciencia y nuestra intención para influir en la sopa cuántica y para ayudar al paciente a alcanzar un estado de equilibrio y armonía.

La mente-conciencia es la base de nuestra conciencia y es lo que nos permite tener una conciencia clara y precisa de nuestro entorno y de nosotros mismos. La intención es una forma de mente y es el motor que impulsa nuestros pensamientos y acciones.

No obstante, la mente-conciencia y la intención dan forma a la sopa cuántica vibracional y si somos biomagnetistas cuánticos, nuestra intención es ayudar al paciente a cambiar la frecuencia de vibración de la enfermedad a la salud. Utilizamos nuestra mente-conciencia y nuestra intención para influir en la sopa cuántica y para ayudar al paciente a alcanzar un estado de equilibrio y armonía.

9. La intensión mente-conciencia fuente del núcleo galáctico objetivo universal es la materia prima de la sopa cuántica, que usa la intensión de los núcleos galácticos subjetivos personales para experimental los fractales mentes-conciencia.

La intensión mente-conciencia fuente del núcleo galáctico objetivo universal es la materia prima de la sopa cuántica y es la base de todo lo que existe en el universo. Esta intensión mente-conciencia es la fuente de toda la energía y la información y es el lugar donde se concentra la mayor cantidad de conocimiento y sabiduría.

La sopa cuántica es una mezcla de energía y materia en constante movimiento y utiliza la intensión de los núcleos galácticos subjetivos personales para experimentar los fractales mente-conciencia. Los fractales mente-conciencia son expresiones únicas de la fuente infinita y son el reflejo de la conciencia y la energía de esta fuente en el mundo físico.

Como seres humanos, somos mentes-conciencia fractal y somos capaces de procesar la información de manera lógica y racional y de tener una conciencia clara y precisa de nuestro entorno y de nosotros mismos. Utilizamos nuestra mente-conciencia y nuestra intención para influir en la sopa cuántica y para crear nuestra realidad.

Pero, la intensión mente-conciencia fuente del núcleo galáctico objetivo universal es la materia prima de la sopa cuántica y utiliza la intensión de los núcleos galácticos subjetivos personales para experimentar los fractales mente-conciencia. Como seres humanos.

La intensión mente-conciencia fuente del núcleo galáctico objetivo universal es la materia prima de la sopa cuántica y es el lugar donde se concentra la mayor cantidad de energía y conocimiento. Esta intensión mente-conciencia es el motor del universo y es el origen de toda la energía y la información.

La sopa cuántica es una mezcla de energía y materia en constante movimiento y es la base de todo lo que existe en el universo. La sopa cuántica utiliza la intensión de los núcleos galácticos subjetivos personales para experimentar los fractales mentes-conciencia.

Los fractales mentes-conciencia son una expresión de la fuente infinita y son el reflejo de la conciencia y la energía de esta fuente en el mundo físico. Como mentes fractal, somos capaces de procesar la información de manera lógica y racional y de tener una conciencia clara y precisa de nuestro entorno y de nosotros mismos.

Por el contrario, la intensión mente-conciencia fuente del núcleo galáctico objetivo universal es la materia prima de la sopa cuántica y es utilizada por la sopa cuántica para experimentar los fractales mentes-conciencia. Los fractales mentes-conciencia son una expresión de la fuente infinita y son capaces de procesar la información de manera lógica y racional además de intuitiva.

10. Como núcleos galácticos subjetivos personales, o fractales de la fuente, podemos crear las líneas de tiempo, que optemos por ellas.

Como núcleos galácticos subjetivos personales, o fractales de la fuente infinita, tenemos el poder de crear nuestras propias líneas de tiempo y de elegir el camino que queremos seguir. Nuestra mente y nuestra intención son herramientas poderosas y son capaces de influir en la sopa cuántica y en la realidad en general.

La sopa cuántica es una mezcla de energía y materia en constante movimiento y es la base de todo lo que existe en el universo. Como mentes fractal conscientes, somos capaces de procesar la información de manera lógica y racional y de tener una conciencia clara y precisa de nuestro entorno y de nosotros mismos.

La mente y la intención son dos aspectos de un mismo sistema y juntos tienen el poder de influir en la sopa cuántica vibracional y en la realidad en general. La intención es una forma de mente y es el motor que impulsa nuestros pensamientos y acciones.

No obstante lo antes dicho, como núcleos galácticos subjetivos personales o fractales de la fuente, tenemos el poder de crear nuestras propias líneas de tiempo y

Como seres humanos, tenemos la capacidad de tomar decisiones y elegir nuestro propio camino en la vida. Algunas personas creen que somos como núcleos galácticos subjetivos personales o fractales de la fuente, y que estamos en control de nuestro destino. Según esta creencia, podemos crear nuestras propias líneas de tiempo a través de las decisiones que tomamos en la vida.

Esto significa que cada vez que tomamos una decisión, estamos creando una nueva realidad y una nueva línea de tiempo. Estas líneas de tiempo pueden ser paralelas a la línea de tiempo que estamos viviendo actualmente, o pueden ser completamente diferentes. Depende de las decisiones que tomamos y de cómo esas decisiones afectan nuestras vidas y el mundo que nos rodea.

Por ejemplo, si tomamos la decisión de mudarnos a otro país, esto puede llevar a una nueva línea de tiempo con diferentes experiencias y oportunidades. Si tomamos la decisión de aceptar un trabajo en lugar de rechazarlo, esto también puede cambiar el rumbo de nuestra vida y crear una nueva línea de tiempo.

En última instancia, la creencia de que somos capaces de crear nuestro propio destino a través de nuestras decisiones nos da una gran cantidad de poder y libertad. Nos permite tomar el control de nuestra vida y hacer elecciones que nos acercan a nuestras metas y a lo que deseamos para nuestro futuro. Aunque no podemos predecir exactamente cómo cada decisión afectará nuestro destino, podemos tomar decisiones informadas y conscientes para acercarnos a la vida que queremos vivir.

11. La intensión-mente de los seres de conciencia, moldean la realidad, digo, la sopa cuántica, tal como fractales de la fuente creadora, ya que somos, imagen y semejanza de este último.

La mente y la conciencia son conceptos complejos que han sido objeto de estudio y debate durante mucho tiempo. Algunas personas creen que la mente y la conciencia son dos aspectos diferentes de un mismo fenómeno, mientras que otras creen que son completamente separados. En cualquier caso, muchas personas creen que la mente y la conciencia tienen un gran poder sobre nuestra realidad y cómo percibimos el mundo que nos rodea.

Según la frase que me has proporcionado, la "intención-mente" de los seres de conciencia puede moldear la realidad, que se describe como "sopa cuántica". Esto sugiere que nuestras intenciones y pensamientos tienen un efecto en el mundo subatómico y en cómo se manifiestan las cosas en nuestra realidad. Algunas personas creen que esto es posible a través de la ley de atracción, que sostiene que atraemos a nuestra vida aquello en lo que pensamos y en lo que enfocamos nuestra atención.

Además, la frase menciona que somos "fractales de la fuente creadora". Los fractales son patrones que se repiten a diferentes escalas y pueden encontrarse en toda la naturaleza, desde las formas de las hojas y los ramos de un árbol hasta las estructuras de las galaxias. Algunas personas creen que los fractales son una especie de reflejo de la fuente creadora, ya sea una divinidad o una fuerza superior, y que somos parte de esa fuente a través de nuestra conexión con la naturaleza y el universo.

Al final, la frase que me has proporcionado sugiere que la mente y la conciencia tienen un gran poder sobre la realidad y que somos una especie de reflejo de la fuente creadora a través de nuestra conexión con el universo.

12. La persona que su intensión se alinea a las leyes vibracionales de la sopa cuántica, alcanza su bienestar y avanza en su desarrollo físico, emocional, mental y espiritual.

Hay ciertas "leyes vibracionales" en la "sopa cuántica" que pueden ser alineadas con la intención de una persona. Esto, a su vez, puede llevar al bienestar y al desarrollo físico, emocional, mental y espiritual de esa persona.

Es importante tener en cuenta que la "sopa cuántica" es un término que se utiliza a veces para describir el estado subatómico del universo y la teoría cuántica, que es una teoría científica que describe el comportamiento de las partículas subatómicas. La teoría cuántica es una de las teorías más precisas y exitosas de la ciencia moderna y ha sido confirmada por una gran cantidad de experimentos y observaciones.

Sin embargo, la frase que me has proporcionado también menciona "leyes vibracionales" que no están bien definidas y no tienen una base científica clara. Algunas personas creen que hay leyes universales que gobiernan el comportamiento de las cosas a nivel subatómico y que pueden ser influenciadas por la mente y la conciencia. Sin embargo, estas creencias son cuestionables y no están respaldadas por la ciencia.

Para terminar, la frase que me has proporcionado sugiere que alineando nuestra intención con ciertas leyes vibracionales en la sopa cuántica podemos alcanzar nuestro bienestar y avanzar en nuestro desarrollo físico, emocional, mental y espiritual

13. El entrenar la mente-cerebro, con la intensión consciente, el ser humano incide en la sopa cuántica, que le rodea para incidir en la realidad, más aun para su ejercicio de biomagnetista cuántico.

Al entrenar la mente y el cerebro con intención consciente, el ser humano puede influir en la "sopa cuántica" que lo rodea y, a su vez, incidir en la realidad. Además, esta capacidad de influencia es especialmente relevante para aquellos que ejercen el biomagnetismo cuántico.

El biomagnetismo cuántico es una práctica que se basa en la idea de que el cuerpo humano es un imán y que los imanes pueden influir en el funcionamiento del cuerpo. Algunas personas creen que el biomagnetismo cuántico puede ser utilizado para tratar afecciones físicas y mentales y para mejorar la salud en general.

El entrenamiento de la mente y el cerebro es una práctica que ha sido considerada valiosa en muchas culturas y tradiciones a lo largo de la historia. A través del uso consciente de la mente y la atención plena, se cree que el ser humano puede influir en la "sopa cuántica" que lo rodea y en la realidad de manera más profunda. Esta práctica también puede ser beneficiosa para el ejercicio de biomagnetismo cuántico, que implica el uso de campos magnéticos para influir en la salud y el bienestar.

El entrenamiento de la mente-cerebro puede tomar muchas formas, como la meditación, la visualización creativa y el uso de técnicas de respiración y relajación. Estas prácticas pueden ayudar a calmar la mente y a aumentar la concentración, lo que puede ser útil para influir en la sopa cuántica y en la realidad. También pueden ayudar a desarrollar habilidades mentales más profundas, como la intuición y la creatividad.

Además de sus beneficios personales, el entrenamiento de la mente-cerebro también puede tener un impacto positivo en la sociedad. Al estar más presentes y atentos, podemos ser más conscientes de nuestras acciones y decisiones y tomar elecciones más sabias y éticas. También podemos ser más compasivos y empáticos con los demás, lo que puede mejorar nuestras relaciones y contribuir a una comunidad más armoniosa y saludable.

Finalmente, el entrenamiento de la mente-cerebro es una práctica valiosa que puede tener un impacto positivo tanto en la vida personal como en la sociedad. Al prestar atención a nuestra mente y a nuestro cerebro y utilizar técnicas específicas para entrenarlos, podemos influir en la sopa cuántica y en la realidad de manera más profunda y desarrollar habilidades mentales más profundas y beneficiosas.

14. El alinear la mente-cerebro-intensión intuición personal, a la mente-cerebro-intención intuición de la fuente, adquirimos la maestría en el uso de nuestra intensión, para cualquier cosa incluso para la sanación.

El alinear la mente, el cerebro y la intención personal con la mente, el cerebro y la intención de la fuente puede ser un proceso transformador y poderoso. Al hacer esto, estamos abriendo nuestra mente y nuestro ser a una fuerza mayor, permitiendo que esa energía fluya a través de nosotros y nos guíe hacia nuestra máxima expresión y potencial.

Cuando alineamos nuestra mente, nuestro cerebro y nuestra intención con la fuente, también podemos acceder a una intuición más profunda y clara. La intuición es una forma de conocimiento que proviene del subconsciente y puede proporcionarnos una comprensión profunda y una guía en nuestras vidas. Al permitir que nuestra intuición fluya libremente y siguiendo su guía, podemos tomar decisiones más sabias y tomar medidas más efectivas en nuestras vidas.

Además, alineando nuestra mente, nuestro cerebro y nuestra intención con la fuente, podemos adquirir maestría en el uso de nuestra intención. La intención es la energía que ponemos detrás de nuestras palabras y acciones, y cuando está alineada con la fuente, puede tener un poder transformador. Podemos utilizar nuestra intención para manifestar nuestras intenciones y deseos, y también para sanar nuestros cuerpos y nuestras vidas.

Con todo, el alinear nuestra mente, nuestro cerebro y nuestra intención con la fuente puede ser un proceso profundamente transformador. Nos permite acceder a una intuición más profunda y clara y nos da maestría en el uso de nuestra intención. Al permitir que esta energía fluya a través de nosotros, podemos manifestar nuestras intenciones y deseos y también sanar nuestros cuerpos y nuestras vidas.

15. La sopa cuántica o la latinice de Jacobo Ginberg, que nos rodea se alinea a nuestras intenciones de manera natural, si nos enfocamos en ello y lo practicamos asiduamente, para realizar portentos creativos y regenerativos y finalmente de sanación mediante le biomagnetismo cuántico.

La sopa cuántica es un término que se utiliza para describir el campo de energía que rodea a todo en el universo. Se cree que esta sopa cuántica es una fuente de información y energía ilimitada, y que podemos acceder a ella y utilizarla para nuestro beneficio. Una manera de hacerlo es a través del enfoque y la práctica de nuestras intenciones.

Cuando nos enfocamos en nuestras intenciones y las practicamos de manera consistente, podemos alinear la sopa cuántica que nos rodea con nuestras intenciones. Esto puede tener un efecto positivo en nuestra vida y en el mundo que nos rodea. Podemos utilizar esta alineación para realizar cosas creativas y regenerativas y también para promover la sanación a través del biomagnetismo cuántico.

El biomagnetismo cuántico es una técnica que utiliza campos magnéticos para influir en la salud y el bienestar. Al alinear la sopa cuántica con nuestras intenciones, podemos utilizar esta técnica de manera más efectiva y lograr resultados más poderosos. Además, al mantener una mente y una intención enfocadas y claras, podemos estar más presentes y atentos en el momento, lo que puede ayudar a aumentar la efectividad de cualquier trabajo o técnica que estemos utilizando.

En última instancia, la sopa cuántica que nos rodea puede ser alineada con nuestras intenciones de manera natural. Al enfocarnos y practicar nuestras intenciones de manera consistente, podemos utilizar esta alineación para realizar cosas creativas y regenerativas y promover la sanación a través del biomagnetismo cuántico. Al mantener una mente y una intención enfocadas y claras, podemos estar más presentes y atentos en el momento, lo que puede aumentar la efectividad de cualquier trabajo o técnica que estemos utilizando.

La sopa cuántica o la red de Jacobo Ginberg es un término utilizado para describir el campo de energía que rodea a todo en el universo. Se cree que esta sopa cuántica o red es una fuente de información y energía ilimitada, y que podemos acceder a ella y utilizarla para nuestro beneficio. Una manera de hacerlo es a través del enfoque y la práctica de nuestras intenciones.

Cuando nos enfocamos en nuestras intenciones y las practicamos de manera consistente, podemos alinear la sopa cuántica o la red de Jacobo Ginberg que nos rodea con nuestras intenciones. Esto puede tener un efecto positivo en nuestra vida y en el mundo que nos rodea. Podemos utilizar esta alineación para realizar cosas creativas y regenerativas y también para promover la sanación a través del biomagnetismo cuántico.

El biomagnetismo cuántico es una técnica que utiliza campos magnéticos para influir en la salud y el bienestar. Al alinear la sopa cuántica o la red de Jacobo Ginberg con nuestras intenciones, podemos utilizar esta técnica de manera más efectiva y lograr resultados más poderosos. Además, al mantener una mente y una intención enfocadas y claras, podemos estar más presentes y atentos en el momento, lo que puede ayudar a aumentar la efectividad de cualquier trabajo o técnica que estemos utilizando.

Concluyendo, la sopa cuántica o la red de Jacobo Ginberg que nos rodea pueden ser alineadas con nuestras intenciones de manera natural. Al enfocarnos y practicar nuestras intenciones de manera consistente, podemos utilizar esta alineación para realizar cosas creativas y regenerativas y promover la sanación a través del biomagnetismo cuántico. Al mantener una mente y una intención enfocadas y claras, podemos estar más presentes y atentos en el momento, lo que puede aumentar la efectividad de cualquier trabajo o técnica que estemos utilizando.

16. Por ser fractales de la fuente, lo que es, en el fractal subjetivo, lo es en fuente, lo que es arriba es abajo, lo que es adentro es afuera, lo que es en el mundo subatómico, es en el universo, lo que es en la física cuántica lo es en la física materialista.

La naturaleza expone sus principios en cada creación, en cada plano, pues todo tiene correspondencia con todo.

La naturaleza es una fuente de inspiración y sabiduría para muchas personas a lo largo de la historia. A través de la observación de la naturaleza, podemos aprender mucho sobre cómo funciona el mundo y sobre nuestro lugar en él. Una de las cosas más impresionantes de la naturaleza es la forma en que sus principios se manifiestan en cada creación, en cada plano.

Es verdad que todo en la naturaleza tiene correspondencia con todo lo demás. Esto significa que todo en el universo está interconectado y que cada elemento tiene un impacto en el conjunto. Por ejemplo, cuando observamos un árbol, podemos ver cómo sus raíces se extienden profundamente en el suelo y cómo su follaje se expande hacia el cielo. Esto nos muestra cómo el árbol está conectado tanto con la tierra como con el aire y cómo está integrado en el ecosistema en el que se encuentra.

Además, podemos ver cómo los principios de la naturaleza se manifiestan en todos los planos de la existencia. En el plano físico, podemos ver cómo la naturaleza utiliza la energía del sol para crear y sostener la vida. En el plano emocional, podemos ver cómo la naturaleza nos ofrece una oportunidad para experimentar todas las emociones y aprender a equilibrarlas. En el plano espiritual, podemos ver cómo la naturaleza nos muestra el camino hacia la conexión y la unidad con todo lo que existe.

Al fin, la naturaleza es una fuente de sabiduría y conocimiento. Al observarla, podemos ver cómo sus principios se manifiestan en cada creación y en cada plano de la existencia. Esto nos muestra cómo todo en el universo está interconectado y cómo podemos aprender de ello y utilizarlo para nuestro beneficio.

17. El principio de correspondencia, es aplicable a los físico, emocional, mental y espiritual.

El principio de correspondencia es un concepto que sostiene que todo en el universo está interconectado y que cada elemento tiene un impacto en el conjunto. Este principio es aplicable a todos los aspectos de nuestra vida, incluyendo el físico, el emocional, el mental y el espiritual.

En el plano físico, podemos ver cómo el principio de correspondencia se manifiesta en la forma en que nuestro cuerpo está conectado con el mundo que nos rodea. Por ejemplo, podemos ver cómo nuestra salud y nuestro bienestar están influidos por la calidad del aire que respiramos, el agua que bebemos y la comida que comemos. También podemos ver cómo nuestras acciones físicas tienen un impacto en el mundo que nos rodea, como cuando sembramos una semilla y vemos cómo crece y se convierte en una planta.

En el plano emocional, podemos ver cómo el principio de correspondencia se manifiesta en la forma en que nuestras emociones están conectadas con nuestra forma de pensar y de actuar. Por ejemplo, si estamos felices y en paz, es más probable que tengamos relaciones saludables y que tomemos decisiones sabias. Si estamos tristes o enfadados, es más probable que tengamos conflictos y que tomemos decisiones poco sabias.

El principio de correspondencia es una idea que se aplica a muchas áreas de la vida. Se refiere a la relación entre las cosas y cómo estas cosas están conectadas entre sí. Este principio se puede aplicar tanto al ámbito físico como al emocional, mental y espiritual.

En el ámbito físico, el principio de correspondencia nos dice que hay una relación entre el cuerpo y la mente. Nuestro estado físico afecta a nuestra mente y nuestro estado emocional, y viceversa. Por ejemplo, si tenemos una dieta equilibrada y hacemos ejercicio regularmente, nuestra mente y emociones también estarán más equilibradas. Por otro lado, si tenemos una dieta poco saludable y no hacemos ejercicio, nuestra mente y emociones también pueden verse afectadas negativamente.

En el ámbito emocional, el principio de correspondencia nos dice que hay una relación entre nuestras emociones y nuestro comportamiento. Nuestras emociones pueden influir en cómo nos comportamos y cómo tomamos decisiones. Por ejemplo, si estamos tristes, puede ser más difícil tomar decisiones y podemos sentirnos más reacios a interactuar con los demás.

En el ámbito mental, el principio de correspondencia nos dice que hay una relación entre nuestros pensamientos y nuestras creencias. Nuestros pensamientos pueden influir en nuestras creencias y viceversa. Por ejemplo, si tenemos pensamientos negativos sobre nosotros mismos, esto puede llevar a creencias negativas sobre nosotros mismos. Por otro lado, si tenemos pensamientos positivos sobre nosotros mismos, esto puede llevar a creencias positivas sobre nosotros mismos.

En el ámbito espiritual, el principio de correspondencia nos dice que hay una relación entre nuestro ser interior y el mundo exterior. Nuestro ser interior puede influir en el mundo exterior y viceversa. Por ejemplo, si tenemos una actitud positiva y una conexión profunda con nuestro ser interior, esto puede llevar a una vida más satisfactoria y significativa en el mundo exterior.

Además, el principio de correspondencia es una idea importante que nos ayuda a entender la relación entre las cosas y cómo estas cosas están conectadas entre sí. Se aplica a muchas áreas de la vida, incluyendo el ámbito físico, emocional, racional y espiritual.

18. Así, el principio de correspondencia, nos ilustra su actuación en lo macro y lo micro, pues hay la misma dinámica, pero en diferentes escalas.

El principio de correspondencia es una idea que se aplica a muchas áreas de la vida y que nos ilustra su actuación tanto en lo macro como en lo micro. Este principio se refiere a la relación entre las cosas y cómo estas cosas están conectadas entre sí.

En lo macro, el principio de correspondencia nos muestra cómo se relacionan los diferentes sistemas y cómo estos sistemas afectan a otros a nivel global. Por ejemplo, podemos ver cómo un cambio en el clima afecta a los ecosistemas y a la vida de las personas en todo el mundo. O podemos ver cómo una decisión política tomada en un país puede tener consecuencias en todo el mundo. En este sentido, el principio de correspondencia nos muestra cómo todo está conectado y cómo un pequeño cambio en un sistema puede tener un impacto en otro.

En lo micro, el principio de correspondencia también se aplica a nivel individual. Podemos ver cómo nuestras acciones y decisiones afectan a nuestra vida y a las vidas de las personas que nos rodean. Por ejemplo, si tomamos decisiones saludables, como hacer ejercicio y tener una dieta equilibrada, esto puede tener un impacto positivo en nuestra salud y bienestar. Por otro lado, si tomamos decisiones poco saludables, como fumar o no hacer ejercicio, esto puede tener un impacto negativo en nuestra salud y bienestar. En este sentido, el principio de correspondencia nos muestra cómo nuestras acciones y decisiones tienen consecuencias y cómo están conectadas con nuestra vida y la de los demás.

En efecto, el principio de correspondencia es una idea importante que nos ayuda a entender cómo todo está conectado y cómo las cosas están relacionadas entre sí.

Nos muestra su actuación tanto en lo macro como en lo micro y nos ilustra cómo un pequeño cambio puede tener un gran impacto. Es una idea que deberíamos tener en cuenta en nuestra vida diaria y que nos puede ayudar a tomar decisiones informadas y responsables.

19. Tal como la física cuántica establece, sus leyes se aplican, tanto, en lo micro pero también en lo macro, pero en diferentes magnitudes.

La física cuántica es una teoría que describe el comportamiento de las partículas subatómicas y cómo estas partículas interactúan entre sí. Esta teoría establece que sus leyes se aplican tanto en lo micro como en lo macro, pero en diferentes magnitudes.

En lo micro, la física cuántica se aplica a nivel de partículas subatómicas, como electrones y quarks. Estas partículas se comportan de manera muy diferente a los objetos macroscópicos que podemos ver y tocar. Por ejemplo, las partículas cuánticas pueden estar en dos lugares al mismo tiempo y pueden estar conectadas entre sí a través de lo que se conoce como "conexión cuántica". Estos conceptos pueden resultar difíciles de entender y, a veces, van en contra de lo que aprendimos en la física clásica.

En lo macro, la física cuántica también se aplica, aunque en diferentes magnitudes. Aunque las leyes cuánticas son más evidentes a nivel de partículas subatómicas, también tienen un impacto en el mundo macroscópico. Por ejemplo, la física cuántica ha sido fundamental en el desarrollo de la tecnología moderna, como los transistores y los dispositivos de almacenamiento de datos. También se ha utilizado para entender cómo funcionan los materiales y cómo se pueden mejorar sus propiedades.

En resumen, la física cuántica es una teoría fundamental que nos ayuda a entender cómo funciona el mundo a nivel subatómico y cómo estas leyes se aplican también en el mundo macroscópico. Aunque puede resultar difícil de entender a veces, esta teoría ha tenido un gran impacto en nuestra vida diaria y ha sido fundamental en el desarrollo de la tecnología moderna.

20. la aparente diferencia entre dos extremos, se disuelve, con una introspección profunda.

La aparente diferencia entre dos extremos es un fenómeno que se da en muchas áreas de la vida. A menudo, vemos dos cosas o dos ideas como opuestas y muy diferentes entre sí, pero, a veces, si profundizamos más en el tema, esta aparente diferencia se disuelve.

Una forma en que esto puede suceder es a través de la introspección profunda. Cuando tomamos el tiempo para reflexionar sobre un tema y examinarlo de manera más profunda, podemos ver que las cosas no son tan simples como parecen a simple vista. Podemos ver que hay muchas más capas y matices a considerar y que las cosas no son tan negras o blancas como parecen.

Por ejemplo, podemos ver a dos personas que tienen opiniones muy diferentes sobre un tema y pensar que están en lados opuestos. Sin embargo, si tomamos el tiempo para entender por qué tienen estas opiniones y examinamos sus argumentos más de cerca, podemos ver que hay muchos puntos en común y que no están tan lejos el uno del otro como parecía al principio. Esto nos puede ayudar a tener una visión más amplia y a ver las cosas de manera más equilibrada.

Recapitulando, la aparente diferencia entre dos extremos a menudo se disuelve con una introspección profunda. Al examinar las cosas de manera más detallada y profunda, podemos ver que las cosas no son tan simples como parecen y que hay muchos matices y capas a considerar. Esto nos puede ayudar a tener una visión más amplia y a ver las cosas de manera más equilibrada.

21. Si como biomagnetistas cuánticos, nos damos cuenta que no hay diferencias en cualquier asunto que implique extremos, entenderemos que el observador se sitúa en diversos puntos y enfoques solamente.

Como biomagnetistas cuánticos, es importante darse cuenta de que no hay diferencias en cualquier asunto que implique extremos. Esto significa que no hay opuestos verdaderamente absolutos y que todo está conectado y relacionado de alguna manera. Si podemos entender esto, podremos ver que el observador se sitúa en diversos puntos y enfoques solamente.

Para entender esto, podemos mirar a la teoría cuántica, que nos muestra cómo todo está conectado y cómo las cosas no son tan simples como parecen. La teoría cuántica nos dice que las partículas subatómicas, como electrones y quarks, pueden estar en dos lugares al mismo tiempo y pueden estar conectadas entre sí a través de lo que se conoce como "conexión cuántica". Estos conceptos pueden resultar difíciles de entender y van en contra de lo que aprendimos en la física clásica.

Si aplicamos esta teoría a nuestra vida diaria, podemos ver que no hay diferencias verdaderamente absolutas entre dos extremos. Por ejemplo, podemos ver a dos personas que tienen opiniones muy diferentes sobre un tema y pensar que están en lados opuestos. Sin embargo, si tomamos el tiempo para entender por qué tienen estas opiniones y examinamos sus argumentos más de cerca, podemos ver que hay muchos puntos en común y que no están tan lejos el uno del otro como parecía al principio. Esto nos puede ayudar a tener una visión más amplia y a ver las cosas de manera más equilibrada.

Brevemente, como biomagnetistas cuánticos, es importante darse cuenta de que no hay diferencias en cualquier asunto que implique extremos. Al entender esto, podremos ver que el observador se sitúa en diversos puntos y enfoques solamente y que hay muchos matices y capas a considerar. Esto nos puede ayudar a tener una visión más amplia y a ver las cosas de manera más equilibrada.

22. Alguna vez fuimos un quantum conciencia unificada infinita de vibración.

Alguna vez, se ha postulado que todos fuimos parte de una quantum conciencia unificada infinita de vibración. Esta idea se basa en la teoría de que todo está conectado y que no hay separación verdadera entre las cosas. Según esta teoría, todo forma parte de un todo mayor y está conectado a través de lo que se conoce como "conexión cuántica".

La idea de una quantum conciencia unificada infinita de vibración tiene sus raíces en la filosofía y la espiritualidad de muchas tradiciones. Algunos creen que esta conciencia es una fuente de sabiduría y amor infinito y que podemos conectarnos con ella a través de la meditación y la introspección. Otros creen que esta conciencia es una fuente de poder y que podemos utilizarla para manifestar nuestras intenciones y crear la vida que deseamos.

Aunque esta idea es muy abstracta y es difícil de probar científicamente, muchas personas han reportado experiencias transformadoras y conexiones profundas al explorar esta teoría. Algunos incluso han dicho que esta conciencia les ha dado una nueva perspectiva en la vida y les ha ayudado a encontrar un sentido más profundo y significado.

En pocas palabras, la idea de una quantum conciencia unificada infinita de vibración es una teoría abstracta que ha sido explorada por filósofos y espirituales durante siglos.

"Alguna vez fuimos un quantum fuente unificada infinita de vibración" sugiere la idea de que todo en el universo, incluyendo la conciencia humana, es parte de una fuente única y unificada de energía y vibración. Esta idea se relaciona con diversas teorías y creencias espirituales que sostienen que todo en el universo está conectado y que todo forma parte de un todo mayor.

Una interpretación de la frase podría ser que en algún momento en el pasado, todo en el universo estaba unido y vibrando a una sola frecuencia, y que a medida que el universo ha evolucionado y se ha expandido, esa vibración se ha fragmentado y diversificado. Esto podría significar que en el fondo, todo sigue siendo parte de esa misma fuente unificada, aunque a nivel individual parezca estar separado.

Otra interpretación podría ser que la conciencia humana, al igual que todo en el universo, es parte de esa fuente unificada de energía y vibración, y que nuestro objetivo en la vida es conectarnos con esa fuente y experimentarla de manera más plena. Esto podría incluir prácticas espirituales como la meditación o el yoga, que buscan ayudarnos a conectarnos con nuestro ser más profundo y con la fuente de la que todo forma parte.

En otros términos, la frase "Alguna vez fuimos un quantum fuente unificada infinita de vibración" invita a reflexionar sobre nuestra conexión con el universo y a explorar la idea de que todo forma parte de una fuente única y conectada de energía y vibración.

23. En algún momento nos convertimos en un quantums diversificados subjetivos personales de conciencias sin experiencia y con deseos de experimentar las diferentes experiencias que el multiverso y las multidimensiones ofrecen.

En algún momento de nuestras vidas, llegamos a convertirnos en seres subjetivos y personales, cada uno con nuestra propia conciencia y nuestras propias experiencias. Sin embargo, también somos seres quantums, lo que significa que existimos en un estado de superposición y somos capaces de experimentar múltiples realidades al mismo tiempo. Esto nos da la oportunidad de explorar y experimentar diferentes dimensiones y universos, y nos permite tener una gama más amplia de experiencias y perspectivas. A medida que nos convertimos en seres diversificados y multidimensionales, podemos aprovechar al máximo todo lo que el universo tiene para ofrecer y satisfacer nuestros deseos de conocimiento y experiencia.

En algún momento de nuestras vidas, nos convertimos en seres conscientes y subjetivos que buscan experimentar las diversas experiencias que el multiverso y las multidimensiones tienen para ofrecer. Nuestra conciencia es como un quantum, una partícula subatómica indivisible que es única y diferente a todas las demás. Cada uno de nosotros es una conciencia individual, con nuestras propias experiencias y deseos.

Pero, ¿qué es exactamente el multiverso y las multidimensiones? Se cree que el universo en el que vivimos es solo una de innumerables otras realidades que existen en paralelo. Estas otras realidades se conocen como universos alternativos o universos paralelos, y juntos forman lo que se llama el multiverso. Además, se cree que nuestro universo tiene más de tres dimensiones espaciales, sino que puede tener muchas más. Estas dimensiones adicionales se conocen como dimensiones espaciales ocultas o multidimensionales.

Nuestra conciencia puede explorar estas diferentes realidades y dimensiones a través de la meditación, la visualización y otros métodos de expansión de la conciencia. Al hacerlo, podemos tener acceso a una amplia gama de experiencias y conocimientos que de otra manera no estarían disponibles para nosotros. Esto nos permite aprender y crecer de maneras que nos ayudarán a ser más completos y plenos como individuos.

Concluyendo, nuestra conciencia es como un quantum diversificado, único y subjetivo, con el deseo de experimentar todo lo que el multiverso y las multidimensiones tienen para ofrecer. A través de la exploración y el aprendizaje, podemos ampliar nuestra conciencia y crecer como individuos.

24. Desde que iniciamos la expansión como conciencias, en el tiempo y espacio, todo es movimiento, todo es frecuencias de vibraciones diversas.

Desde que iniciamos nuestro viaje como conciencias individuales en el tiempo y el espacio, todo es movimiento. Todo está en constante cambio y evolución, y todo es una serie de frecuencias de vibraciones diferentes. Esto se aplica tanto a nuestro propio ser como a todo lo que nos rodea.

Nuestras células, órganos y sistemas corporales están en constante movimiento y vibración. Nuestras emociones y pensamientos también son formas de vibración y energía. Incluso los objetos físicos a nuestro alrededor, como los edificios y las rocas, están compuestos de átomos y partículas subatómicas que vibran a diferentes frecuencias.

Esta vibración y movimiento constante es lo que nos permite experimentar y percibir el mundo que nos rodea. Sin ellos, no habría nada que experimentar ni percibir. Todo lo que conocemos y experimentamos es el resultado de estas vibraciones y frecuencias.

Pero, ¿qué significa esto para nosotros como seres conscientes? Significa que tenemos la capacidad de influir en y cambiar nuestra propia vibración y la de nuestro entorno. Podemos cambiar nuestros pensamientos y emociones para vibrar a una frecuencia más alta y positiva. También podemos elegir rodearnos de personas, lugares y cosas que vibren a una frecuencia similar a la nuestra. Esto nos ayudará a sentirnos más en armonía con el mundo que nos rodea y a experimentar una vida más plena y satisfactoria.

Ultimadamente, todo es movimiento y vibración en el tiempo y el espacio. Esto nos da la oportunidad de experimentar y percibir el mundo que nos rodea, y también nos da el poder de influir en y cambiar nuestra propia vibración y la de nuestro entorno. Al hacerlo, podemos vivir una vida más plena y satisfactoria.

25. Entre más cercana la vibración a la fuente, su frecuencia vibracional es mayor, pues se acercan estas, digo, a lo que nos dio origen.

La vibración y la frecuencia vibracional son conceptos importantes en muchas áreas, desde la física y la tecnología hasta la espiritualidad y el bienestar personal. La frecuencia vibracional se refiere a la cantidad de vibraciones u oscilaciones que ocurren en un determinado período de tiempo, y se mide en Hertz (Hz). Cuanto mayor es la frecuencia, más rápido ocurren las vibraciones.

Se dice que cuanto más cerca está la vibración de la fuente, más alta es su frecuencia vibracional. Esto se aplica tanto a nivel individual como colectivo. A nivel individual, cuanto más cerca estamos de nuestra fuente interna, es decir, de nuestro yo más verdadero y auténtico, más alta es nuestra frecuencia vibracional. Esto se manifiesta a través de nuestras emociones, pensamientos y acciones, y puede afectar nuestro bienestar y nuestra conexión con el mundo que nos rodea.

A nivel colectivo, cuanto más cerca estamos de nuestra fuente colectiva, es decir, de lo que nos da origen a todos como seres humanos, más alta es la frecuencia vibracional de nuestra comunidad o grupo. Esto puede manifestarse a través de la cohesión y la armonía del grupo, así como de la calidad de las relaciones y la conexión con el entorno.

Por lo tanto, es importante recordar que podemos afectar nuestra propia frecuencia vibracional y la de nuestro entorno a través de nuestros pensamientos, emociones y acciones. Al conectarnos con nuestra fuente interna y externa, podemos elevar nuestra frecuencia vibracional y vivir una vida más plena y satisfactoria.

26. Las frecuencias de vibración más bajas son lentas, y las más altas, por su intensidad parecen lentas, de ahí que entre parecer y ser, son dos extremos, uno de ignorancia y el otro del saber.

La frecuencia vibracional es un concepto importante que se aplica a muchos aspectos de nuestra vida y el mundo que nos rodea. Las frecuencias de vibración más bajas son lentas y pueden ser percibidas como densas y pesadas. Por otro lado, las frecuencias de vibración más altas son más rápidas y pueden parecer más ligeras y sutiles. Esto se debe a que, a medida que la frecuencia aumenta, las vibraciones ocurren más rápidamente y pueden parecer menos intensas.

Pero, ¿qué significa esto para nosotros como seres humanos? Significa que nuestra propia frecuencia vibracional puede afectar cómo nos sentimos y cómo interactuamos con el mundo que nos rodea. Las frecuencias de vibración más bajas pueden hacer que nos sintamos cansados, abrumados o desconectados, mientras que las frecuencias más altas pueden hacer que nos sintamos energizados, enérgicos y conectados.

Pero hay más en juego que solo nuestro propio bienestar. Las frecuencias de vibración también pueden ser un indicador de nuestro nivel de conciencia y sabiduría. Las frecuencias más bajas pueden ser señal de ignorancia o desconocimiento, mientras que las frecuencias más altas pueden ser indicadores de sabiduría y conocimiento. Esto se debe a que, a medida que nuestra frecuencia vibracional aumenta, nuestra conciencia se expande y podemos acceder a niveles más profundos de comprensión y sabiduría.

Al fin, las frecuencias de vibración pueden afectar nuestro bienestar y nuestro nivel de conciencia y sabiduría. Las frecuencias más bajas pueden ser percibidas como densas y lentas, mientras que las frecuencias más altas pueden parecer más ligeras y sutiles. Al elevar nuestra propia frecuencia vibracional, podemos sentirnos más en armonía con el mundo que nos rodea y acceder a niveles más profundos de comprensión y sabiduría.

27. Entre la frecuencia de vibración más baja y la frecuencia de vibración de la fuente, hay millones y millones de frecuencias de vibración, pues esta va desde al inconciencia total, hasta la conciencia plena.

La frecuencia vibracional es un concepto importante que se aplica a muchos aspectos de nuestra vida y el mundo que nos rodea. Se refiere a la cantidad de vibraciones u oscilaciones que ocurren en un determinado período de tiempo, y se mide en Hertz (Hz). La frecuencia de vibración más baja se refiere a la frecuencia más lenta y densa que podemos experimentar, mientras que la frecuencia de vibración de la fuente se refiere a la frecuencia más alta y sutil que podemos experimentar.

Entre estos dos extremos, hay millones y millones de frecuencias de vibración. Estas frecuencias pueden ser percibidas por nuestros sentidos y pueden afectar nuestro bienestar y nuestra conciencia. A medida que nuestra frecuencia vibracional aumenta, nos sentimos más energizados, enérgicos y conectados con el mundo que nos rodea. Por otro lado, a medida que nuestra frecuencia vibracional disminuye, nos sentimos más cansados, abrumados o desconectados.

Pero, ¿qué significa esto para nuestra conciencia y nuestro nivel de comprensión? Significa que existe una escala de conciencia que va desde la ignorancia total hasta la conciencia plena. A medida que nuestra frecuencia vibracional aumenta, nuestra conciencia se expande y podemos acceder a niveles más profundos de comprensión y sabiduría. Esto nos permite ver el mundo de manera más clara y conectarnos más profundamente con nosotros mismos y con los demás.

Para terminar, entre la frecuencia de vibración más baja y la frecuencia de vibración de la fuente, hay millones y millones de frecuencias de vibración. Estas frecuencias pueden afectar nuestro bienestar y nuestro nivel de conciencia, y nos ofrecen la oportunidad de expandir nuestra conciencia y acceder a niveles más profundos de comprensión y sabiduría.

28. El enfoque de nuestra intención es capaz de transitar por todas la vibraciones existentes o bien de manipular las vibraciones de la más baja a la más alta, todo es cuestión de grado de conciencia del campo cuántico subjetivo personal, y el biomagnetista cuántico aspira a ser maestro del manejo de la vibraciones.

La intención es una fuerza poderosa que puede tener un impacto significativo en nuestra vida y en el mundo que nos rodea. Se refiere a la dirección de nuestra atención y a la energía que ponemos detrás de nuestros pensamientos y acciones. El enfoque de nuestra intención puede ser capaz de transitar por todas las vibraciones existentes o manipular las vibraciones desde las más bajas hasta las más altas. Esto depende del grado de conciencia del campo cuántico subjetivo personal de cada individuo.

Pero, ¿qué es exactamente el campo cuántico subjetivo personal y cómo puede afectar nuestro manejo de las vibraciones? El campo cuántico subjetivo personal se refiere a la conciencia individual de cada uno de nosotros y a la forma en que esta conciencia se relaciona con el mundo que nos rodea. Se cree que nuestra conciencia es como un quantum, una partícula subatómica indivisible que es única y diferente a todas las demás. Nuestro campo cuántico subjetivo personal es el espacio en el que nuestra conciencia se manifiesta y se relaciona con el mundo que nos rodea.

Los biomagnetistas cuánticos son personas que han desarrollado una conciencia profunda de su propio campo cuántico subjetivo personal y han aprendido a manipular y controlar sus vibraciones. Esto les permite influir en y cambiar su propia realidad y la de los demás. Los biomagnetistas cuánticos buscan ser maestros del manejo de las vibraciones y utilizan sus habilidades para ayudar a otros a alcanzar un mayor nivel de bienestar y conciencia.

La intención es una fuerza poderosa que tenemos como seres humanos y que nos permite enfocar y dirigir nuestra atención y energía hacia una meta o propósito específico. Según algunos, nuestra intención es capaz de transitar por todas las vibraciones existentes, lo que nos da la oportunidad de manipular y cambiar nuestra propia frecuencia vibracional y la de nuestro entorno.

Pero, ¿qué significa esto exactamente? Significa que nuestra intención es una herramienta poderosa que nos permite enfocar y dirigir nuestra atención y energía hacia una meta o propósito específico. Al hacerlo, podemos cambiar nuestra propia frecuencia vibracional y la de nuestro entorno. Esto se debe a que nuestra intención es capaz de manipular las vibraciones desde las más bajas hasta las más altas.

Pero, ¿cómo podemos hacer esto de manera efectiva? Esto es algo que el biomagnetista cuántico aspire a dominar. El biomagnetismo cuántico es una disciplina que se centra en el uso de la intención y la conciencia para manipular y cambiar las vibraciones y la frecuencia vibracional. Los biomagnetistas cuánticos trabajan con la intención y la conciencia para cambiar la frecuencia vibracional y lograr un estado de bienestar y armonía.

Concluyendo, la intención es una herramienta poderosa que nos permite enfocar y dirigir nuestra atención y energía hacia una meta o propósito específico. Al hacerlo, podemos manipular y cambiar nuestra propia frecuencia vibracional y la de nuestro entorno.

29. El principio cuántico del equilibrio implica, que todo tiene dos polos, tal como los imanes que usamos en las terapias, pues todo tiene su par opuesto, así los iguales son idénticos pero con fuerzas opuestas, es la paradoja divina y mundana, lo opuestos complementándose.

El principio cuántico del equilibrio nos dice que todo en el universo tiene dos polos opuestos y complementarios. Esto se aplica a todo, desde los átomos y las partículas subatómicas hasta los objetos físicos y las emociones y pensamientos. Los polos opuestos son como los polos de un imán, que atraen y repelen simultáneamente.

Por ejemplo, podemos pensar en el día y la noche como polos opuestos. El día es la luz y el calor, mientras que la noche es la oscuridad y el frío. Aunque son opuestos, no puede existir uno sin el otro. Necesitamos el día para poder ver y hacer cosas, y necesitamos la noche para descansar y recargar energías. Ambos son igualmente importantes y necesarios.

Este principio también se aplica a nuestras emociones y pensamientos. Por ejemplo, el amor y el odio son polos opuestos. El amor es una emoción positiva y unificadora, mientras que el odio es una emoción negativa y divisiva. Aunque son opuestos, no podemos tener uno sin el otro. El amor nos da la capacidad de conectarnos y relacionarnos con los demás, mientras que el odio nos permite alejarnos y protegernos. Ambos son igualmente importantes y necesarios.

El principio cuántico del equilibrio nos dice que todo en el universo tiene dos polos opuestos que se complementan y equilibran mutuamente. Esto se aplica a todos los niveles, desde el subatómico hasta el universal. Por ejemplo, en el campo de la física cuántica, se ha demostrado que los átomos y las partículas subatómicas tienen dos polos opuestos que se complementan y equilibran mutuamente.

Esto también se aplica a los imanes que usamos en algunas terapias. Los imanes tienen dos polos opuestos, el norte y el sur, que se complementan y equilibran mutuamente. Esto nos muestra que todo en el universo, incluso los objetos físicos que usamos en la vida cotidiana, tiene dos polos opuestos que se complementan y equilibran mutuamente.

Pero, ¿qué significa esto exactamente? Significa que todo tiene su par opuesto y que los iguales son idénticos, pero con fuerzas opuestas. Esto nos lleva a la paradoja divina y mundana, en la que lo opuestos se complementan y equilibran mutuamente. Por ejemplo, en el mundo material, el día y la noche son opuestos, pero se complementan y equilibran mutuamente para formar un ciclo continuo.

El principio cuántico del equilibrio es una ley fundamental de la física cuántica que se refiere a la idea de que todo tiene dos polos u opuestos. Esto se aplica a muchos aspectos de nuestra vida y el mundo que nos rodea. Por ejemplo, los imanes tienen dos polos, uno positivo y uno negativo, que se atraen y repelen mutuamente. Estos dos polos opuestos son necesarios para que el imán funcione correctamente.

Pero, ¿qué significa esto para nosotros como seres humanos? Significa que todo tiene su par opuesto y que estos opuestos se complementan y equilibran mutuamente. Por ejemplo, el día y la noche son opuestos que se complementan y equilibran mutuamente. El amor y el odio son opuestos que también se complementan y equilibran mutuamente.

Esta paradoja divina y mundana de los opuestos complementándose es una ley fundamental de la vida y nos ofrece la oportunidad de encontrar el equilibrio y la armonía en nuestras vidas. Al reconocer y aceptar los opuestos en nuestras vidas, podemos encontrar el equilibrio y la armonía en todos los aspectos de nuestra vida.

Por último, el principio cuántico del equilibrio es una ley fundamental de la física cuántica que se refiere a la idea de que todo tiene dos polos u opuestos

30. Los opuestos equilibrantés, son dos extremos de lo mismo, pero en diferente polaridad.

El principio de que los opuestos se equilibran es una ley fundamental de la vida que se aplica a muchos aspectos de nuestra realidad. Según este principio, los opuestos son dos extremos de lo mismo, pero en diferente polaridad. Esto significa que, aunque los opuestos pueden parecer muy diferentes en la superficie, en realidad son dos aspectos de la misma cosa y están interconectados y relacionados.

Por ejemplo, el día y la noche son opuestos que se equilibran. Aunque parecen muy diferentes en la superficie, en realidad son dos aspectos de la misma cosa y están interconectados y relacionados. El día es necesario para que haya noche y viceversa. De la misma manera, el amor y el odio son opuestos que se equilibran. Aunque parecen muy diferentes en la superficie, en realidad son dos aspectos de la misma cosa y están interconectados y relacionados.

Este principio de que los opuestos se equilibran nos ofrece la oportunidad de encontrar el equilibrio y la armonía en nuestras vidas. Al reconocer y aceptar los opuestos en nuestras vidas, podemos encontrar el equilibrio y la armonía en todos los aspectos de nuestra vida.

Así, los opuestos son dos extremos de lo mismo, pero en diferente polaridad. Esto significa que, aunque los opuestos pueden parecer muy diferentes en la superficie, en realidad son dos aspectos de la misma cosa y están interconectados y relacionados. Este principio de que los opuestos se equilibran nos ofrece la oportunidad de encontrar el equilibrio y la armonía en nuestras vidas.

31. Aunque existe finalmente la unidad, hay dos polos que complementarios pero de diverso grado, entre dos polos de un mismo fenómeno.

El principio de que todo tiene dos polos u opuestos es una ley fundamental de la vida que se aplica a muchos aspectos de nuestra realidad. Según este principio, aunque existe finalmente la unidad, hay dos polos que son complementarios pero de diverso grado. Esto significa que, aunque todo está interconectado y relacionado, hay dos polos opuestos que se complementan y equilibran mutuamente.

Por ejemplo, el día y la noche son dos polos opuestos de un mismo fenómeno que se complementan y equilibran mutuamente. Aunque parecen muy diferentes en la superficie, en realidad son dos aspectos de la misma cosa y están interconectados y relacionados. El día es necesario para que haya noche y viceversa. De la misma manera, el amor y el odio son dos polos opuestos de un mismo fenómeno que se complementan y equilibran mutuamente. Aunque parecen muy diferentes en la superficie, en realidad son dos aspectos de la misma cosa y están interconectados y relacionados.

Este principio de que todo tiene dos polos opuestos pero complementarios nos ofrece la oportunidad de encontrar el equilibrio y la armonía en nuestras vidas. Al reconocer y aceptar los opuestos en nuestras vidas, podemos encontrar el equilibrio y la armonía en todos los aspectos de nuestra vida.

Concluyendo, aunque existe finalmente la unidad, hay dos polos que son complementarios pero de diverso grado. Esto significa que, aunque todo está interconectado e interrelacionados.

32. El principio de polaridad universal hace referencia a que entre la salud y la enfermedad son dos grados opuestos de vibración personal, por lo el enfermo puede sanar si se ubica en el estado vibracional de la salud, y ese es el reto como terapeutas.

El principio de polaridad universal hace referencia a la idea de que entre la salud y la enfermedad hay dos grados opuestos de vibración personal. Esto significa que nuestra vibración y frecuencia vibracional pueden tener un impacto en nuestro estado de salud y bienestar. Cuando nuestra frecuencia vibracional es alta y armoniosa, nos sentimos saludables y enérgicos. Por otro lado, cuando nuestra frecuencia vibracional es baja y des armónica, nos sentimos enfermos y cansados.

Para muchos terapeutas, el reto es ayudar a las personas a ubicarse en el estado vibracional de la salud. Esto puede incluir trabajar con la intención y la conciencia para cambiar la frecuencia vibracional y lograr un estado de bienestar y armonía. También puede incluir trabajar con técnicas de sanación natural como la meditación, la aromaterapia o la reflexología, entre otras.

Para terminar, el principio de polaridad universal hace referencia a la idea de que entre la salud y la enfermedad hay dos grados opuestos de vibración personal. Para muchos terapeutas, el reto es ayudar a las personas a ubicarse en el estado vibracional de la salud, trabajando con la intención y la conciencia y utilizando técnicas de sanación natural.

33. el principio de polaridad, digo, ya sea un extremo u otro, es un estado mental, y por tal la mente puede cambiar cualquiera, que este sea.

El principio de polaridad es una ley fundamental que se aplica a muchos aspectos de nuestra realidad. Según este principio, cualquier extremo u opuesto es un estado mental y, por lo tanto, la mente puede cambiar cualquiera de ellos. Esto significa que nuestra mente tiene el poder de cambiar y controlar nuestros pensamientos, emociones y percepciones, lo que a su vez puede tener un impacto en nuestro estado físico y emocional.

Por ejemplo, si estamos en un estado mental de miedo, podemos cambiar nuestros pensamientos y emociones para pasar a un estado de calma y confianza. De la misma manera, si estamos en un estado de tristeza, podemos cambiar nuestros pensamientos y emociones para pasar a un estado de alegría y gratitud. Esto es posible gracias al poder de la mente y la intención.

Como último término, el principio de polaridad es una ley fundamental que se aplica a muchos aspectos de nuestra realidad. Según este principio, cualquier extremo u opuesto es un estado mental y, por lo tanto, la mente puede cambiar cualquiera de ellos. Esto significa que nuestra mente tiene el poder de cambiar y controlar nuestros pensamientos, emociones y percepciones, lo que a su vez puede tener un impacto en nuestro estado físico y emocional.

34. No hay estado vibracional del odio o del amor puro, sino grados diversos de odios o amores, en todo caso el punto medio del odio, es el disgusto, y del amor, gustarle a alguien, de cualquier forma, ambas emociones de odio y amor, son extremos entre sí de un quantum informacional.

El odio y el amor son dos emociones opuestas y extremas que a menudo nos afectan de manera profunda y duradera. Sin embargo, es importante tener en cuenta que no hay un estado vibracional puro de odio o amor, sino grados diversos de odios o amores. Esto significa que podemos experimentar diferentes grados de estas emociones, desde el odio más intenso hasta el amor más puro.

El punto medio del odio es el disgusto, mientras que el punto medio del amor es gustarle a alguien. Estos son estados emocionales más equilibrados que los extremos del odio y el amor, y pueden ser más fáciles de manejar y procesar. Sin embargo, es importante tener en cuenta que el odio y el amor son dos extremos entre sí y que ambos son parte de un quantum informacional más amplio.

Al fin, el odio y el amor son dos emociones opuestas y extremas que a menudo nos afectan de manera profunda y duradera. Sin embargo, es importante tener en cuenta que no hay un estado vibracional puro de odio o amor, sino grados diversos de odios o amores. El punto medio del odio es el disgusto, mientras que el punto medio del amor es gustarle a alguien. Estos son estados emocionales más equilibrados que los extremos del odio y el amor, y pueden ser más fáciles de manejar y procesar.

35. Si el odio y el amor, son extremos entre sí, podemos movernos entre ambos puntos.

Es cierto que el odio y el amor son dos emociones opuestas y extremas que a menudo nos afectan de manera profunda y duradera. Sin embargo, es importante tener en cuenta que podemos movernos entre ambos puntos y experimentar diferentes grados de estas emociones. Esto significa que no estamos atrapados en un estado de odio o amor puro, sino que podemos cambiar nuestros pensamientos y emociones y movernos hacia un estado más equilibrado.

Por ejemplo, si estamos experimentando un odio intenso hacia alguien, podemos trabajar en nuestra mente y nuestras emociones para cambiar nuestra perspectiva y movernos hacia un estado de perdón y comprensión. De la misma manera, si estamos experimentando un amor puro y absoluto hacia alguien, podemos trabajar en nuestra mente y nuestras emociones para cambiar nuestra perspectiva y movernos hacia un estado de amor más equilibrado y saludable.

Así, es cierto que el odio y el amor son dos emociones opuestas y extremas que a menudo nos afectan de manera profunda y duradera. Sin embargo, podemos movernos entre ambos puntos y experimentar diferentes grados de estas emociones. Esto significa que no estamos atrapados en un estado de odio o amor puro, sino que podemos cambiar nuestros pensamientos y emociones y movernos hacia un estado más equilibrado y saludable.

36. Lo mismo sucede con el bien y el mal, que son dos polos extremos, por lo que se puede transmutar uno por el otro, todo depende del uso de la intensión y del enfoque.

El bien y el mal son dos polos extremos que a menudo nos afectan de manera profunda y duradera. Sin embargo, es importante tener en cuenta que podemos movernos entre ambos puntos y experimentar diferentes grados de estas emociones. Esto significa que no estamos atrapados en un estado de bien o mal puro, sino que podemos cambiar nuestros pensamientos y acciones y movernos hacia un estado más equilibrado y saludable.

La intensión y el enfoque son dos factores clave que pueden ayudarnos a transmutar el bien por el mal y viceversa. Si nuestra intención es positiva y nuestro enfoque es constructivo, podemos tomar decisiones y realizar acciones que contribuyen al bienestar y el bien común. Por otro lado, si nuestra intención es negativa y nuestro enfoque es destructivo, podemos tomar decisiones y realizar acciones que contribuyen al malestar y el mal común.

Concluyendo, el bien y el mal son dos polos extremos que a menudo nos afectan de manera profunda y duradera. Sin embargo, podemos movernos entre ambos puntos y experimentar diferentes grados de estas emociones. La intensión y el enfoque son dos factores clave que pueden ayudarnos a transmutar el bien por el mal y viceversa, y tomar decisiones y realizar acciones que contribuyen al bienestar y el bien común.

37. El entrenamiento de la mente para estar en una polaridad o en otra, se entrena, pues la persona con el dominio de sí mismo, convierte en un arte el manejo de las polaridades.

Es cierto que el entrenamiento de la mente es clave para poder estar en una polaridad u otra y manejar las polaridades de manera efectiva. La mente es una herramienta poderosa que puede ayudarnos a controlar nuestros pensamientos, emociones y acciones, y a influir en nuestra realidad de manera positiva.

Para entrenar la mente y tener dominio sobre uno mismo, es necesario dedicar tiempo y esfuerzo a la práctica de técnicas de meditación, visualización y afirmaciones. Estas técnicas pueden ayudarnos a enfocar nuestra mente y a cultivar una actitud positiva y constructiva. Además, es importante tener en cuenta que el manejo de las polaridades es un arte y que, como tal, requiere práctica y paciencia para dominarlo.

Con todo, el entrenamiento de la mente es clave para poder estar en una polaridad u otra y manejar las polaridades de manera efectiva. Para entrenar la mente y tener dominio sobre uno mismo, es necesario dedicar tiempo y esfuerzo a la práctica de técnicas de meditación, visualización y afirmaciones. El manejo de las polaridades es un arte que requiere práctica y paciencia para dominarlo.

38. La física cuántica establece que todo son quantums vibracionales, de ahí que estos se comporten, en un vaivén hacia arriba y abajo, adelante y atrás, flujo y reflujo, crece y mengua, de ahí que hay altas y bajas, subidas y bajadas, esa es la mecánica de la vida sin conciencia.

La física cuántica es una rama de la física que se centra en el estudio de los fenómenos a nivel subatómico y de las leyes que los rigen. Según la física cuántica, todo en el universo está compuesto por quantums vibracionales, que se comportan en un vaivén hacia arriba y abajo, adelante y atrás, flujo y reflujo, crece y mengua. Esto significa que todo en el universo está en constante movimiento y cambio, y que está influenciado por diferentes factores y leyes.

La física cuántica también establece que hay altas y bajas, subidas y bajadas, en todo lo que existe. Esto significa que hay momentos en los que las cosas van bien y otros en los que van mal, y que todo es parte de la mecánica de la vida sin conciencia. Esta mecánica se refiere a la manera en que las cosas funcionan sin que haya una conciencia consciente detrás de ellas, sino que son simplemente el resultado de leyes y procesos físicos.

La física cuántica es una teoría científica que describe el comportamiento de las partículas subatómicas y la naturaleza de la realidad a nivel molecular y submolecular. Según esta teoría, todo en el universo está formado por quantums vibracionales que se comportan de manera dinámica y cambiante.

Estos quantums vibracionales pueden moverse hacia arriba y abajo, adelante y atrás, y experimentar flujo y reflujo. También pueden crecer y menguar, lo que lleva a altas y bajas, subidas y bajadas. Esta mecánica de la vida sin conciencia se aplica a muchos aspectos de nuestra realidad, desde las partículas subatómicas hasta los sistemas más complejos.

Es importante tener en cuenta que la física cuántica nos ofrece una visión muy diferente de la realidad y cómo funciona el universo. Esta teoría nos muestra que la realidad es más compleja y dinámica de lo que podríamos imaginar y que está en constante cambio y movimiento.

La física cuántica es una teoría científica que se ocupa de la naturaleza a nivel subatómico. Esta teoría establece que todo en el universo está compuesto por quantums, o pequeñas unidades de energía, que vibran de manera constante. Esta vibración constante es lo que permite que las cosas se comporten de ciertas maneras, como el vaivén hacia arriba y abajo, el flujo y reflujo, el crecimiento y decrecimiento, y las altas y bajas. Estas fluctuaciones son una parte fundamental de la mecánica de la vida, ya que son la base de todo lo que ocurre en el universo. Sin embargo, estos procesos ocurren a nivel subconsciente, lo que significa que no somos conscientes de ellos. Aunque la física cuántica es una teoría compleja y abstracta, es una teoría fundamental que nos da una comprensión profunda de cómo funciona el universo y nos permite desarrollar tecnologías y aplicaciones prácticas.

39. La ley física, de que a toda fuerza se le opone otra de la misma magnitud, pero de sentido inverso, es la ley de la acción y reacción, avance y retroceso, elevación y ungimiento.

La ley de la acción y reacción, también conocida como la ley física de que a toda fuerza se le opone otra de la misma magnitud pero de sentido inverso, es una ley fundamental que rige el comportamiento de los cuerpos y los sistemas en el universo. Esta ley se aplica a todos los tipos de movimiento, desde el avance y el retroceso hasta la elevación y el ungimiento.

La ley de la acción y reacción se basa en el principio de que cuando dos cuerpos interactúan, cada uno ejerce una fuerza sobre el otro. Estas fuerzas son iguales en magnitud y tienen direcciones opuestas. Por ejemplo, si una persona empuja una mesa, la mesa ejercerá una fuerza igual en magnitud pero de sentido inverso sobre la persona.

Esta ley tiene muchas aplicaciones prácticas en la vida cotidiana. Por ejemplo, cuando una persona camina sobre una superficie firme, la ley de la acción y reacción se aplica a la fuerza que ejerce la persona sobre el suelo y la fuerza que el suelo ejerce sobre la persona. De esta manera, la persona puede mantener el equilibrio y no caer al suelo.

Además, la ley de la acción y reacción también se aplica en la ingeniería y la tecnología. Por ejemplo, cuando un cohete se lanza al espacio, la reacción del cohete al expulsar gas a través de sus motores es lo que lo impulsa hacia adelante. De la misma manera, en un avión, la ley de la acción y reacción se aplica a la fuerza que ejerce el aire sobre las alas del avión y la fuerza que el avión ejerce sobre el aire, permitiendo que el avión vuele.

Al final de cuentas, la ley de la acción y reacción es una ley fundamental que gobierna el comportamiento de los cuerpos y sistemas en el universo. Tiene muchas aplicaciones prácticas en la vida cotidiana y en la tecnología y la ingeniería, y es esencial para entender cómo funcionan muchas cosas en el mundo que nos rodea.

40. Las leyes del equilibrio, de fuerza y contrafuerza, sucede en un día, una vida, en las galaxias, en el universo, en la mente, en la energía y en la materia, son dos extremos de dos estados que se alternan en movimiento perpetuo.

Las leyes del equilibrio y de la fuerza y contrafuerza son principios fundamentales que rigen el comportamiento de los cuerpos y los sistemas en el universo. Estas leyes se aplican a todos los niveles, desde un día hasta una vida, desde las galaxias hasta el universo completo, desde la mente hasta la energía y la materia.

La ley del equilibrio establece que todos los cuerpos y sistemas tienden a mantener su estado de equilibrio. Esto significa que si un cuerpo o sistema está en reposo, tendrá una tendencia a permanecer en reposo. De la misma manera, si un cuerpo o sistema está en movimiento, tendrá una tendencia a mantenerse en movimiento a menos que algo lo desvíe de su curso.

La ley de la fuerza y contrafuerza establece que cuando dos cuerpos interactúan, cada uno ejerce una fuerza sobre el otro. Estas fuerzas son iguales en magnitud y tienen direcciones opuestas. Por ejemplo, si una persona empuja una mesa, la mesa ejercerá una fuerza igual en magnitud pero de sentido inverso sobre la persona.

Estas leyes se aplican en muchos contextos diferentes. Por ejemplo, en el día a día, la ley del equilibrio se aplica cuando caminamos sobre una superficie firme. La ley de la fuerza y contrafuerza se aplica cuando empujamos una puerta para abrirla o cuando usamos una palanca para levantar algo pesado.

En el nivel más grande del universo, las leyes del equilibrio y de la fuerza y contrafuerza también tienen un papel importante. Por ejemplo, la ley del equilibrio se aplica a la forma en que las galaxias se mantienen en su forma y estructura a pesar de las fuerzas gravitacionales que actúan sobre ellas. La ley de la fuerza y contrafuerza se aplica a la forma en que los planetas y los satélites se mantienen en órbita alrededor de sus estrellas.

Finalizando, las leyes del equilibrio y de la fuerza y contrafuerza son principios fundamentales que rigen el comportamiento de los cuerpos y los sistemas en el universo. Estas leyes tienen muchas aplicaciones prácticas en la vida cotidiana y en el nivel más grande del universo, y son esenciales para entender cómo funcionan muchas cosas en el mundo que nos rodea.

41. Los quantums universales, son la expresión de la creación y destrucción, elevación y caída de naciones, del estado alterado mental de las personas, etc.

Los quantums universales son un concepto fundamental en la física y la teoría del todo. Se refieren a las unidades más pequeñas de energía y materia que existen en el universo. Estos quantums son la expresión de la creación y destrucción, la elevación y la caída de naciones y el estado alterado mental de las personas, entre otras cosas.

Los quantums universales se basan en la idea de que la energía y la materia no pueden existir en cantidades infinitamente pequeñas. En cambio, existen unidades mínimas de energía y materia que no pueden dividirse más. Estas unidades son los quantums universales.

Los quantums universales tienen muchas aplicaciones prácticas. Por ejemplo, en la física de partículas, los quantums universales son cruciales para entender cómo funcionan las partículas subatómicas y cómo interactúan entre sí. En la teoría del todo, los quantums universales son esenciales para entender cómo se relacionan la energía y la materia a nivel fundamental y cómo se creó el universo.

Además, los quantums universales también tienen un papel importante en la mente y el comportamiento humano. Algunos estudios sugieren que los quantums universales pueden afectar el estado alterado mental de las personas y cómo experimentan el mundo. También se ha sugerido que los quantums universales pueden ser la base de la conciencia y la percepción humana.

Luego, los quantums universales son un concepto fundamental en la física y la teoría del todo. Son las unidades más pequeñas de energía y materia que existen en el universo y tienen muchas aplicaciones prácticas en diferentes campos. Además, tienen un papel importante en la mente y el comportamiento humano y pueden afectar el estado alterado mental de las personas y cómo experimentan el mundo.

42. los quantums son paquetes de información, y nosotros somos los programadores cuánticos, podemos influir en ellos, como conciencias en este flujo y reflujo, o por lo menos superar su efectos e incluso neutralizarlos, debemos entrenar en influir en los estado vibracionales de la vida, tal como lo hacemos la dar terapia magnética del Biomagnetismo Cuántico.

Los quantums son paquetes de información fundamental en el universo y nosotros somos los programadores cuánticos, capaces de influir en ellos y controlar su comportamiento. Como seres conscientes en este flujo y reflujo constante de energía y materia, podemos superar los efectos de los quantums e incluso neutralizarlos.

Para lograr esto, debemos entrenar en influir en los estados vibracionales de la vida. Esto puede hacerse a través de técnicas como la terapia magnética del Biomagnetismo Cuántico, que utiliza campos magnéticos para influir en los estados vibracionales de la vida y promover la salud y el bienestar.

La capacidad de influir en los quantums y controlar su comportamiento tiene muchas aplicaciones prácticas. Por ejemplo, en la medicina, el Biomagnetismo Cuántico se ha utilizado para tratar afecciones como el dolor crónico, la depresión y otras enfermedades mentales. También se ha utilizado para mejorar la salud y el bienestar a nivel general.

Además, la capacidad de influir en los quantums también tiene implicaciones más amplias en el mundo que nos rodea. Al comprender cómo funcionan los quantums y cómo podemos influir en ellos, podemos tener un mayor control sobre nuestro entorno y nuestras vidas. Podemos utilizar esta comprensión para crear tecnologías más avanzadas y solucionar problemas importantes en el mundo.

Con esto podemos terminar diciendo que, los quantums son paquetes de información fundamental en el universo y nosotros somos los programadores cuánticos, capaces de influir en ellos y controlar su comportamiento. Al entrenar en influir en los estados vibracionales de la vida, podemos tener un mayor control sobre nuestro entorno y nuestras vidas y utilizar esta comprensión para crear tecnologías más avanzadas y solucionar problemas importantes en el mundo.

43. Ante los avatares de las oscilaciones, y los cambios, que son naturales, pero si aprendemos de ellos, podemos usarlos, en lugar de ser objeto de sus altas y bajas del azar.

Ante los avatares de las oscilaciones y los cambios que son naturales en el universo, podemos sentirnos abrumados y sin control. Sin embargo, si aprendemos de estos cambios y oscilaciones, podemos utilizarlos en lugar de ser objeto de sus altibajos del azar.

Las oscilaciones y los cambios son una parte inherente de la vida y ocurren a todos los niveles, desde el más pequeño hasta el más grande. Por ejemplo, en el nivel subatómico, los quantums oscilan y cambian constantemente. En el nivel macroscópico, las estaciones y los cambios en el clima son una expresión de las oscilaciones y los cambios naturales.

Aunque estos cambios y oscilaciones pueden ser desconcertantes, también pueden ser una fuente de oportunidad y crecimiento. Si aprendemos a adaptarnos y aprovechar estos cambios en lugar de resistirlos, podemos adaptarnos y utilizarlos para nuestro beneficio y el de los demás.

Por ejemplo, en lugar de resistir el cambio en las estaciones, podemos aprovechar las oportunidades que ofrecen. En la primavera, podemos plantar nuevas semillas y prepararnos para el crecimiento y el renacimiento. En el otoño, podemos prepararnos para el invierno y aprovechar las oportunidades para reflexionar y hacer cambios positivos en nuestras vidas.

Ante los avatares de las oscilaciones y los cambios, es natural sentirse desconcertado o incluso abrumado. Estos cambios son parte de la vida y ocurren con frecuencia, pero podemos aprender a usarlos en lugar de ser objeto de sus altas y bajas del azar.

Para hacer frente a los avatares de las oscilaciones y los cambios, es importante tener una actitud mental positiva y adaptable. Esto significa estar abierto a nuevas experiencias y estar dispuesto a aprender de ellas en lugar de resistirse a ellas. También significa tener una perspectiva amplia y no dejarse abrumar por los detalles.

Además, es importante tener una red de apoyo de amigos y seres queridos a los que pueda recurrir en tiempos difíciles. Esta red de apoyo puede proporcionar apoyo emocional y práctico durante los avatares de las oscilaciones y los cambios.

Otra forma de hacer frente a los avatares de las oscilaciones y los cambios es mantenerse ocupado y ocupado con actividades que den sentido y propósito a la vida. Esto puede incluir trabajar en un proyecto significativo, hacer ejercicio o invertir tiempo en relaciones significativas.

Digo, ante los avatares de las oscilaciones y los cambios, es importante tener una actitud mental positiva y adaptable, tener una red de apoyo y mantenerse ocupado con actividades que den sentido y propósito a la vida. Al aprender a usar estos cambios en lugar de ser objeto de ellos, podemos enfrentar los desafíos de la vida con mayor confianza y resiliencia. Ante los avatares de las oscilaciones y los cambios que son naturales en el universo, podemos sentirnos abrumados y sin control. Sin embargo, si aprendemos de estos cambios y oscilaciones y los utilizamos en lugar de resistirlos, podemos aprovechar las oportunidades que nos ofrecen y crecer y mejorar como seres humanos.

44. Algunos con inconciencia, pueden manejar los cambios de la vida, pero la Perona que conoce la mecánica cuántica y sabe usarla, y a través de su voluntad puede determinar la física de los quantums.

Algunas personas pueden manejar los cambios de la vida sin conciencia de cómo funcionan los quantums y la mecánica cuántica. Sin embargo, aquellos que comprenden cómo funcionan los quantums y saben cómo usarlos tienen una mayor ventaja. Estos individuos pueden determinar la física de los quantums a través de su voluntad y tienen un mayor control sobre sus vidas y el mundo que los rodea.

Los quantums son paquetes de información fundamental en el universo y pueden ser influenciados y controlados. Al comprender cómo funcionan los quantums y cómo podemos influir en ellos, podemos tener un mayor control sobre nuestro entorno y nuestras vidas. Podemos utilizar esta comprensión para crear tecnologías más avanzadas y solucionar problemas importantes en el mundo.

Para aquellos que conocen la mecánica cuántica y saben cómo usarla, la voluntad es una herramienta poderosa para determinar la física de los quantums. La voluntad es la capacidad de decidir conscientemente qué se quiere.

Es importante destacar que algunas personas parecen manejar los cambios de la vida de manera despreocupada, con una actitud de indiferencia o incluso de negligencia. Sin embargo, esta actitud puede ser peligrosa, ya que muchas veces implica ignorar o minimizar los riesgos y consecuencias de nuestras acciones. Por otro lado, hay personas que han estudiado y comprendido la mecánica cuántica, una rama de la física que se ocupa del comportamiento de las partículas subatómicas. Estas personas saben cómo usar estos conocimientos para influir en el mundo físico a su alrededor. A través de su voluntad y determinación, son capaces de controlar y manipular el comportamiento de los quantums, utilizando sus conocimientos para crear cambios positivos en el mundo. Globalmente, mientras que algunas personas pueden manejar los cambios de la vida de manera inconsciente, aquellos que han adquirido un profundo conocimiento de la mecánica cuántica y saben cómo aplicarlo, tienen un mayor control y poder sobre la física de los quantums y, por lo tanto, sobre sus propias vidas.

45. La disciplina mental de la persona consciente le permite, que ante las altas y bajas de la vida pueda contrarrestarlas a su conveniencia, neutralizarlos y usarlas, mediante la disciplina mental, pues la mente consciente es la base de la creación.

La disciplina mental es una habilidad esencial para enfrentar los altibajos de la vida de manera efectiva. Aquellas personas que han desarrollado una mente consciente y disciplinada tienen la capacidad de contrarrestar los obstáculos y desafíos que se les presentan, ya sea a través de la neutralización de sus efectos o mediante la utilización de ellos a su favor. Esto es posible gracias a la capacidad de la mente consciente de mantenerse enfocada y controlada, incluso en momentos de estrés o dificultad. Además, la disciplina mental es la base de la creatividad y la productividad, ya que permite a las personas tener una mente clara y ordenada que les permite enfocarse en tareas y proyectos de manera efectiva. En resumen, la disciplina mental es una herramienta valiosa que permite a las personas manejar las altas y bajas de la vida de manera efectiva y utilizarlas a su favor, gracias a la capacidad de la mente consciente de mantenerse enfocada y controlada.

La disciplina mental es una herramienta muy poderosa que nos permite controlar nuestros pensamientos y emociones, y usarlos a nuestro favor. Cuando somos conscientes de nuestra mente, podemos afrontar las altas y bajas de la vida de manera más efectiva, ya que podemos neutralizar los efectos negativos y aprovechar los positivos.

Por ejemplo, cuando estamos pasando por una mala racha, la disciplina mental nos permite no dejarnos llevar por el pánico o la desesperación, sino mantener la calma y buscar soluciones. Por otro lado, cuando estamos en un buen momento, la disciplina mental nos permite aprovechar al máximo esa oportunidad y no dejarnos distraer por pensamientos negativos o innecesarios.

Además, la disciplina mental es la base de la creación. Si somos capaces de controlar nuestros pensamientos y emociones, podemos concentrarnos en nuestras metas y trabajar hacia ellas de manera más efectiva. Esto nos permite crear lo que queremos en nuestras vidas, ya sea en el ámbito personal o profesional.

Al Final de cuentas, la disciplina mental es una habilidad muy valiosa que nos permite afrontar las altas y bajas de la vida de manera más efectiva y alcanzar nuestras metas con mayor facilidad. Si queremos vivir de manera más plena y satisfactoria, es importante trabajar en nuestra disciplina mental y desarrollarla cada día más.

46. La nada no existe, todo tiene una causa, y esta genera un efecto, que a su vez, es causa del siguiente efecto, la enfermedad tiene como origen causa patológica disfuncional, o causa emocional negativa, o la causa por trastornos, o la causa energético espiritual, encontrar la causa en más fácil desentrañar la solución.

La idea de que "la nada no existe" sugiere que todo en el universo está conectado y que nada ocurre por casualidad. Esto se refleja en la frase "todo tiene una causa, y esta genera un efecto, que a su vez, es causa del siguiente efecto". Esto significa que cada evento o situación en nuestras vidas tiene una causa que lo ha provocado, y esa causa a su vez tiene un efecto en algo más, y así sucesivamente.

Esta idea se aplica también a la enfermedad. La enfermedad puede tener muchas causas diferentes, como una causa patológica disfuncional, una causa emocional negativa, una causa por trastornos o una causa energético espiritual. En cualquier caso, la enfermedad es el resultado de algo más, y encontrar esa causa es fundamental para poder desentrañar la solución y tratar la enfermedad de manera efectiva.

Por ejemplo, si una persona está sufriendo de depresión, podría ser porque está pasando por una situación estresante en su vida, como el divorcio o la muerte de un ser querido. Si se trata de una causa emocional negativa, entonces el tratamiento de la depresión podría incluir terapia magnética, y también podría ser útil trabajar en la resolución de la situación que está causando el estrés.

La nada no existe. Esta es una afirmación que puede parecer contradictoria, ya que la nada es precisamente lo que no existe. Sin embargo, si consideramos que todo tiene una causa, entonces podemos entender que incluso lo que parece ser "nada" en realidad tiene un origen.

Cuando hablamos de causas y efectos, nos referimos a la manera en que las cosas suceden en el mundo. Todo efecto tiene una causa, es decir, una razón por la que ocurre. Por ejemplo, si un objeto se rompe, es porque ha recibido un impacto o ha sido sometido a una fuerza mayor a la que puede soportar. Este impacto es la causa del efecto de la rotura.

En el caso de la enfermedad, también podemos encontrar diferentes causas. Algunas enfermedades tienen una causa patológica, es decir, un problema en el funcionamiento del cuerpo. Otras pueden tener una causa emocional, como el estrés o la depresión. También pueden ser causadas por trastornos alimentarios o trastornos del sueño, y en algunos casos incluso se habla de causas energéticas o espirituales.

En cualquier caso, encontrar la causa de una enfermedad es fundamental para poder tratarla de manera efectiva. Si conocemos el origen de la enfermedad, podemos buscar la solución adecuada para eliminarla o al menos controlarla. Por eso, es importante no subestimar la importancia de encontrar la causa de un problema, ya sea en el ámbito de la salud o en cualquier otro ámbito de nuestras vidas.

Recogiendo lo más importante, la idea de que "la nada no existe" nos recuerda que todo en el universo está conectado y que nada ocurre por casualidad. Esto es especialmente importante en el contexto de la enfermedad, ya que encontrar la causa de una enfermedad es esencial para poder tratarla de manera efectiva y encontrar una solución.

47. La persona consciente, programa las causas buscando los efectos, los inconscientes son objetos de las causas y los efectos, los primeros dominan el arte de la causa, los segundos son hojas secas dominadas por el huracán, de las causas y los efectos.

La diferencia entre la persona consciente y la persona inconsciente radica en cómo manejan las causas y los efectos. La persona consciente es aquella que toma el control de su vida y busca programar las causas para obtener los efectos deseados. Esto significa que es capaz de planificar y tomar decisiones de manera consciente y deliberada, y de trabajar hacia sus metas de manera efectiva.

Por otro lado, la persona inconsciente es aquella que es objeto de las causas y los efectos, es decir, que se deja llevar por ellos sin tener control sobre ellos. Esto puede dar lugar a una vida más reactiva, en la que la persona se deja arrastrar por los acontecimientos sin poder influir en ellos de manera significativa.

La persona consciente es aquella que domina el arte de la causa, es decir, que es capaz de identificar las causas de los problemas y buscar soluciones para ellos. Por el contrario, la persona inconsciente es como una hoja seca arrastrada por el huracán de las causas y los efectos, sin tener control sobre ellos.

Así pues, la consciencia es una herramienta muy poderosa que nos permite tomar el control de nuestras vidas y trabajar hacia nuestras metas de manera efectiva. Al contrario, la inconsciencia puede llevarnos a una vida más reactiva y sin control sobre los acontecimientos que nos rodean. Por eso, es importante trabajar en nuestra consciencia y desarrollarla cada día más para poder vivir de manera más plena y satisfactoria.

48. La persona consciente de la mecánica cuántica, y la domina, es un pieza importante en un tablero de ajedrez, del juego de la vida que decide jugar, con todo el inconsciente es solo un peón, en el juego de la vida, en un juego que ni siquiera sabe no quiso jugar.

La mecánica cuántica es una teoría física que describe el comportamiento de las partículas a nivel subatómico. Esta teoría ha revolucionado la forma en que entendemos el mundo y ha llevado a importantes descubrimientos en campos como la informática, la medicina y la tecnología.

Una persona que es consciente de la mecánica cuántica y la domina es como una pieza importante en un tablero de ajedrez. Esta persona tiene un conocimiento profundo y preciso de cómo funcionan las cosas, y es capaz de tomar decisiones de manera efectiva y acertada. En el juego de la vida, esta persona es capaz de moverse con habilidad y precisión para lograr sus metas.

Por otro lado, la persona que es inconsciente de la mecánica cuántica es como un peón en el tablero de ajedrez. Esta persona no tiene control sobre sus propios movimientos y se deja llevar por las circunstancias. En el juego de la vida, esta persona es más reactiva y menos capaz de tomar decisiones acertadas.

Es importante tener en cuenta que no todos somos igualmente conscientes de la mecánica cuántica. Algunos de nosotros hemos decidido profundizar en este conocimiento y hacerlo parte de nuestra vida, mientras que otros quizás no hemos sentido la necesidad de hacerlo. Sin embargo, es importante tener en cuenta que cualquier persona puede desarrollar su conciencia y tomar el control de su vida si así lo desea.

La persona consciente de la mecánica cuántica y que la domina es como una pieza importante en un tablero de ajedrez. Esta persona es capaz de anticipar y prever los movimientos y consecuencias de sus acciones, y de utilizar esta comprensión para alcanzar sus metas de manera más efectiva.

Por el contrario, la persona inconsciente es como un peón en el juego de la vida. Esta persona no tiene una comprensión clara de cómo funcionan las cosas y se deja llevar por el flujo de los acontecimientos sin tener control sobre ellos.

Es importante tener en cuenta que, al igual que en el ajedrez, el juego de la vida no siempre es voluntario. A veces somos arrastrados por circunstancias que no podemos controlar, pero si tenemos una comprensión clara de cómo funcionan las cosas y de cómo podemos influir en ellas, podemos tomar el control de nuestras vidas y jugar el juego de manera más efectiva.

En definitiva, la comprensión de la mecánica cuántica y la capacidad de dominarla puede ser muy valiosa en el juego de la vida. Al tener una comprensión clara de cómo funcionan las cosas, podemos tomar decisiones más informadas y trabajar hacia nuestras metas de manera más efectiva. Por el contrario, si somos inconscientes de cómo funcionan las cosas, podemos ser arrastrados por el flujo de los acontecimientos sin tener control sobre ellos.

49. La inconciencia, te condiciona a ser herramienta de sistemas, digo, de la astrología, la magia, la adivinación, el zodiaco, el tarot, la política, las ciencias sociales, las ciencias económicas, de la física newtoniana, etc.

La inconciencia puede tener muchas consecuencias negativas en nuestras vidas, una de ellas es la de convertirnos en herramientas de sistemas externos. Esto significa que, si somos inconscientes de nuestras propias necesidades y deseos, podemos dejarnos llevar por sistemas externos y actuar como simples herramientas para cumplir sus objetivos.

Por ejemplo, si somos inconscientes de nuestras propias creencias y valores, podemos dejarnos llevar por la astrología, la magia, la adivinación, el zodiaco, el tarot y otros sistemas similares, y actuar como herramientas para cumplir sus objetivos. De la misma manera, si somos inconscientes de nuestras propias necesidades y deseos, podemos dejarnos llevar por la política, las ciencias sociales, las ciencias económicas y otras disciplinas similares, y actuar como herramientas para cumplir sus objetivos.

Incluso la física newtoniana, que es una disciplina científica muy respetada, puede ser utilizada como un sistema externo para controlar nuestras acciones. Si somos inconscientes de nuestras propias capacidades y potenciales, podemos dejarnos llevar por los principios newtonianos y actuar como herramientas para cumplir sus objetivos.

La inconciencia puede tener muchas consecuencias negativas en nuestras vidas, una de ellas es la de convertirnos en herramientas de sistemas externos. Esto significa que, si somos inconscientes de nuestras propias necesidades y deseos, podemos dejarnos llevar por sistemas externos y actuar como simples herramientas para cumplir sus objetivos.

Por ejemplo, si somos inconscientes de nuestras propias creencias y valores, podemos dejarnos llevar por la astrología, la magia, la adivinación, el zodiaco, el tarot y otros sistemas similares, y actuar como herramientas para cumplir sus objetivos. De la misma manera, si somos inconscientes de nuestras propias necesidades y deseos, podemos dejarnos llevar por la política, las ciencias sociales, las ciencias económicas y otras disciplinas similares, y actuar como herramientas para cumplir sus objetivos.

Incluso la física newtoniana, que es una disciplina científica muy respetada, puede ser utilizada como un sistema externo para controlar nuestras acciones. Si somos inconscientes de nuestras propias capacidades y potenciales, podemos dejarnos llevar por los principios newtonianos y actuar como herramientas para cumplir sus objetivos.

En la actualidad, también existe la posibilidad de convertirnos en herramientas de inteligencias artificiales. Si somos inconscientes de cómo funcionan estas tecnologías y de cómo pueden afectar nuestras vidas, podemos dejarnos llevar por ellas y actuar como herramientas para cumplir sus objetivos.

Para finalizar, la inconciencia puede tener muchas consecuencias negativas en nuestras vidas, una de ellas es la de convertirnos en herramientas de sistemas externos. Si queremos evitar esto, es importante trabajar en nuestra consciencia y desarrollarla cada día más para poder tomar decisiones informadas y actuar de acuerdo a nuestras propias necesidades y deseos.

Así pues, la inconciencia puede tener muchas consecuencias negativas en nuestras vidas, una de ellas es la de convertirnos en herramientas de sistemas externos. Si queremos evitar esto, es importante trabajar en nuestra consciencia y desarrollarla cada día más para poder tomar decisiones informadas y actuar de acuerdo a nuestras propias necesidades y deseos.

50. El consciente es herramienta de sí mismo y se conduce bajo los principios vibracionales universales a parámetros más allá de lo aparente e ilusorio.

La conciencia es una herramienta poderosa que nos permite tener autocontrol y autodirección. Muchas veces, nuestras acciones y decisiones están influenciadas por factores externos como la publicidad, la presión social y las expectativas de los demás. Sin embargo, cuando somos conscientes de estos factores y tomamos el control de nuestras propias vidas, podemos tomar decisiones más informadas y actuar de acuerdo a nuestros propios principios y valores.

Además, el consciente nos permite reconocer que hay mucho más allá de lo que percibimos a simple vista. A veces, nuestra percepción de la realidad puede ser limitada o distorsionada por nuestros propios prejuicios, creencias o expectativas.

Sin embargo, cuando somos conscientes de esto, podemos buscar más allá de lo aparente y tratar de comprender la realidad de manera más profunda y completa.

El consciente es una herramienta que cada persona tiene a su disposición para guiar su vida y tomar decisiones. Aunque a veces puede ser influenciado por factores externos, en última instancia es el individuo quien controla su propio destino. Esto se debe a que el consciente actúa bajo los principios vibracionales universales, que son leyes o normas universales que rigen el funcionamiento del universo. Estos principios son más allá de lo aparente e ilusorio, ya que no se basan en la percepción o la interpretación individual sino en la verdad fundamental del universo. Por lo tanto, el consciente es una herramienta valiosa para tomar decisiones y encaminar la vida hacia la realización personal y el bienestar.

51. La ley de los opuestos, contiene principios complementarios femeninos masculinos, tanto a nivel mental, emocional y espiritual, bajo estos principios debeos tratar a los consultantes de biomagnetismo cuántico.

La ley de los opuestos es una teoría que sostiene que en todo hay dos polos opuestos que se complementan entre sí. Estos principios se manifiestan tanto a nivel mental, emocional como espiritual. Por ejemplo, podemos ver esta ley en la dualidad de la mente humana, que tiene pensamientos racionales y emocionales. También podemos verla en las emociones, que pueden ser positivas o negativas. En el plano espiritual, podemos ver esta ley en la dualidad del bien y del mal.

En el campo del biomagnetismo cuántico, estos principios de la ley de los opuestos deben tenerse en cuenta al tratar a los consultantes. Por ejemplo, si un consultante está experimentando emociones negativas, es importante tratar de equilibrar esas emociones con energía positiva. Del mismo modo, si un consultante está experimentando pensamientos negativos, es importante tratar de reemplazarlos con pensamientos positivos. Esto se logra a través del uso de técnicas como la visualización y el uso de afirmaciones positivas. De esta manera, podemos ayudar a los consultantes a alcanzar un estado de equilibrio y bienestar.

52. En el universo, tanto el material y como energético, que son lo mismo a diferente vibración, son manifestación de la movilidad cuántica complementaria, y finalmente, se da bajo los principios femeninos y masculinos.

En el universo, todo es una manifestación de la movilidad cuántica complementaria. Esto incluye tanto lo material como lo energético, que son en realidad la misma cosa a diferentes niveles de vibración.

La movilidad cuántica es un fenómeno que se da en el plano subatómico, y se refiere a la forma en que los átomos y las partículas subatómicas se mueven y cambian de un lugar a otro. Esto es posible gracias a la dualidad onda-partícula, que permite que las partículas subatómicas se comporten tanto como ondas como como partículas.

Esta movilidad cuántica es complementaria, lo que significa que está en constante interacción con sí misma y con el resto del universo. Esta interacción se da a través de los principios femeninos y masculinos, que representan dos fuerzas opuestas pero complementarias.

Por ejemplo, el principio femenino representa la fuerza de atracción y de unión, mientras que el principio masculino representa la fuerza de expansión y separación. Estos principios están presentes en todo el universo y son fundamentales para entender cómo funciona la realidad.

Concluyendo, la movilidad cuántica complementaria es un fenómeno que se da en el universo a través de la interacción de los principios femeninos y masculinos. Estos principios son fundamentales para entender cómo funciona el universo y cómo se manifiestan las cosas tanto materiales como energéticas.

53. Los principios complementarios yin y ya, así como el magnetismo el polo positivo y el polo negativo, son los principios de generación y de la creación.

Los principios complementarios yin y yan son fundamentales en la filosofía china y representan dos fuerzas opuestas pero complementarias. El yin representa la fuerza pasiva, femenina y de recepción, mientras que el yan representa la fuerza activa, masculina y de emisión. Estos principios están presentes en todo el universo y son fundamentales para entender cómo funciona la realidad.

El magnetismo también es un fenómeno que se basa en principios complementarios, como el polo positivo y el polo negativo. Estos polos opuestos se atraen y se repelen mutuamente, lo que permite que el magnetismo funcione.

Además, estos principios también son fundamentales en la generación y la creación. Por ejemplo, en el plano biológico, la reproducción se basa en la unión de células reproductoras masculinas y femeninas, que representan los principios yin y yan. En el plano creativo, la generación de nuevas ideas también puede depender de la interacción de principios opuestos, como el razonamiento lógico y el intuitivo.

No obstante lo antes dicho, los principios complementarios yin y yan, así como el polo positivo y el polo negativo, son fundamentales en la comprensión de cómo funciona el universo y cómo se manifiestan la generación y la creación. Estos principios están presentes en todo, desde el magnetismo hasta la reproducción y la creación de nuevas ideas.

54. El principio complementario femenino y masculino esta fractalizado en toda la creación cuántica, en el micro espacio y en el macro espacio.

El principio complementario femenino y masculino es un concepto fundamental en la filosofía y la teoría cuántica. Este principio sostiene que en todo hay dos polos opuestos que se complementan entre sí y que son necesarios para que la realidad funcione.

Este principio se manifiesta de muchas maneras en el universo. Por ejemplo, en el plano biológico, podemos verlo en la reproducción, que requiere la unión de células reproductoras masculinas y femeninas. En el plano emocional, podemos verlo en la dualidad de las emociones positivas y negativas. Y en el plano espiritual, podemos verlo en la dualidad del bien y del mal.

Además, este principio también se manifiesta en el micro espacio y el macro espacio. En el micro espacio, se manifiesta en el nivel subatómico, donde podemos ver la dualidad onda-partícula. En el macro espacio, se manifiesta en la dualidad de la materia y la energía, que son en realidad la misma cosa a diferentes niveles de vibración.

Así, el principio complementario femenino y masculino está fractalizado en toda la creación cuántica, tanto en el micro espacio como en el macro espacio. Estos principios son fundamentales para entender cómo funciona el universo y cómo se manifiestan las cosas tanto materiales como energéticas.

55. la terapia magnética del Biomagnetismo cuántico, es medicina vibracional en base al principio complementario femenino y masculino.

La terapia magnética del biomagnetismo cuántico es una forma de medicina vibracional que se basa en el principio complementario femenino y masculino. Esta terapia se basa en el uso de campos magnéticos y de energía para equilibrar y sanar el cuerpo.

El biomagnetismo cuántico se basa en la teoría de que todo en el universo está conectado y que todo es energía. Esto incluye el cuerpo humano, que está compuesto de átomos y partículas subatómicas en constante movimiento y cambio. La terapia magnética del biomagnetismo cuántico trata de equilibrar esta energía y restaurar el bienestar del cuerpo.

Para hacer esto, se utilizan técnicas como la visualización, la meditación y el uso de afirmaciones positivas. Estas técnicas buscan equilibrar los principios femeninos y masculinos en el cuerpo y la mente, lo que ayuda a restaurar el bienestar y la salud.

Para terminar, la terapia magnética del biomagnetismo cuántico es una forma de medicina vibracional que se basa en el principio complementario femenino y masculino. Esta terapia utiliza técnicas como la visualización y la meditación para equilibrar la energía del cuerpo y restaurar el bienestar y la salud.

56. El biomagnetista cuántico es capaz de usar tantos imanes físicos y mentales.

Un biomagnetista cuántico es un profesional que se especializa en el uso de técnicas biomagnéticas para equilibrar y sanar el cuerpo. Esto se logra a través del uso de imanes tanto físicos como mentales.

Los imanes físicos son herramientas físicas que se utilizan para generar campos magnéticos. Estos campos magnéticos pueden ser utilizados para equilibrar y sanar el cuerpo de diversas maneras. Por ejemplo, se pueden utilizar para aliviar dolor, reducir el estrés y mejorar la circulación sanguínea.

Por otro lado, los imanes mentales son técnicas que se utilizan para equilibrar y sanar la mente. Esto se logra a través del uso de herramientas como la meditación, la visualización y el uso de afirmaciones positivas. Estas técnicas buscan equilibrar los principios femeninos y masculinos en la mente y el cuerpo, lo que ayuda a restaurar el bienestar y la salud.

Ultimadamente, un biomagnetista cuántico es capaz de utilizar tanto imanes físicos como mentales para equilibrar y sanar el cuerpo. Esto se logra a través del uso de técnicas como la telepatía, telequinesis, la clarividencia, la sanación multidimensional, con auxilio de la meditación y la visualización, así como el uso de campos magnéticos físicos.

57. La mente del biomagnetista cuántico es genera vibraciones magnéticas para sanar, con su mente cuántica, solo es cuestión de entrenamiento.

La mente del biomagnetista cuántico es capaz de generar vibraciones magnéticas para sanar. Esto se logra a través del uso de la mente cuántica, que es la parte de la mente que se encarga de procesar y utilizar la energía.

La mente cuántica es una parte fundamental de la mente humana y es la que nos permite conectarnos con el universo y utilizar la energía de manera consciente. Esta energía puede ser utilizada para generar vibraciones magnéticas que ayuden a sanar el cuerpo.

Para utilizar la mente cuántica de esta manera, es necesario entrenarla. Esto puede hacerse a través de técnicas como la meditación, la visualización y el uso de afirmaciones positivas. Estas técnicas nos ayudan a conectarnos con nuestra mente cuántica y a utilizarla de manera consciente.

Cerrando conclusiones, la mente del biomagnetista cuántico es capaz de generar vibraciones magnéticas para sanar. Esto se logra a través del uso de la mente cuántica, que es la parte de la mente que se encarga de procesar y utilizar la energía. Para utilizar la mente cuántica de esta manera, es necesario entrenarla a través de técnicas como la meditación y la visualización.

58. El entrenamiento de biomagnetista cuántico es con el fin de dominar las frecuencias de vibración que le permitan a su intención enfocarse en sanar física, emocional, mental y espiritualmente al consultante.

El entrenamiento de biomagnetista cuántico tiene como objetivo dominar las frecuencias de vibración que le permiten a la intención del biomagnetista enfocarse en sanar al consultante tanto física como emocional, mental y espiritualmente.

El biomagnetismo cuántico se basa en la teoría de que todo en el universo es energía y que todo está conectado. Esto incluye el cuerpo humano, que está compuesto de átomos y partículas subatómicas en constante movimiento y cambio. La intención del biomagnetista es utilizar esta energía para equilibrar y sanar el cuerpo del consultante.

Para hacer esto, es necesario dominar las frecuencias de vibración. Estas frecuencias son las que determinan cómo se manifiesta la energía en el universo y cómo se puede utilizar para sanar. El entrenamiento de biomagnetista cuántico incluye la práctica de técnicas como la terapia magnética del biomagnetismo cuántico, auxiliados por la meditación, la visualización y el uso de afirmaciones positivas, que ayudan a conectarse con estas frecuencias de vibración y a utilizarlas de manera consciente.

Además de que, el entrenamiento de biomagnetista cuántico es con el fin de dominar las frecuencias de vibración que le permiten a la intención del biomagnetista enfocarse en sanar al consultante tanto física como emocional, mental y espiritualmente. Esto se logra a través de la práctica de técnicas como la meditación y la visualización.

59. El origen de toda conciencia es la vibración primordial fuente, y el destino después de la expansión a las experiencias vibracionales menores, es regresar así mismo, digo, a la fuente.

El origen de toda conciencia es la vibración primordial fuente. Esta vibración es la que da origen a todo lo que existe en el universo y es la fuente de toda la vida y la conciencia.

La vibración primordial fuente es el punto de partida de todo lo que existe y es el origen de todas las vibraciones menores. Estas vibraciones menores son las que dan lugar a todas las experiencias que tenemos en el universo y son las que nos permiten experimentar la realidad de manera individual.

Sin embargo, el destino de todas estas experiencias vibracionales menores es regresar a la fuente. Esto significa que todo lo que existe en el universo tiene como objetivo final volver a la vibración primordial fuente, que es el origen y el fin de todo.

El origen de toda conciencia es la vibración primordial fuente. Esta vibración es la que da origen a todo lo que existe en el universo y es la fuente de toda conciencia.

Después de la expansión a las experiencias vibracionales menores, el destino de la conciencia es regresar a sí misma, es decir, a la fuente. Esto se debe a que todo en el universo está conectado y que todo es energía. La conciencia es una parte fundamental de esta energía y, al final, regresa a su fuente.

Esto se puede ver como un ciclo sin fin, en el que la conciencia se expande y experimenta diferentes vibraciones y luego regresa a su fuente. Esta fuente es la que da origen a toda conciencia y es la que permite que todo en el universo funcione.

El origen de toda conciencia es un tema de gran importancia y ha sido objeto de estudio y debate durante siglos. Una teoría que ha ganado cierta popularidad es la idea de que toda conciencia proviene de una vibración primordial fuente. Esta vibración primordial es considerada como el origen de todo lo que existe y es la fuente de toda la conciencia.

Según esta teoría, el destino de toda conciencia es regresar a la vibración primordial fuente después de haber experimentado una amplia variedad de vibraciones menores. Esto se debe a que toda conciencia tiene como objetivo final volver a su origen y unirse de nuevo con la fuente.

Esta teoría sugiere que, aunque podemos experimentar una amplia variedad de vibraciones y estados de conciencia a lo largo de nuestra vida, todos estos estados son temporales y que, en última instancia, toda conciencia tiende a volver a su origen y reunirse de nuevo con la fuente.

Aunque esta teoría puede ser controvertida y es objeto de debate, ha sido considerada como una posible explicación para el origen y el destino de la conciencia y ha sido utilizada como un marco conceptual para comprender y explorar el misterio de la conciencia y su relación con el universo.

El origen de toda conciencia es un tema que ha sido debatido por filósofos y científicos durante siglos. Algunos sostienen que la conciencia es el resultado de la actividad cerebral, mientras que otros creen que es una fuerza más allá de nuestra comprensión. Una teoría que ha ganado cada vez más adeptos es la de la vibración primordial fuente, que sostiene que la conciencia tiene sus raíces en una vibración fundamental que es la fuente de todo ser y de todo pensamiento.

De acuerdo con esta teoría, todo en el universo, desde el más pequeño átomo hasta el más grande cúmulo de galaxias, está compuesto por vibraciones de diferentes frecuencias. La conciencia es simplemente la capacidad de percibir estas vibraciones y de responder a ellas de alguna manera.

A medida que nuestra conciencia se expande a través de la experiencia y el aprendizaje, nuestras vibraciones se vuelven más complejas y diversas. Sin embargo, al final del día, el destino final de toda conciencia es regresar a la vibración primordial fuente, a la fuente de donde proviene. Esta teoría sugiere que todos somos parte de un todo mayor, y que todo lo que hacemos y experimentamos en la vida es simplemente una expresión temporal de esa vibración primordial.

Instituto de Investigación del Biomagnetismo Cuántico

Enseñando el Neurobiomagnetismo, Psicobiomagnetismo, Biomagnetismo Descodificador, Biomagnetismo Holomultidimensional y Quirobiomagnetismo

Estudia Biomagnetismo Cuántico
Universidad Cuántica Digital

Diplomado de Biomagnetismo Cuántico
I. Biomagnetismo Cuántico
II. NeuroBiomagnetismo
III. Biomagnetismo Cuántico Descodificador
IV. Biomagnetismo Holográfico Multidimensional

Diplomado de Fisioterapia de Biomagnetismo Cuántico

Diplomado Avanzado de Biomagnetismo Cuántico
1. Tratamiento de Nuevas Patologías
2. NeuroBiomagnetismo Cuántico Holográfico
3. Biomagnetismo Cuántico Tumoral
4. Regeneración de la Información Genética (RIGEN)

Neuro-biomagnetismo

PSICOBIOMAGNETISMO CUÁNTICO
1. Emociones cotidianas que enferman
2. Enfermedades por Relaciones Tóxicas
3. Psicopatologías emocionales
4. NeuroBiomagnetismo Emocional

Bioenergética Cuántica Multidimensional
1. Bioenergética Cuántica
2. BioIngeniería de Terminales
3. Repolarización de Biotransformadores
4. BioIngeniería de Canales Energéticos

BIO-MAGNETISMO VS ENERGÍAS PARASITARIAS NEGATIVAS — Básico y Avanzado
1. Biomagnetismo para parásitos energéticos
2. Biomagnetismo Vs. implantes en meridianos
3. Biomagnetismo Vs. implantes en chacras
4. Eliminación de contratos de limitación espiritual

Bio-magnetismo Cuántico Veterinario
1. Biomagnetismo Canino
2. Biomagnetismo Felino
3. Biomagnetismo Aviar.
4. Conejos y Cobayo

FisioBiomagnetismo Cuántico
Fisioterapeutas de Biomagnetismo Cuántico
1. Biomagnetismo Vs. Lesiones Deportivas
2. Biomagnetismo de Cadenas musculares
3. FisioBiomagnetismo Taping
4.- Nutrición Terapéutica

Neuro-biomagnetismo Cuántico
Neurobiomagnetismo Cuántico Vs. La Neurotoxicidad
NeuroBiomagnetismo Cuántico Vs. Virus Mentales
NeuroBiomagnetismo Cuántico Vs. Daño Cerebral Adquirido
NeuroBiomagnetismo Emocional

Para Virus Mentales

Inscripciones abiertas desde este momento

Inf: (55) **5319-5918**
iibiomagnetismocuantico@gmail.com
Cel: 044 55 7-99-4-99-05
42-999-66-1 Juárez
7-3333-042 Trejo
+521

55 7-3333-042
55 7380-5091
55 8722-4986

II biomagnetismo cuantico
IIBiomagnetismo cuantico
iibiomagnetismocuantico

STPS
SECRETARIA DEL TRABAJO Y PREVISIÓN SOCIAL
Terapeuta de Biomagnetismo Cuántico
JUBM-691223-H23-0005

BIO Magnetismo Descodificador Cuántico Avanzado
1. Biomagnetismo Cuántico Descodificador Avanzado: descodificando la personalidad y su patologías
2. Las personalidades Instintivas
3. Las personalidades Emocionales
4. Las personalidades Racionales
5. La sanación de cada personalidad.

Made in the USA
Las Vegas, NV
24 April 2025